江苏博物馆事业高质量发展

江苏省博物馆学会 2018 学术年会论文集

江苏省博物馆学会　编

文物出版社

图书在版编目（CIP）数据

江苏博物馆事业高质量发展 ：江苏省博物馆学会

2018学术年会论文集 ／ 江苏省博物馆学会编． —— 北京 ：

文物出版社，2019.12

ISBN 978-7-5010-6413-7

Ⅰ．①江… Ⅱ．①江… Ⅲ．①博物馆事业－江苏－学

术会议－文集 Ⅳ．①G269.275.3-53

中国版本图书馆CIP数据核字(2019)第250664号

江苏博物馆事业高质量发展

——江苏省博物馆学会2018学术年会论文集

编　　者：江苏省博物馆学会

责任编辑：张晓曦
责任印制：张道奇

出版发行：文物出版社
地　　址：北京市东直门内北小街2号楼
邮　　编：100007
网　　址：http://www.wenwu.com
邮　　箱：web@wenwu.com
印　　刷：北京君升印刷有限公司
经　　销：新华书店
开　　本：787mm×1092mm　1/16
印　　张：18.5
版　　次：2019年12月第1版
印　　次：2019年12月第1次印刷
书　　号：ISBN 978-7-5010-6413-7
定　　价：110.00元

博物馆创新创意高品质发展

（代序）

  中国博物馆事业发展遇到了一个新的时代，一个博物馆定义拓展变化的时代，一个公众需求品质多样的时代，一个艺术审美个性追求的时代，一个互联网快速发展的时代。在这样一个快速发展的时代，博物馆学科产生了很多新的理念：从藏品到展品，从过去到今天，从文物到公众，从陈列到展览，从教育到服务……

  在这样一个发展变革的时代，江苏努力实现博物馆的高品质发展。博物馆人努力创新、创意与创造，以实现博物馆的高品质发展。这是博物馆发展阶段性的要求，是创新思维、创意产品、创造特色的需要，也是创造美的世界的需要。创新需要突破思维定式。

  博物馆内的创造性劳动主要围绕服务广大公众开展。展览、服务、环境、文化创意产品开发、博物馆特色凝聚，都需要博物馆人创造性开展工作。从"最具创新力博物馆"到"博物馆创意让文物活起来"，创意是灵魂，传播是关键。

  博物馆努力做好文化创意产品开发工作，要"越中国、越艺术、越高贵"。要挖掘地域文明特色，经营好博物馆商店，把文化创意产品作为展览和服务的延伸。要正确理解博物馆经营活动的非营利性质，努力开发文化创意产品，完善好激励奖励机制，鼓励创造性劳动，服务人民群众日益增长的对美好生活的需求。

  让博物馆插上互联网的翅膀。是时代的现实需要，也是扩大传播的需要。

  而实现博物馆的创新创意高品质发展，博物馆人创造力的发挥是核心和关键。2018年江苏省博物馆学会年会的主题是"博物馆事业高质量发展"，全省博物馆人尤其是年轻人相聚在会议承办地南京博物院，开展研讨交流，让智慧碰撞出火花。从创新与融合、展览与策划、社会教育与公共服务、文物研究与保护利用等方面，探讨江苏博物馆群的创新实践和高质量发展。一是注重深挖地域文化之美，让博物馆建设突显特色，避免出现"千馆一面"的现象；二是注重展现博物馆价值之美，让优秀传统文化、革命文化、社会主义先进文化成为博物馆弘扬的主旋律，增强文化自信；三是注重弘扬博物馆人精神之美，让博物馆人的创造力得到有效发挥，建设一支想干事、能干事、干成事的博物馆工作团队，推动博物馆事业高品质发展、均衡发展。

南京博物院二期改扩建工程创新发展"一院六馆六所"，从主题定位与展馆确立、建筑形态与地域文明、展览特色与员工智慧等，皆服从创新创意高品质发展的目标定位，建立起更多样性的文化空间和展示内容，成为公众喜爱的博物馆。

中国博物馆协会副理事长
江苏省博物馆学会理事长
南 京 博 物 院 院 长
2018 年 12 月

目　录

一　创新与融合

二　展陈与策划

三　社会教育与公共服务

四　文物研究与保护利用

突破与融合

——试论当代博物馆高质量发展之路

符　岚

（常州博物馆　江苏常州　213000）

内容提要：博物馆是人类历史的见证者和守护者。在新形势下，如何把握机遇，在当代社会发展中扮演更加重要的角色，更好地让文化遗产发挥其作用，是我们文博工作者需要重点关注的问题。对此，博物馆可突破传统边界，努力融合，进行超级连接，探寻当今博物馆从传统自固走向与外界融合的可能性，从而用优秀产品、鲜明特色、优质服务更好地传承和发扬优秀传统文化。

关键词：博物馆　无边界　融合　实体博物馆

江苏自古是我国文化涵养高地，亦是传统文化传承先锋。多年来，江苏省公共文化事业始终走在全国前列，而博物馆又是其中不可或缺的组成部分和中坚力量。继在全国最早全面实行博物馆免费开放、率先基本完成县县有博物馆的目标后，面对新时代、新要求，江苏博物馆近年开始着力于创造性转化和创新性发展，以高水准、高质量严格要求自己，努力进行博物馆行业自身改制革新和同外界的接轨融合，成效显著。据国家文物局2017年发布的统计数据表明，江苏地区博物馆馆藏文物居全国第五、参观人数居全国第一。

在为已有成绩感到欣喜之余，我们也应看到自身不足，在当今信息化程度和科技发展日新月异的前提下，如何突破旧有传统和固有思维，与各行业有效融合，惠及更广大层面和受众，是我们博物馆人现阶段的奋斗目标。

一　突破

（一）无边界理论

众所周知，任何组织本身是一定有边界的。传统的企业管理层级复杂、体制僵化，从而导致其墨守成规、效率低下。而此时杰克·韦尔奇（Jack Welch）的"无边界理论"（Borderless Organization Theory）应运而生，其倡导从内部扫清各职能部门之间的障碍，由外部推倒围墙，消弭行业、种族，甚至地域和国家的界别，使其组织结构更加开放，更容易互相合作，自然也就更具灵活性和生命力。

而"无边界理论"与博物馆的渊源可追溯到 2010 年，美国博物馆联盟（American Alliance of Museums）年会上，年会主题恰为"无边界博物馆"（Museums without Borders）。

当前，互联网等新技术的存在，使我们得以有效跨越社会、文化与地理的边界。博物馆在这个靠新技术互相关联的世界中，应成为社会最积极的参与者。"因为它的存在，是历史、文化与艺术的浓缩；它的存在，是过去、当下和未来的纽带。所以，博物馆'无边界'化，是顺应时代潮流，适应社会发展的必由之路，从某种程度上代表了我国博物馆未来的发展方向"[1]。2016 年，国家文物局、发改委等五部委联合发文，其中第一条就是"推进文物信息资源开放共享""逐步推进文物资源信息公开的广度和深度"[2]。该计划的颁发成为国家在政策层面推动博物馆未来去边界化和更加开放的重要力量。

（二）突破传统博物馆"边界"

1. 突破垂直边界

目前，国有博物馆行政上基本属于政府管理体制。此体制奉行从中央到地方逐级向上负责。而且不同系统的行政机构会分管不同性质和类型的博物馆。上级对博物馆的领导几乎涉及博物馆运作的各方面，更涉及业务上的领导。在领导体制上，虽现行馆长负责制，但各项工作仍需先获得党委认可。而众所周知，博物馆事务专业性极强，如此，便形成了"外行领导内行"的局面。再加上国有博物馆资金来源单一，博物馆事业从各方面都掣肘重重、阻滞发展。

2017 年，中宣部、文化部（现文化和旅游部）等七部委联合部署"推动在公共图书馆、博物馆等建立以理事会为主要形式的法人治理结构"[3]。而近日中央办公厅、国务院办公厅又联合发文，要求各地"分类推进博物馆法人治理结构建设，赋予博物馆更大办馆自主权"[4]。

实施以理事会制度为核心的法人治理结构改革的目的是要实现政事分开、事企分开和管办分离。归根到底是要增强博物馆等公共文化机构的活力，实现决策、执行、监督、保障的科学化、民主化和制度化，确保其健康和可持续发展。相信在不久的将来，全国大部分的博物馆等公共文化机构的相关方权责更加明晰，运转更加顺畅，活力不断增强，群众满意度会得到明显提升。

2．突破水平边界

我国传统博物馆的机构设置采取"三部一室"体系，即保管部、展览部、教育部和办公室。前三者统称业务部门，办公室称为行政部门。虽然后来又在此基础上衍生出信息部、文保部、学术部等其他部门，但主要核心架构仍然未变。单就业务部门而言，如今的国有博物馆一般拥有征集、典藏、陈列、教育等多种部门，大家各司其职，互不干涉。"如此一来，表面上虽可不断强化业务人员在本专业上的'专业性'，但也造成博物馆在宏观效能上的短视，更不易激发其潜能及创造力"[5]。

以展览为例，展览是博物馆推广优秀文化、普及历史和艺术知识的重要媒介和基本手段。在目前的工作流程下，一个展览的产生需经历保管部提供文物和相关信息、展览部负责策划和设计、教育部负责宣教活动开展等几个流水作业环节，各部门仍然只对馆领导负责，不仅欠缺对展览整体构想和把控，更把任务局限在展览部少数人身上，还浪费了其他同仁对展览的成熟构想和新颖巧思，所出的成品欠缺吸引力，往往难以使现今的观众满意，展陈制度改革已迫在眉睫。

为此，国家文物局专门出台《关于加强博物馆陈列展览工作的意见》，旨在改变现在落后的展陈方式。2016年，南京博物院年度大展"法老·王——古埃及文明和中国汉代文明的故事"就对策展人制度进行了一次全新的尝试。该展由策展人领衔，并与团队密切配合，院领导作为后盾，打破了原有的人事、财务管理制度，策展人不仅负责内容设计，在展品选择、展览设计、教育互动以及文创等展览的整个链条上均有话语权。更难得的是，周到的讲解系统、媒介的宣传、学术报告等环节，放大了社会效应，动态地将展览推向了社会，拉近了与普通民众的距离。公众需要高水平的博物馆，博物馆需要高水平的展览，而展览需要高水平的策展人。

二　融　合

世间万物，息息相关，一味故步自封，只会坐困愁城，直至最后消亡。当代博物馆已经成为经济、文化、社会体系中不可或缺的重要部分。博物馆最根本的功能，就是强化与社会及人的融合。

2018年"5·18国际博物馆日"的主题为"超级连接的博物馆：新方法、新公众"（Hyperconnected museums: New approaches, new publics）。当下信息技术迅速发展，这一主题的含义就是要博物馆解放思想、卸下隔离，用"博物馆+"的创新方式，与各行业深度融合，成为连接公众与世界的纽带，让优秀文化得到更好的传承和发扬，从而使全社会共享丰富的文化成果。

"超级连接"对于博物馆而言，大致有三个方面：一是博物馆与物的连接；二是博物馆与人和社会的连接；三是博物馆是多元文化的纽带。它为博物馆事业提供了新的发展思路。在这股潮流之下，我们看到《我在故宫修文物》《国家宝藏》等花式文物专题片的陆续上演，影响深远，受众万千；在这股潮流下，我们看到博物馆公众平台和个性化导览等线上服务相继出现，方便快捷、人性化十足；在这股潮流下，我们看到 AR/VR 等沉浸式体验技术的多种呈现，逼真清晰、身临其境；在这股潮流下，我们看到 Google 艺术计划和百度百科数字博物馆等数字平台逐一上线，人们可以通过多种方式，全景浏览全球博物馆的权威信息和独家藏品知识，与家人朋友一起在线体验和分享艺术的魅力。

三　实体博物馆价值

身处信息大爆炸时代，我们可以通过互联网了解文物和展览的信息，甚至通过虚拟现实技术足不出户便能领略其风采，新技术让人受惠无穷。而数字化时代的到来和数字博物馆的兴起，是否意味着实体博物馆不再被公众需要？答案是否定的。

首先，实体博物馆蕴含着个人记忆和集体记忆，是一种历史的见证。其次，博物馆还承担着文化研究和教育功能。这些都是数字博物馆所无法取代的。应该说，公众通过数字博物馆了解藏品，从而被进一步吸引去体验实体博物馆，二者各具优势，互为补充。而目前看来，实体博物馆在很多地方都有所欠缺。博物馆在做好收藏、保护、研究、展示的同时，还应充分发挥作为公共文化服务机构的职能，全方位满足公众的文化需求，成为推动城市发展的新文化势力。而相较于虚拟领域的数字博物馆，实体博物馆的发展和壮大，应成为整个博物馆事业的核心，博物馆不但要存在于公众视野中，更要在公众生活中起到重要作用。突出实体博物馆的意义和作用，也就是加深其在公众印象中的分量，让更多公众尤其是年轻人，愿意常常走进博物馆，感受文明和艺术的熏陶和启迪。博物馆为吸引更多公众，可从以下几方面着手。

（一）优秀产品

作为有社会责任和义务的公共文化机构，博物馆必须担负起知识普及、社会教育等多种功能，最主要的是为大众贡献出优秀的文化产品，其中，展览和文创最为重要。

陈列展览是体现博物馆文化价值和功能的基本方式。在当下，若想让更多的群众走进博物馆，就应该摒弃原有死板守旧的展陈方式，积极探索、大胆创新传播内容和展示形式。2016年南京博物院举办的"纸载千秋——传统回忆与维护技艺"，集中展示我国的纸文化历史、传统造纸技术、纸的运用以及纸质文物保护修复的技艺与成果。此展最大的亮点在于它不仅从纸张演变的角度展示了珍贵的书画、古籍，讲述"纸的历程"，还将"纸张保护"贯穿于其中。让公众在了解纸质文物保护技艺、认识博物馆文物保护的同时能够提高文保意识。文保展在类型上为全国首创，而其展陈方式和设计理念，也令人耳目一新。而配合此次展览进行的专家讲座和社教活动，则体现了此展的知识性和趣味性。展览和活动一经推出，便受到广大观众热捧。

"文创产品是博物馆文化内涵亲民化的延伸"[6]。2016年，国务院出台了《关于推动文化文物单位文化创意产品开发若干意见》，鼓励博物馆等文化单位进行文创产品开发，这"对弘扬中华优秀传统文化，传承中华文明，推进经济社会协调发展，具有重要意义"。2017年，上海博物馆（以下简称"上博"）的"大英博物馆百物展：浓缩的世界史"观者如潮，并创上博历年参观人数之最。上博文创团队围绕该展研发了百余种系列化文创产品，在展期内累计销售额达1700万元。苏州博物馆从馆藏文物"秘色瓷莲花碗"为原型的创意曲奇饼干，到围绕展览开发的"唐寅泡袋泡茶"，其推出的一系列文创产品同样深受人们的喜爱。优秀的博物馆文创既要凸显气质，与所在城市、地域文化和博物馆本身相融，又要紧紧扣住市场脉搏和深刻洞悉文化爱好者心理。好的文创不仅能使博物馆展览功能和教育功能得以延伸，还可让文物承载的厚重传统文化实现活化传承，激活历史文物资源的生命力。

（二）鲜明特色

"文化产业具有高附加值和深度内涵性等特点，IP（知识产权）是其最核心的资产"[7]。在充分认识自身资源状况的前提下，挖掘出独具特色的博物馆IP，既能使我国相当一部分博物馆避免"千馆一面"、面目模糊的尴尬处境，又能极大提升自身辨识度，可谓一举两得。中国拥有超过4000家博物馆，大量的馆藏文化资源都有具备成为热门IP的潜力。想从海量博物馆中脱颖而出，必须做到人无我有、人有我精。像故宫博物院的清宫文化系列、苏州博物馆的吴文化系列、四川广汉三星堆博物馆的古蜀文化系列等都是极具特色的文化IP。博物馆只有坚持从本地域传统文脉中寻找特色，坚持对自身文化的认同和归属感，才能真正做到与众不同的。但需要特别注意的是，博物馆IP开发不同于其他市场化商品，应该首先注重挖掘藏品内涵，兼顾到文化普及和教育，保证其文化与公益属性。

（三）优质服务

博物馆作为公共文化机构，是公共文化服务体系的重要部分，完善其服务公众和社会的能力至关重要。需要始终关注社会潮流和观众的核心需求，时刻把他们的切身感受放在第一位。在"硬件"上，内部环境除了整洁、宽敞、舒适这些基本要求外，应充分考虑观众的游览习惯和需求，合理设置服务台、展厅、互动体验区、茶吧、餐厅等功能区，做到布局得当；在"软件"上，人性化的票务工作、丰富精彩的临时展览、种类齐全的个性化讲解等都不可或缺。紧紧按照贴近实际、贴近生活、贴近群众的要求，加强管理，完善服务，创新理念，创造条件，提升公共文化服务水平，充分发挥促进文化事业发展的阵地作用，努力成为高品位的科普中心和文化窗口，为人民群众创造一个良好的文化氛围，使每位参观者都能在博物馆之行中有所收获。另外，不仅在自己的场馆内，更可以带着展览走出去，走进学校、社区、部队等，服务更多的人群。

对于我们江苏博物馆人来说，突破是为了挣脱旧时代的桎梏，融合是为了适应新时代的需求，不论是突破还是融合，都不能忽略实体博物馆这个核心和根本。而我们锐意革新、努力保持高质量发展，归根到底，为的还是讲好江苏故事，更好地传承地域文明，留住文化根脉。

注释

[1] 符岚：《试论当代博物馆之有界与无界》，《中国文物报》2019 年 5 月 21 日。

[2] 国家文物局、国家发展和改革委员会、科学技术部、工业和信息化部、财政部：《关于印发〈"互联网＋中华文明"三年行动计划〉的通知》（文物博函〔2016〕1944 号），2016 年 11 月 29 日。

[3]《关于深入推进公共文化机构法人治理结构改革的实施方案》，《中国文化报》2017 年 9 月 12 日。

[4] 国家文物局：《中共中央办公厅 国务院办公厅印发〈关于加强文物保护利用改革的若干意见〉》，2018 年 9 月 8 日。

[5] 符岚：《试论当代博物馆之有界与无界》，《中国文物报》2019 年 5 月 21 日。

[6] 符岚：《新形势下博物馆活态化新路径》，《新问题·新实践·新成果——首届"让文物活起来——京津冀、长三角、珠三角博物馆高峰论坛"论文集》，文物出版社，2018 年。

[7] 符岚：《新形势下博物馆活态化新路径》，《新问题·新实践·新成果——首届"让

文物活起来——京津冀、长三角、珠三角博物馆高峰论坛"论文集》，文物出版社，
2018 年。

参考文献

1. 文物保护领域物联网建设技术创新联盟：《智慧博物馆案例（第 1 辑）》，文物出
版社，2017 年。
2. ［英］阿德利安·乔治（Adrian George）著、ESTRAN 艺术概论翻译小组译：《策
展人手册》，北京美术摄影出版社，2006 年。
3. 谭波：《博物馆管理办法贯彻实施与博物馆科学管理及信息化建设实务全书》，中
国知识出版社，2006 年。
4. 胡锐韬：《试论新型博物馆策展人制度的建设》，《中国博物馆》2015 年第 4 期。
5. 仁达方略管理咨询公司：《法人治理：董事会运作及股东风险防范实务与案例》，
中国财富出版社，2016 年。

博物馆与人文旅游景区融合发展的问题思考

陈媛媛

（淮安运河博物馆　江苏淮安　223001）

内容提要： 2018 年，原中华人民共和国文化部、国家旅游局的职责整合，组建文化和旅游部。在文旅融合的大背景下，博物馆应以创建 A 级景区为契机，让博物馆从"引进来"变为"走出去"，促使博物馆加强软、硬件提升，推动博物馆数字化建设，促进文化创意产业发展进程；深度挖掘博物馆在旅游中的资源价值，科学利用博物馆文物资源，开辟人文旅游景区观光线路，并重视博物馆的广宣价值，以此促进博物馆事业的长足发展。

关键词： 博物馆　旅游　融合发展

"诗"和"远方"终于走在一起，这是时代的发展方向。长期以来，文化与旅游就有紧密的联系。人们早就将出游注入了时代的、丰富的文化内涵。更有很多文人墨客的诗句将学习与旅游的关系阐述得贴切且形象，如"读万卷书，行万里路""纸上得来终觉浅，绝知此事要躬行"等。旅游能够满足人们日益增长的物质和文化的需要。旅游能让人们在体力上和精神上得到休息，开阔眼界，增长知识。近年来，旅游业得到迅速发展，成为国民经济战略性支柱产业。

在旅游业不断发展的同时，博物馆事业也在高速发展。博物馆作为集收藏、研究、社会教育等多种职能于一体的文化基础设施，是传承和弘扬一个国家、一个地区文化的重要载体；博物馆事业的规模、水平和质量往往成为衡量一个国家、一个民族、一个城市文化教育发达程度的标志之一。现在博物馆已经融入旅游之中，并充当越来越重要的角色。因此，打造以博物馆为主的人文旅游线路是大势所趋。

一　博物馆与旅游的关系

伴随着世界经济的发展，人们对精神生活的追求不断增长，文化日益成为旅游活动的精神支柱和旅游经济的引领者，人们越来越追求高品位、富有教育意义的旅游。博物馆有着自身的历史价值，也能赋予旅游深度文化内涵。因此在旅游业日益兴旺的前提下，博物馆有着不可忽视的旅游价值。越来越多的博物馆也意识到文化与旅游之间的关联性和互动性，为了跟上世界旅游潮流，已在着手改变人们对博物馆社会效益和经济效益的认识，并不断扩大博物馆的内涵。

同时，旅游是博物馆实现教化功能与娱乐功能的重要载体。任何文艺作品、价值观念、社会主张等，都需要传播，而这都离不开人、离不开人的口口相传。旅游也是发掘、弘扬、优化、保护和丰富文化的有效途径，对恢复和修复文物古迹和遗址建筑有积极的促进作用。博物馆想要立住脚、传播广、影响远，就需要借助旅游为载体。

故宫博物院是文化与人文旅游融合发展的卓著代表。旅游的便捷和紫禁城的魅力让故宫博物院每年接待游客逾千万人次。通过近十八年古建筑修缮工程、整治工程，故宫博物院开放区域从过去的 30% 扩大为 80%，过去非开放区域也都通过展馆将沉睡的文物藏品展现在观众面前。观众进入故宫博物院，不再只是目不转睛往前走，而是获得了更多的文化之旅。游客众多也使故宫博物院除了完善硬件外，还在逐步进行软件提升。公众在故宫博物院网站可以看到建筑文化、故宫文化、网上展览、故宫全景，还可以在故宫社区参与活动，故宫博物院通过微信公众号、官方微博等与公众互动，另有"故宫展览"APP 让游客在指尖上看故宫。

由此可见，"文物可持续发展是旅游可持续发展的可靠基础，旅游可持续发展是文物效益的不竭的源泉，两者是共进共荣的关系"。博物馆对旅游的开发可以促进博物馆工作的开展，通过灵活的经营方式形成自身的特点，增强自身的活力，实现社会效益和经济效益的最佳结合。旅游的迅猛发展驱动着博物馆发展与变革，大批的旅游者涌向博物馆，促使博物馆向大众化、数字化发展，参观博物馆成了旅游热点。旅游业越发展，博物馆越发展。文化旅游观光的空前高涨，对博物馆历史文化的研究也提出了更高的要求。

二 以创建 A 级景区为契机推动博物馆软硬件提升

博物馆与人文景区的融合发展，促使全国各地博物馆着手申报国家 A 级旅游景区，以提升博物馆整体品味，提高博物馆的景观质量、员工服务水平和服务质量，规范博物馆资源持续性开发与管理。在交通、游览、安全、卫生、邮电服务和购物、综合管理以及资源和环境保护等方面，推动博物馆以高标准、严要求提升软、硬件实力，完善了博物馆本身的可观赏性、可游览性、可吸引性等诸多特征。

1．让博物馆从"引进来"变为"走出去"

曾经的博物馆以陈列展示为主，将文物以最佳的方式展示出来，等待游客来参观。但是旅游迅猛发展的时代到来，博物馆不再"遗世独立"。成为旅游景区的博物馆要对原有的文物资源组合进行不断地补充和丰富，适应旅游经济千变万化的需要。以开放的心态打破博物馆旧状态的藩篱，在与公众的互动中扩大博物馆的社会影响力才能让博物馆"活起来"。有了主动出击的交互思维后，博物馆就不再单纯地被定义为"藏品库"，而成为一个开放的平台；公众不再受时间和空间的限制，可以自由获取需要的信息。

2．促使博物馆加强软、硬件提升

创建国家 A 级旅游景区，需要博物馆在一个严格的打分框架内，从基础设施到服务体系、从硬件建设到软件设施逐项进行提升。创建 A 级景区的博物馆，有了功能完善的游客中心，优化了导览标识系统和公共图形符号设置，增加了公共服务设施、公共服务项目及导游讲解信息，完善信息查询、多语种讲解、特殊人群服务等功能，并为游客提供多元化的购物体验。

3．推动博物馆数字化建设

博物馆承载力有限，对文化有着极度渴求的大量游客同时涌入展厅，会使博物馆超负荷运转，游客的观赏体验也会大打折扣。因此，博物馆适时进行数字化建设，利用 3D、VR、AR 等手段，持续推进互联网数字博物馆建设，实现文物信息资源深度展示和开发利用，进行数字博物馆网络虚拟馆建设，实施珍贵文物数字化保护展示利用项目，让博物馆的传播和教化功能更加强大。

4．促进文化创意产业发展进程

经过几十年的发展历程，博物馆的文创产品涵盖了家纺家居、美妆、食品、3C 电器等产品，文化创意产业已成为支撑我国经济发展的一个增长点。从藏品中获得灵感，将文物背后所蕴含价值最大化提升，提供优质的文创产品，形成良好的经济效益和社会效益，博物馆开发的文化创意产品都立足于自身独具特色的收藏。观众游玩过后，带走一件自己心仪的产品，可以加深其对博物馆的理解和认知，将美好记忆带回家并传播给更多的人。大英博物馆（British Museum）是第一家入驻"天猫旗舰店"的海外博物馆，追求者众多，可见人们对充满博物馆特色的文创产品有着极度渴求。

三 深度挖掘博物馆在旅游中的资源价值

博物馆将地方文物、古建筑、史料、艺术形式等收集、研究和保护起来，已深深地融入当地旅游行业之中，进而实现了文物资源和旅游资源的集中统一，博物馆成了旅游业不可缺少的一部分。

1. 科学利用博物馆文物资源

依据博物馆原状陈列的主题，对于博物馆文物资源的合理利用，可以在不违背文物保护原则的基础上，将遗址、遗迹和珍贵文物与观众参与相结合，获得经济效益和社会效益双重收获，这也是对旅游资源的一次重组。遗址、遗迹、珍贵文物有着独特的历史、艺术、文化价值等，其价值随着时间的推移而逐渐提高，同时也成为旅游资源中最有价值的和不可替代的一部分。因为这样的博物馆具有不可移动性和不可再生性的特点，其内容直观、生动、丰富，已成为深受游人欢迎的旅游胜地。

2. 开辟人文旅游景区观光线路

文化与旅游部门合并后可以共同发掘人文景点潜力，更好地利用文物资源来促进旅游业的全面繁荣，取得良好的社会效益和经济效益。有计划、有条理地参观博物馆、古建筑、古墓葬等人文旅游景点，可以将散落的遗珠串联成线，形成合力，方便游客达到探古求知的目的。同时也可增加人文景区的相互联结，建立景区间的融合拓展，由点成线，由线及面。

3. 重视博物馆的广宣价值

博物馆的广宣价值相对于单纯的广告而言，对公众的影响更具有渗透性和持久性，也不易造成公众的排斥。博物馆对于公众而言是一本生动的立体教科书，它的影响力是全方位的。公众在博物馆中通过切身的感受，从古今工艺的对照中了解现代工艺的先进性，从而形成强烈、持久的历史认知和城市认同，这是一般的广告宣传难以达到的。如南京云锦博物馆向观众展示和介绍织锦艺术，同时代表着南京特有艺术形式和经济特色。

文化与旅游的牵手给博物馆带来生机和动力，博物事业蓬勃发展，赋予旅游更多的文化内涵。二者联合更能增强和彰显中华民族的文化自信，提高国家文化软实力和中华文化影响力。

参考文献

1. 苏东海：《文博与旅游关系的演进及发展对策》，《中国博物馆》2000 年第 4 期。

博物馆在全域旅游建设中的机遇和挑战

——以江苏兴化博物馆为例

徐梅蓉

（兴化博物馆　江苏泰州　225700）

内容提要：全域旅游是新时代的新旅游。博物馆作为一种重要的文化旅游资源，是新时代新旅游的具体要求，是政策扶持及地方政府重视的表现之一，是博物馆进行品牌建设的需要。面对新的机遇和挑战，博物馆进行创新发展、成为文化旅游新亮点是当前博物馆界应当思考的问题。对此，博物馆可多筹并举，积极争取资金；提升展览展示水平，开展社会公众教育；加强景区间的交流、合作；挖掘地方文化资源，开发旅游文创产品；制定好职工培训计划和人才引进。

关键词：博物馆　全域旅游　发展

2016年2月，江苏兴化成功入选国家首批全域旅游示范区创建单位，为兴化旅游业发展提供了良好的政策机遇。兴化市委、市政府按照"全域旅游，如诗如画""城乡皆旅游，旅游即生活"的理念，坚持规划引领，全力发展全域旅游。2017年，兴化市共接待游客650万人次，实现旅游总收入为58亿元；2018年，全市预计接待游客750万人次，旅游收入68亿元。通过两年多的全域旅游示范区建设，兴化的生态环境不断完善，文化形象日益鲜明，文化旅游呈现蓬勃发展态势。在此背景之下，博物馆作为一种重要的文化旅游资源，受到更多瞩目和重视。博物馆如何融入全域旅游建设并充分发挥作用是机遇也是挑战，笔者试谈一两点感想，以抛砖引玉。

一　博物馆在全域旅游建设中的机遇

1. 新时代新旅游要求

当前，随着博物馆免费开放和全民旅游时代的来临，博物馆作为一个城市的重要文化标志，旅游功能越来越明显。相关实践表明，文物景点游是旅游业发展的新的重要的经济增长点。兴化博物馆作为地方综合性博物馆，除兴化博物馆外，还下辖郑板桥故居、刘熙载故居、赵海仙洋楼等名人景点，人文景点多，历史文化内涵丰富，对游客有着较强的文化吸引力。据统计，2017 年共接待游客近 60 万人次。新时代游客的旅游需求已从"打卡签到式"变成"深度体验式"，博物馆因其优秀的展览和活动，可以为游客提供深层次、高品位的旅游休闲体验，业已成为高品质的旅游产品。

2．政策扶持及地方政府重视

除江苏省博物馆纪念馆爱国主义教育基地免费开放等相关政策外，兴化还围绕全域旅游建设，编制了《兴化市全域旅游发展总体规划》，出台了《创建实施方案》《会办纪要》《创建任务分解表》等系列文件，着力将兴化全域作为一个"大公园"打造，达到"景色无处不有、服务无处不在、参与人人皆能"的景象，形成"面面俱到"的全域旅游新格局。同时发挥政策和资金引导作用，将旅游专项宣传营销经费 1500 万元纳入市财政预算，制定 600 万元的旅游业专项引导奖励政策，为发展全域旅游提供坚实保障。

3．博物馆品牌建设需要

博物馆作为旅游行业的主要载体，必须要树立品牌意识，寻找自身定位，开发自身特色，彰显自身魅力，才能获得更好的社会效益和经济效益。目前，兴化博物馆已先后建成国家三级博物馆、国家 4A 级旅游景区等，通过一系列的创建，博物馆基础配套服务设施逐步完善，除了展厅、库房等基本区域外，还开辟了游客休息服务区、商品售卖区、医务室等功能区域，使博物馆更加"人性化"。

二　博物馆在全域旅游建设中存在的问题和不足

对照《兴化市全域旅游发展总体规划》，梳理兴化博物馆存在的问题和不足主要有以下几方面：

1．经费不足

博物馆作为一个非营利的永久性机构，其资金来源大部分是依靠政府拨款。目前兴化博物馆经费主要用于解决现有临时用工人员工资福利，而用于文物维护、展览提升、藏品收藏等杯水车薪，有限的经费阻碍了博物馆事业发展。

2．现有场馆面积不够

兴化博物馆现有固定展馆5个、流动展馆2个，展馆面积都相对较小，无法满足大型文物展览要求。除展馆外，游客服务中心面积约300平方米，无专门影视服务厅、文物修复鉴定室等配套设施。

3．展览展示水平有待提升

现有基础陈列"三绝奇才——郑板桥""楚水流长——兴化简史陈列馆"为2009年陈展设计，"施耐庵文物史料陈列馆"为2005年陈展，基础陈展拓展延伸不够，展览形式及效果不佳。

4．旅游文创产品质差量少

兴化博物馆现有文创产品约100多种，主要为板桥系列产品，如郑板桥书画拓片、板桥润格、板桥文房四宝和带有板桥元素的苏绣、织锦画等。产品类别单一，自主设计的实用性、艺术性的文化产品较少。

5．博物馆专业人才匮乏

兴化博物馆现有专业技术人才14名，其中高级职称2人、中级职称5人。专业人才队伍总量和梯次不合理，缺乏文化创意、市场营销等方面人才，影响博物馆后续发展。

三　发展对策和建议

1．多筹并举，积极争取资金

一方面呼吁政府加大对博物馆资金的投入，确保博物馆资金畅通，使博物馆事业健康有序的发展；另一方面鼓励企业单位和个人支持博物馆建设，学习国内外先进的博物馆理念，政府出台相关政策，对捐资企业采取相应的减免税政策。另外，还可以利用各类节庆活动，与企、事业单位共同策划举办陈展教育活动，这不仅对企、事业单位起到宣传的效果，也使博物馆展览活动得到广泛有效的开展。

2．提升展览展示水平，开展社会公众教育

一是举办专题讲座和各类临时展览，如2016年兴化博物馆联合扬州大学美术与设计学院成功举办了"李鱓诞辰330周年学术研讨会"。二是与各学校团总支建立工作联系制度，共同研究制定活动计划，拓展活动内容和形式。三是充分依托阵地，组织巡展进社区、进学校、进企业、进乡村，充分发挥博物馆宣教功能。四是积极利用博

物馆网站、微信公众号适时更新信息、普及文博知识，出版文博刊物等，提升博物馆的知名度与影响力。同时，加大博物馆志愿者队伍建设，扩大博物馆宣教功能。

3．加强景区间的交流、合作

兴化文化旅游资源丰富，全市现有文物古迹 120 多处，列为江苏省级、泰州市级、兴化市级的文物保护单位共有 70 多处。景点间可加强交流与合作，共同研发旅游产品，带动全市旅游业健康发展。2016 年兴化博物馆联合市内景区联合发行了兴化旅游市民卡，内含兴化博物馆、千垛景区、李中水上森林等主要旅游景点，为宣传兴化、打造兴化城市名片做出有益的尝试。同时，与市旅游主管部门联合开发郑板桥纪念馆、郑板桥故居、郑板桥陵园等主题旅游一条线，让游客能够在参观郑板桥生平业绩和艺术成就后再参观板桥故居、板桥陵园，从而产生一种连贯的文化效应，增加兴化文化旅游的吸引力。

4．挖掘地方文化资源，开发旅游文创产品

文创产品在延伸地方旅游生命力、加深观众对景区理解与认识方面具有重要作用。目前兴化博物馆文创产品主打板桥品牌，除传统书画外，还与工艺品厂家联手，制作了板桥文房四宝、屏风等系列产品。2017 年兴化博物馆被列为泰州市文化创意产品开发试点单位，力求依托馆藏和展览设计制作产品，让博物馆历史文化得以延伸，创造经济收益。

5．制定好职工培训计划和人才引进

旅游业是典型的创意产业，离不开高素质的人才来创新创造。目前兴化博物馆在文化创意、市场营销方面人才严重缺乏。针对专业人才匮乏情况，一是加强现有职工的再教育。邀请专家和学者亲临博物馆开展旅游管理、职业道德等方面的学习，提高现有职工的专业素质。二是加强馆际交流学习。组织职工赴兄弟博物馆取经、学习、交流先进的管理模式和专业知识，提高职工专业能力素养和服务意识。三是制定一套合理的人才奖励措施。鼓励职工技能比赛，通过精神和物质奖励，激发全馆职工的学习积极性。四是加强人才引进。通过市组织人事部门引进专业技术人才，充实博物馆队伍，加快博物馆人才队伍建设。五是聘用一批知名专家学者、本土文史专家和旅游专业人才为名誉馆长或学术顾问，为博物馆事业建设出谋划策。

建设全域旅游示范区，对博物馆来说既是机遇又是挑战，我们必须在新时代要有新作为，夯实博物馆基础设施建设，努力提升博物馆品质，与旅游深度融合，打造文化旅游新亮点。

打造高品质、有特色的旅游文化空间

——新时代遗址博物馆的发展路径

林滟茹

（明孝陵博物馆　江苏南京　210014）

内容提要： 在文化产业与旅游服务业融合发展、转型的关键性历史时期，有着厚重人文积淀的博物馆，其收藏和研究功能在逐渐弱化，越发强调如何高质量地服务社会公众。将自身打造成吸引公众参观的旅游目的地，是当代中国文博场馆"活起来"的重要路径。对于遗址博物馆来说，从阐释古迹遗存的角度走旅游发展之路，似乎比综合性博物馆更快、更早一些。但若要避免成为走马观花式旅游的附庸，遗址博物馆就要结合本馆定位、创出品牌效应，在阐释文化遗址、文物遗存的方式上注意回归与重构，要在引导公众休闲、探访、游览的基础上凸显博物馆独特的文化教育使命与公共服务功能，从而将自身打造成一个高品质、有特色的旅游文化空间。

关键词： 遗址博物馆　文旅融合　公共服务

文旅融合是新时代发展大势，也是满足人民日益增长的美好生活需要进程中的重要一步。早在 2010 年，时任中共中央政治局委员、中央书记处书记、中宣部部长刘云山在三亚出席 2010 博鳌国际旅游论坛时提出："文化是旅游的灵魂，旅游是文化的载体。"今年国务院机构改革中文化与旅游部的合并，更是反映了党和国家在促进文旅融合发展方向上的大手笔。在文化产业与旅游服务业融合发展、转型的关键性历史时期，有着厚重人文积淀的博物馆，其收藏和研究功能在逐渐弱化，越发强调如何高质量地服务社会公众，参与到当地经济社会的发展中来，融入人们的日常生活中来。将自身打造成吸引公众参观的旅游目的地，是当代中国文博场馆"活起来"的重要路径。对于遗址博物馆来说，从阐释古迹遗存的角度走旅游发展之路，似乎比综合性博物馆更快、更早一些。但若要避免成为走马观花式旅游的附庸，就要结合本馆定位、创出品牌效应，倾力将自身打造成一个高品质、有特色的旅游文化空间。

一 从方寸天地走向大千世界：遗址博物馆的定位与发展

博物馆是收藏、研究、展示和传播人类文明的重要场所[1]。因不同的博物馆对藏品的偏好有所不同，其类型的划分也多种多样。根据中国的实际情况，把博物馆划分为历史类、艺术类、科学与技术类、综合类这四种类型是合适的[2]。一般认为，遗址类博物馆是从历史类中分离出来的，是近年来在我国各地快速兴起的博物馆中一个特殊门类。不同于综合性博物馆，遗址类博物馆多是在原址上修建起来的博物馆，不仅呈现还原了历史面貌，而且承载着历史记忆[3]。位于南京钟山风景区的明孝陵博物馆便是在明孝陵地面遗存的基础上建立起来的典型遗址博物馆。

对于任何博物馆来说，其核心资源无疑是文物藏品，基于藏品再衍生出文史研究、陈列展示、文创开发、社会教育、公共服务等诸多功能。相较于馆藏数量丰富的综合性博物馆，遗址博物馆的文物藏品往往具有类型单一、数量较少的天生缺陷，基于科技、资金等资源供给方面的发展瓶颈也更为突出。当然，如果过分强调藏品的数量与种类，片面凸显新科技在博物馆表述方式上的投入，追求大而全的综合性发展之路，博物馆势必会走向同质化，从而失去最大的特色优势。如果说，遗址博物馆可供陈列的室内展览只是基于对这一遗址或文化遗存的发散性解读，可供观众参观与游览的区域也不过是有限室内空间与户外遗存的方寸天地，那么，如何从这单一的方寸天地走向精彩的大千世界？如何让博物馆融入遗产地周边市民的日常生活中去？如何让博物馆加入到城市的特色旅游品牌中去？遗址博物馆需要重点关注以上问题。江苏作为文化大省，有代表性的历史遗存和文化遗物数量庞大，具有国际文化影响力的世界遗产共三处，国家级文物保护单位达两百多个，省、市级文物保护单位更是灿若繁星。这些散落在城市或乡村各个角落里的古迹遗存，早已融入区域发展的大环境中来，它们本身就是不可替代的特色藏品，也是地域文化发展的重要实物见证，更是最能吸引人们去寻访古迹、追忆先贤、旅行探幽的目的地。

依托遗址建立的明孝陵博物馆，其藏品体系主要有两大类：一是露天的、不可移动的明孝陵陵寝部分，包括与钟山自然生态环境融为一体的明代及后世修缮遗存至今的建筑、石刻遗存，未打开但能引人联想幽思的神秘地宫；二是室内的馆藏文物体系，包括对明孝陵和东陵遗址进行地面考古发掘后的建筑构建与石刻，对明孝陵整体风貌进行的创造性复原物，以及历年来博物馆基于自身文化定位征集来的砖瓦石刻、陶瓷、金银器、书籍等实物。博物馆的设立，为观众提供了多种参观的可能，不管是单独选择鞭辟入里的室内展厅参观阅读，或浅尝辄止的户外遗址现场游览，还是两者兼备的深度体验，都能带来独特的参观感悟。博物馆需要为公众提供多种选择，并分众引导不同的群体选择不同的参观途径与文化体验项目。对于初次来到明孝陵参观的游客，博物馆给出"先看博物馆，再游明孝陵"的简单明确引导；对于周边市民，博物馆提出"触摸家门口的世界文化遗产"的情感归属引导；对于中小学生群体，博物馆推出"守望历史——触摸世界遗产文化研学活动"和"文化苦旅悠游一日——明孝陵深度游文化研学活动"等。从单一的古迹遗存解读，到传统工艺的匠心传承、区域环境的审美感悟、中国大历史发展历程的探讨……遗址博物馆从所依存的古迹遗址、文化元素出发，阐释出不同观众的万千世界，打造出小中见大、温暖独特的旅游文化空间。

二　回归与重构：基于场馆本身的细节叙述

对于遗址博物馆来说，其融入区域风貌中的独特古迹遗存，是吸引游人的巨大亮点，然而，如何避免成为走马观花式旅游的附庸呢？这就要求博物馆在阐释文化遗址、文物遗存的方式上注意回归与重构，要在引导公众休闲、探访、游览的基础上凸显出博物馆独特的文化教育使命与公共服务功能。

自清末以来，明孝陵早已是南京人常见的踏青之处；与明孝陵陵寝融为一体的孙陵岗在民国时期因广种梅花而又称梅花山，也是闻名遐迩的赏梅基地。2003年，南京明孝陵作为明清皇家陵寝扩展项目列入世界遗产名录，明孝陵博物馆便建于此时。最初的馆址位于明孝陵景区之内的一处狭小建筑，仅仅为收藏明孝陵地面考古的可移动文物、研究解读和展示传播明孝陵及南京明初历史文化，并作为游客在参观明孝陵景区之时的一个休憩与再阅读空间。其较为隐蔽的位置极大制约了博物馆功能的发挥，也使得博物馆仅仅成为明孝陵景区旅游发展中的一个附庸。2009年，明孝陵博物馆在新馆改建过程中，对馆址的选择和遗址的再述方式就显得尤为重要。由于钟山风景区环境生态管理需要，禁止再建任何新建筑，博物馆选择了明孝陵景区的一个重要入口——大金门外的钟山手表厂旧厂房为新的馆址。新馆位于收费的明孝陵景区之外，免费对公众开放，这里是游客前往明孝陵的重要入口，游客能否在博物馆中获得愉快的参观体验，能否对明孝陵陵寝部分产生浓厚的兴趣从而想要更加深入与近距离地亲临探访，是对博物馆效能的一个重要考量。而对于遗产地周边的社区居民来说，进入博物馆参观阅读、休闲漫步、购物消费，让博物馆成为日常生活中的一部分，是博物馆一直努力的方向。

因此，在明孝陵博物馆的功能分区中，主题展览"大明孝陵"几乎占据了半壁江山。这是对明孝陵本体的重要释读，不仅解读了陵墓主人朱元璋的生平与建陵始末，而且创造性地再现了明孝陵的整体风貌、并模拟出地宫场景，助力人们重新认识这片区域，同时还阐释了历年来明孝陵的保护利用成果以及申遗盛事，引发人们对本土文化的自豪感。2017 年博物馆又增设了一个特色展览"洪武流韵·南京小地名大历史"，以明初留存至今的南京老地名为诠释对象，成为一处最能勾起南京人成长记忆和历史情怀的文化空间。2018 年，博物馆的临时展览区域继续策划了几场联系明代历史文化、区域特色和现实生活的独特临时展览，例如"斫琴展"就是从明朝四位对古琴文化做出显著贡献的王爷出发，来展示当代南京琴人继承研制古琴的工艺；"朱元璋与明初廉政文化主题展"主要从朱元璋反腐倡廉的故事入手，弘扬传播南京的廉政文化；"钟山古树名木拓染艺术作品展"以古老的拓片工艺来呈现当代南京"绿肺"钟山植物的特有肌理，让文化技艺与自然环境融为一体。展览所体现独特的精神视角，或阐释遗址本身的价值，或追溯历史文化的当代意义，唤起观众对区域文化嬗变的追忆与认同感，重构历史遗迹与现实观众的对话渠道，是遗址博物馆在陈展中不可缺少的重要反思。

陈列展览是博物馆与观众最频繁、最直观的沟通方式。广义的陈列展览不仅包括博物馆的基本陈列（包括主题展览、特色展览等）、临时陈列部分，而且还包涵面向公众的整个博物馆功能区。博物馆所有的空间阐释都以分区展览的形式来体现，这里有文物藏品、历史故事的展示区，有阅读学习、文化活动的体验区，还有休闲娱乐的消费区……就连直接面向公众的博物馆工作者、志愿者也都是展览空间里的一部分；而观众所有的参观行为、心理活动、消费体验等也都贯穿在博物馆的展览空间之中。因此，博物馆的陈列展览不应当只是静止的输出，更是一个与观众对话的动态过程。做有温度、有沟通的特色展览，是博物馆提升外在形象与公共服务能力的突破口。

三 他山之石可攻玉：探索超级连接的新方式

当今世界，和平、发展、合作、共赢已经成为时代潮流[4]。国际博物馆协会（ICOM）将 2018 年"国际博物馆日"的主题定为"超级连接的博物馆：新方法，新公众"（Hyperconnected museums: New approaches, new publics）。对于遗址博物馆来说，如何创造性地阐释遗产地与社区生活、自然环境乃至区域社会经济发展大局的连接方式，如何探索博物馆与市场经济衔接、与国际发展接轨的新方法，是博物馆高质量发展的必由之路。遗址博物馆针对自身场馆与文物类型的局限性，可以通过加强与区域文化场馆的多方位合作来突破。正如国家文物局局长刘玉珠提出的，博物馆事业的发展要坚持科学发展理念，按照"创新、协调、绿色、开放、共享"的发展理念，把人民群众的需求作为做好博物馆工作的立足点、出发点。打开围墙、开门办馆，开放文物和信息资源，融入经济社会发展。从单个博物馆的发展，转变为谋划区域博物馆的协同发展和整体提升，主动服务京津冀协同发展、大运河文化带、长江经济带、粤港澳大湾区发展等国家战略[5]。

除了主动融入区域发展战略中去，中小型遗址博物馆还可以与区域地市级综合性博物馆开展多种多样的交流合作，如专业文博人才交流、培养合作，宣教活动设计的横向（如研学游）与纵向合作（师资引进或单个项目引进），馆藏文物巡展、借展等。在博物馆的专题展览、临时展览、宣教活动以及文创衍生品开发中，还可以借助各类市场资源，引进各类适合本馆宗旨的合作项目。明孝陵博物馆自新馆建立后，便是以合作的形式，尝试开辟出专题展览，如"金文大师云锦展""观朴明式家具艺术展"。在文创衍生品的开发上，以博物馆为主导，引进相关合作产品，以博物馆原创与代销相结合的方式进行。在临时展览方面，也与各类符合本馆办展宗旨的个人或社会团体，开展短期的合作展览，如"大明风物志"系列明代衣食住行生活展、"回望明代"中国传统插花艺术展等。2017年底，开始尝试以年度合作的形式，与南京金石传拓社开展涵括临时展览、文创衍生品、宣教活动、文化夏冬令营等多项目的合作，年度式的短期签约方式更有利于创新与监管。

此外，博物馆的发展还离不开多渠道的宣传。随着互联网的全球化以及智能手机的普及，微信公众号的推广与各种网络平台的宣传成了不可或缺的途径。博物馆要及时吸收社会发展的成果，善于利用新媒体为自己进行宣传。一方面，要培养出专业的宣传人才，为博物馆的文化资源进行最大效果地宣传推广；另一方面，还要善于吸取市场经济的推广运营经验，在保证文物安全的基础上，将博物馆的展览、文创、宣教活动等项目，放入市场经济中去推广，在市场的优胜劣汰中调整供给，将博物馆的影响渗透到各类潜在观众的生活中去。

四　结语

遗址博物馆在文旅融合之路上有着更为清晰和明确的方向，一方面要继续运用好文化遗产的旅游吸引力，另一方面还要充分发挥好博物馆的阐释与服务功能。对当下社会发展和科技创新成果保持高度的敏感，并善于捕捉与人们生活息息相关的文化元素与情感诉求，创造性地整合博物馆可连接的各种资源，以独特的视角与情怀构建出引人入胜的旅游文化空间。

注释

[1] 龚良：《弘扬传统文化，服务美好生活》，《群众》2018 年第 11 期。

[2] 梁白泉：《博物馆类型》，转引王宏钧：《中国博物馆学基础》，上海古籍出版社，2001 年。

[3] 陈美详：《试析遗址类博物馆的重要性及其发展》，《文化研究》2015 年第 2 期。

[4] 方艳红：《论和平与发展是当今时代的两大主题》，《魅力中国》2016 年第 10 期。

[5]《新时代，博物馆该怎么干？》，搜狐网。

浅析茶文化对苏州旅游业的影响

朱慧玲　景仕荣

（苏州博物馆　江苏苏州　215001
苏州工业园区服务外包职业学院　江苏苏州　215123）

内容提要：随着江苏苏州茶文化的兴起与发展，在传统茶文化的基础上衍生出一系列的茶产品，并开始进行推广宣传，但是产品形式比较单一而且分散，与旅游业衔接较少，对苏州旅游业的影响不大。应加强与旅游行业的合作，推出综合型旅游产品，把握现代消费者的心理，共同促进苏州旅游业的发展。

关键词：茶文化　茶产品　苏州旅游业

俗语道，开门七件事，柴米油盐酱醋茶。茶作为雅俗共赏的一件事物，千百年来，已经不断地渗透到寻常人家的日常生活之中。随着江苏苏州茶文化的兴起与快速的发展，各类型茶馆、茶事活动、茶文化旅游也越来越多。

一　苏州茶文化概述

1. 苏州茶文化

茶文化是指人们在品茶的过程中所产生的社会现象与文化现象，其内涵有广义和狭义之分。广义上的茶文化是指人类在社会历史过程中创造的有关茶的物质与精神财富的总和；狭义的是指人们创造的有关茶的"精神财富"部分，譬如茶艺、茶诗、茶歌、茶戏、茶画等。茶文化涵盖了从饮茶、茶具、茶画到茶故事等多方面，茶道精神则表现在茶事活动中的情趣、心境和精神，茶道也追求"天人合一"。

苏州的茶文化起源于西汉，发展于东晋南朝，极盛于唐宋，在明清时期便已独领风骚。据说，茶圣陆羽曾在虎丘居住过一段时间，他专门研究苏州的水质、茶叶质量和品级，因此也就有了天下第三泉——苏州虎丘石泉水，由此可见苏州人饮茶种茶的历史之悠久。苏州的茶文化在历代茶书中也有记载，如唐代陆羽的《茶经》，宋代叶涛臣的《述煮茶泉品》、审安老人的《茶具图赞》，明代顾元庆的《茶铺》、张谦德的《茶经》，清朝陈鉴的《虎丘茶经刻录》等，这些历代茶著均体现了苏州所独有的茶文化传统。清代诗人沈朝初在《忆江南》中称"苏州好，茶社最清幽，阳羡时壶烹绿雪，松江眉饼炙鸡油，花草满街头"便是一种真实写照。

2. 苏州茶文化主要活动形式

苏州茶文化活动形式繁多，有简单的茶事活动、采茶之旅，也有以茶为载体的文人雅集及各种茶叶博览会等。茶事活动的一道靓丽风景线是茶道表演，茶道表演不仅单单是泡茶、喝茶，它结合了香道、插花、陶器等于一身，时常有茶人趁着草长莺飞的美好时光，约上三五好友，选一户外摆上茶席，成为一道靓丽的风景线。而随着生活品质的提高，人们越来越希望与其他茶友进行分享，由此衍生出许多有意思的茶事活动——雅集，多为一群志趣相投的人互相分享自己带来的好茶、好食、好故事，以茶为媒介，拉近彼此之间的距离。旅游度假区、旅行社也推出专门的采茶之旅、茶道体验之旅等专门旅游活动或体验专线。

3. 苏州特色茶俗

根据苏州传统习俗，苏州人无论是定亲还是嫁娶，在彩礼中，茶肯定是必不可少的一项。在喜庆的日子里，苏州人也长以茶相敬。更为有趣的是在春节期间喝的"元宝茶"，即在茶中放入两颗青果子。如果是迎亲或者送亲，彼此间还会在茶中加入一些红糖，象征给未来新人生活带来甜甜蜜蜜，这也就是"糖茶"。

值得一提的是苏州周庄古镇的"阿婆茶"。吃阿婆茶的现象在周庄农村尤多。一群婆婆和婶婶常聚在一起做做针线活，话话家长里短，口渴了的时候就喝上一碗茶，也即"阿婆茶"了。现在，"阿婆茶"已成为苏州周庄的旅游名片之一。

二　茶文化对苏州旅游业的影响

1. 刺激苏州茶文化旅游资源开发

近年来，随着茶文化的快速发展，游客已经远远不满足于苏州园林、古镇的游玩，越来越多的游客希望在苏州能够有新的不同的旅游体验。苏州悠久的茶文化便成为吸引游客的新旅游资源。而苏州的茶首推便是十大名茶之一的碧螺春。碧螺春属于绿茶类，产于苏州太湖地区的洞庭山，所以又称"洞庭碧螺春"。碧螺春以"芽多、嫩香、汤清、味醇"四绝闻名于世。碧螺春茶已经有近一千多年的历史，民间最早些时候是叫"洞庭茶"，也叫"吓煞人香"。直到清康熙年间才改名为"碧螺春"，并从那时成为贡茶。苏州茶文化的飞速发展不断刺激着旅游经营者源源不断地开发新的旅游资源，茶叶博览会、茶事活动、采茶之旅等新兴的旅游活动形式也越来越吸引外地游客。旅游经营者需要不断开发新的旅游资源才能满足和吸引游客，并且对于远客源地的游客来说，越是独特的旅游资源越是吸引他们。

2．系列衍生旅游产品

茶文化所衍生的系列旅游产品，首先是为数众多的茶叶博物馆、茶叶市场。茶叶博物馆有江南茶文化博物馆，已成为当地乃至周边城镇的标志性茶文化博物馆。茶叶市场种类繁多，常见的有超市的袋泡茶叶，有茶馆会代销茶叶，也有专业的茶叶销售店面，如王美罗广场的王德传、观前街的三万昌。前者属于台湾的经营模式，茶叶品级较高，费用较昂贵；后者属于老字号，深受游客和本地市民的信赖，甚至成为地区的象征，成为游客来到此地不得不逛的地方。这不仅仅可以提高游客的旅游体验质量，更是将苏州的茶文化底蕴以一种全新的面貌展现给游人。

其次是苏州别具特色的茶楼、茶馆。苏州拥有得天独厚的地理环境、小桥流水的唯美意境、各处散落的古建筑的衬托，加之动听的吴侬软语，使苏州开设出具有当地特色的茶馆，为人们提供了一个极好的喝茶、听雨的场所，并越发成为游人的首选出游之地。茶馆是苏州文化内涵丰富的民俗现象，主要分传统型茶馆、非传统型茶馆。

再次是衍生出以茶文化为主题的休闲旅游线路。"洞庭碧螺春茶文化旅游节"是苏州吴中地区旅游经营者根据自身的优势在特定时期推出的"山水苏州、人文吴中"特色旅游品牌。其目的是壮大茶经济，同时带动苏州特色旅游线路。以洞庭碧螺春茶文化旅游特色线路为例，为苏州太湖度假区太湖公园——太湖大桥——西山岛——明月湾古村——消夏湾农庄——碧螺春茶园体验采摘——食用特色农家餐——欣赏与体验炒茶工艺——品茗、垂钓——骑马等休闲活动，费用包含内容有景点门票、活动工具、餐费、采摘品茗等。当然也有常年推出的旅游线路，且多与品茶、垂钓等一系列休闲活动相结合。这些休闲旅游路线的旅游配置完备、价格合理且富有特色，深受都市人们的喜爱，更是吸引了周边城市的游客前来度假与放松。

3．带动旅游相关行业的发展

茶文化旅游能够让游客产生休闲放松的心理。茶文化旅游不仅仅局限于喝茶、参观、游览，而是与景点的观赏、茶品及其他购物、茶会娱乐以及餐饮住宿等以一条旅游线路串联起来，形成以"茶文化旅游"为核心的休闲旅游活动。这既能丰富传统旅游的内容，又能刺激茶文化市场的消费，同时带动周边交通业、酒店业、餐饮业等相关行业的发展。位于风景迷人的东山碧螺景区有一处由苏州市东山茶厂建造的博物馆——江南茶文化博物馆。博物馆四周花果簇拥、青山绿水，景色十分迷人。江南茶文化博物馆是苏地首家以茶为主题文化的博物馆，集苏州茶文化展示与休闲活动为一体，内设有康熙御茶园、茶文化展示馆、景观布置、农家餐厅及农家宾馆。江南茶文化博物馆在弘扬苏州多姿多彩的茶文化的同时，也不断完善着碧螺景区的旅游配套功能；不仅促进青少年对传统茶文化的认知与感受，更是加快了周边茶农的农产品销售，同时也对东山古镇的旅游业发展起到重要的推动作用。

4．促进苏州茶文化营销

苏州旅游业相关部门常以多种形式对本土的旅游业进行广大宣传与对外推广。常见的形式有以茶文化为载体营销活动。2008 年苏州政府区委举办的"碧螺春茶文化旅游节广告语征集大赛"。此次的茶文化大赛不仅吸引了当地人的参与，更是吸引了全国各地甚至国外如马来西亚、美国等多国的参赛者积极报名参与。上至耄耋老者，下至十几岁的小学生纷纷出谋献智。参与者更是辐射到各行各业中，如在校学生、学者专家等。人们对此次广告语征集表示了极大的热情，得到了各界热烈的反响。短短一个月的时间内，就已收到邮件 1700 余封，宣传广告语多达 14000 余条。在所有的参赛作品中也不乏高质量的征文。立意深刻的、文采绝佳的以及耐人寻味的佳作也不在少数。参赛者们展现了自己极高的文学水平。譬如此次大赛的一等奖作品"山水苏州春暖太湖，人文吴中茶香洞庭"就十分脍炙人口。本次活动的应征作品展示了对碧螺春以及对苏州洞庭优美的山水资源的热情赞美与讴歌，主办方借比赛这种形式宣传了绿茶碧螺春的地域优势，不仅提升了洞庭碧螺春的知名度，更弘扬了具有悠久历史的洞庭碧螺春茶的茶文化；扩大了碧螺春茶在海内外的影响，同时很好地进行了本地旅游资源的宣传，促进茶文化的营销。

三　苏州茶文化旅游的开发思路

以茶文化为载体吸引更多的游客，是苏州特色旅游的一大重点，因此可通过以下几点进行分析，以促进茶文化旅游的发展。

1．开发品牌旅游产品，加大宣传推广

苏州茶文化旅游很大程度上还依赖现有的茶文化资源，真正深入人心的旅游品牌还没有完全打造出来。茶文化旅游需要品牌力量，需要精品支撑。品牌能够带来

非常大的经济效益，而口碑会自然而然地吸引广大游客。所以要建立属于苏州自己的茶文化旅游品牌，并通过多种途径进行宣传促销与推广。以茶文化为起点，深入了解茶文化内涵，利用媒体、网络、报纸等一切宣传推广手段销售其极具特色旅游产品，打造属于苏州的茶文化旅游品牌。在宣传过程中，注意循序渐进，一步一步激发旅游者的兴趣。对不同的旅游者从不同的方面进行宣传。如对学者游客应注意从文化方面进行引导，对外国游客则强调其中的苏州元素，而对于中老年游客可以从茶的养生方面着手。大力发展苏州的茶文化旅游，还必须要注重茶文化商品的开发。茶文化商品不仅仅是茶叶，更包括茶具、茶点、茶工艺品、茶旅游纪念品等涵盖茶文化各个方面的旅游产品。开发这类茶文化旅游商品时应注重苏州元素，挖掘开发具有苏州本土特色的商品。应当抓住旅游者这种消费心理，适时推出一些包装精美又质量上乘的茶文化礼品。好的旅游纪念品不仅能够增加知名度、提高经济收入，反过来还可以成为一种旅游吸引物。

2．突出茶文化旅游的文化内涵

作为古老的茶区之一，苏州洞庭东西山已有一千多年的茶叶生产历史，积淀了丰富的茶文化旅游资源，同时也形成茶文化遗迹、建筑、民风民俗等人文旅游资源。特别值得一提的是已经被列入国家非物质文化遗产名录的"碧螺春茶"制作工艺。茶文化可与禅、琴棋书画、饮食、习俗等联系，相关旅游部门应着力突出茶文化旅游的文化内涵，挖掘更多茶文化旅游的意义。因为文化性越强的引导对游客来说越有意义，在增强他们愉悦感的同时，提升了旅游体验，对旅游者的吸引力也就越大。

3．加强旅游从业人员茶文化培训

要以茶文化为依托，开发茶文化旅游资源，形成茶文化特色产品，就需要从业人员具备充分的茶文化知识。这就对从事茶文化旅游的相关工作人员也提高了要求，必须加强对本地茶和与其有关的风俗等的认识，才能更好地做好宣传推广工作。以导游员为例，在介绍碧螺春茶的同时，不仅要介绍碧螺春的制作工艺、品质等，更要向游客介绍相关的传说故事，甚至能够吟诵相关诗句，达到引人入胜的地步。同时可推荐一些茶馆、茶事供旅游者自行选择体验。既能满足旅游消费者对不同文化的需要，同时也能将苏州的茶文化发扬光大，也实现了苏州特色旅游的发展目标。

4．以茶文化为载体，提高旅游知名度

通过开展茶博会、茶文化特色活动，不仅可以吸引远客源地游客，扩大交流提高影响力，还能刺激本地茶文化的发展。苏州目前已举办过多次茶叶博览会，自

2011 年 11 月以来，每年定期举办，一年两次，分别为 5 月 27 ～ 30 日的春季茶博会和 10 月 14 ～ 17 日的秋季茶博会。苏州茶叶博览会在"共品茗茶，共话茶事，共传文化"的核心理念的正确指导下，吸引了全国各地的茶叶商和相关行业企业商的参与。不仅方便了茶文化爱好者选择，更是为商家提供了展现品牌推广自家产品的机会，现已成为以苏州为中心、辐射华东市场的茶届的年度盛事。值得一提的是，在苏州茶博会的宣传网页上，有为外地游客提供的"姑苏之旅"等相关推荐内容，便于游客在参观博览会之余，参照网页选择其他游玩线路。在今后苏州茶文化旅游发展以后，更应该多举办以茶博会、茶文化为载体的活动，在宣传弘扬茶文化的同时，推动茶文化旅游及相关产业的发展，拓宽茶文化旅游的发展方向。以茶文化作为载体，提高旅游知名度，打开周边旅游市场。

四　结　论

　　社会在进步，在物质方面逐渐得到满足的人们，越来越追求精神上的享受和思想上的深化，并会主动了解一切富有传统文化和内涵的事物。而茶文化的兴起正是一个很好的契机，具有时代选择的必然性。苏州千年的历史沉淀和丰厚的文化底蕴使苏州茶文化旅游一直处于上升的趋势。茶文化旅游对苏州经济的发展具有推动作用，在带动苏州旅游经济发展的同时带动苏州整体经济的发展，不仅能够丰富苏州旅游的模式，更能增加旅游模式的多样性；激励着旅游经营者不断开发新的旅游产品，促使旅游业快速发展，满足旅游者需求的同时推动旅游产品相关副业的发展，提高苏州旅游的知名度，增加茶文化的氛围和苏州旅游的人文情怀。

参考文献

1. 陈来生：《名称旅游与名城保护》，人民出版社，2002 年。
2. 石云霞主编：《中国旅游文化概论》，南开大学出版社，2013 年。
3. 李启彰：《茶日子》，幸福生活出版社，2014 年。
4. 张箐：《红尘外的茶香》，当代中国出版社，2006 年。
5. 苏州太湖历史文化研究会主编：《太湖文化》，古吴轩出版社，2015 年。

浅析地方博物馆与高校博物馆的合作

邱晓明

（南京市博物总馆　江苏南京　210004）

内容提要： 高校博物馆是博物馆系统的重要组成部分，拥有丰富的、独特的馆藏资源。长期以来，高校博物馆由于深处高校内部等特殊性、以服务高校师生为主，高校博物馆服务地方的功能还有待于进一步加强。地方博物馆是博物馆体系的重要力量，以面向社会开放、服务公众为宗旨。加强地方博物馆与高校博物馆的合作，推动博物馆在举办展览、文物保护等方面实现互动合作，共同致力于服务地方、服务大众，充分发挥博物馆的社会服务职能。

关键词： 地方博物馆　高校博物馆　合作　服务

党的十九大报告指出：中国社会的主要矛盾已经转化为人民日益增长的美好生活需要和不平衡不充分的发展之间的矛盾。改革开放以来，伴随着社会经济与科技的不断发展进步，人们的物质生活水平大幅提升，社会文明程度也越来越高。物质财富的日益丰富使得人们更加关注精神文化领域的充实，日益增长的美好生活需要使得人们更加关注人的全面进步和社会的全面发展。新时代、新征程，也对博物馆的发展提出了更高的要求。博物馆的蓬勃发展吸引了越来越多的人走进博物馆参观、游玩、娱乐、学习，反过来又推动了博物馆的进一步繁荣发展。地方博物馆以面向社会开放、服务社会公众为宗旨，积极发挥了博物馆的社会服务职能。位于高校内部的高校博物馆也是博物馆体系的重要组成部分。实现地方博物馆事业繁荣发展，除了继续加强地方博物馆的管理和建设，也要进一步加强高校博物馆的建设，加强区域博物馆之间的互动与合作，促进地区博物馆事业共同繁荣发展。

一　高校博物馆的资源优势与服务公众的不足

高校博物馆是"为了教育、研究、欣赏的目的，由高等学校利用所收藏的文物、标本、资料等文化财产设立并向公众开放，致力于服务高等教育发展和社会文化发展的社会公益性组织"[1]。高校博物馆隶属于高校，规模和数量十分可观。与地方博物馆相比，高校博物馆更具有资源优势。高校都拥有自己的校史，尤其是那些百年高校的校史资源更是丰富。每一座高校的校史都是独一无二的，这种独特性成就了每一家高校博物馆的与众不同。作为教书育人的地方，高校还拥有源源不断的校友资源。除了杰出校友本身的励志故事，还有为回报母校而捐赠的各种纪念品，这些也成为高校博物馆藏品和展览的重要来源。另外，很多高校基于自身的定位，都有自己的特色资源和优势，从而建立一些极具特色的高校博物馆。以南京的高校为例，如南京大学的拉贝与国际安全区纪念馆、南京师范大学的珍稀动植物博物馆、南京理工大学的兵器博物馆、南京航空航天大学的南京航空航天博物馆、中国药科大学的药学博物馆、江苏警官学院的中华指纹博物馆等。除了资源优势，高校博物馆在资金方面也有优势。除了拨款经费外，还有来自校友的捐赠。在当今高校的校园里，可以看到很多由校友捐赠而建成的高校建筑，其中很多建筑都是以捐赠人的名字进行命名的。这一点是地方博物馆所不具备的有利条件。此外，高校是教育资源与师资力量聚集的地方，拥有最高的科研水平和最强的科研力量，强大的科研优势为高校博物馆的发展建设提供了最坚实的学术科研基础。因此，繁荣地方博物馆事业，高校博物馆所具备的独特优势不容忽视。

由于种种原因，高校博物馆长期被认为"养在深闺人未识"。这也从侧面反映出高校博物馆在服务地方社会方面的不足。高校博物馆隶属于高校，以服务高校工作和高校师生为主要职责，服务对象和工作目的决定了高校博物馆的藏品收录、展览设计、学术研究也都围绕此进行。此外，很多高校博物馆并非对社会公众开放参观；或是开放时间局限于工作日，有些博物馆还是上午、下午分开开放，中午闭馆休息，寒暑假也一般闭馆；或是需要事先预约或是团体预约才能参观，或是有一些其他的特殊规定。这样的开放方式和开放时间也在很大程度上阻碍了高校博物馆走出校园，阻碍了高校博物馆社会服务功能的发挥。造成高校博物馆与社会大众之间存在一定距离的原因，除了服务对象与服务定位的原因，还有基于维护高校正常教学秩序等诸多考量而采取的不同于地方博物馆的管理方式等方面。

综上所述，高校博物馆本身蕴藏着独特的资源和优势，却不能充分地服务于社会公众。这也说明，高校博物馆在充分利用和发挥自身优势，进一步走出校园服务社会上，存在很大的发展空间，如能进一步发挥高校博物馆服务社会的职能，将成为推动地方社会文化繁荣发展的重要力量。新时代对博物馆的发展提出了更高的要求。高校博物馆需要以更加积极的姿态回应社会大众的期盼，积极主动地致力于服务地方社会文化的发展。

二　地方博物馆与高校博物馆之间的合作浅析

1. 地方博物馆与高校之间的互动关系

地方博物馆与高校之间的互动合作关系其实一直都存在。高校是地方博物馆的服务对象，高校为地方博物馆提供人才和科研助力。

根据博物馆的主题定位，很多博物馆同时还是爱国主义教育基地、党性教育基地、馆校合作共建基地等，博物馆是高校学生开展爱国主义教育活动的重要场所，高校是博物馆的服务对象。博物馆还是高校学生进行社会实践的重要场所，博物馆的志愿者队伍中有很多都是大学生志愿者。博物馆也有很多针对高校学生开展的社教活动，以服务学生团体为主。另一方面，高校是为社会培育和输出人才的地方，在地方博物馆里总会有不少毕业于当地高校的员工。高校里的一些教授也成为博物馆里的客座嘉宾，或受邀到博物馆开展讲座，或成为博物馆举行各种活动的嘉宾与评委。还有一些高校教授被聘为地方博物馆的名誉馆长或长期合作嘉宾，直接参与博物馆的行政管理工作，对于促进地方博物馆的宣传和学术研究水平的提高有很大助益。地方博物馆与高校之间合作开展的科研课题，也有利于两者之间的优势互补与互利共赢。

地方博物馆与高校之间长期以来的良性互动，表明地方博物馆与高校之间存在很多可以互助合作的领域，这些也为地方博物馆与高校博物馆之间的合作提供了良好的借鉴。

2. 高校与地方博物馆之间的展览合作

2018 年 5 月，南京大学美术馆举办了"风云激荡 200 年——纪念马克思诞辰200 周年历史文献展"。该展览由江苏省委宣传部主办，南京大学承办，江苏省文学艺术界联合会、南京图书馆、南京博物院、江苏省美术馆、江苏弘扬集团共同协办。共展出 80 余块展板和百余件实物，其中的《布鲁塞尔笔记》第 IV 笔记本是国内唯一一份保存相对完整的马克思笔记，首次在国内公开展出[2]。该展览是江苏省纪念马克思诞辰 200 周年的系列活动之一，是一场非常有分量的优质展览。南京大学的美术馆、图书馆、博物馆、哲学系等相关单位都为展览的举办提供了支持，参与协办展览的单位有南京博物院、江苏省美术馆两家地方场馆，南京博物院为展览提供了馆藏马克思相关民国文献珍品。由此可见，这是一场由政府主办，协调包括高校、地方博物馆、图书馆在内的多家单位联合举办的展览，是高校与地方之间合作办展的经典案例。

"马克思是全世界无产阶级和劳动人民的革命导师，是马克思主义的主要创始人，是马克思主义政党的缔造者和国际共产主义的开创者，是近代以来最伟大的思想家"[3]。马克思对共产主义事业的发展做出了巨大贡献，该展览成为开展党员学习、进行党性教育的极好素材。有的纪念馆组织党员前往参观学习，并发布新闻报道，从而吸引了更多的人前往参观展览，起到了助力展览宣传的积极效果。

由此可以看出，高校及高校博物馆拥有丰富的资源筹办展览，创办的展览质量也很高；高校与地方博物馆之间合作办展是一种非常可行的合作方式；地方博物馆参观并宣传高校举办的展览，有利于吸引更多的博物馆人和社会观众去了解和参观高校展览，从而更好地促进高校展览服务于社会和公众。地方博物馆应当成为参观高校博物馆展览的一支重要队伍，甚至协助宣传展览，让更多的人了解高校举办的展览，走进高校去参观展览，既扩大了展览的宣传效果和影响力，又满足了观众的文化需求，拉近了地方民众与高校之间的距离，有利于促进高校博物馆服务地方作用的发挥。

地方博物馆与高校博物馆之间除了可以联合办展、助力宣传之外，还可以将高校博物馆的优质展览引进地方博物馆进行巡回展出。巡展是宣传优质展览的一种重要方式，能够进行巡展的展览，基本都是展览主题和内容优质、展览适用范围领域广、题材适合长期持续展出的优秀展览。通过巡展的方式，将高校博物馆的展览送至地方博物馆展出，有利于进一步扩大展览的影响力，促进高校博物馆与地方博物馆的合作，同时也可以有效地避免因太多观众涌入高校博物馆参观给高校正常教学秩序带来的不利影响。

3. 文物管理方面的合作

地方博物馆具有严格的文物保护工作意识，在文物的征集、保管方面有着相对规范的管理制度。由于工作定位、隶属关系、管理模式的诸多差异，很多高校博物馆对馆藏文物没有给予足够的重视和进行专业化管理。因此，加强地方博物馆与高校博物馆在文物方面的合作是十分必要的。无论是地方博物馆的文物，还是高校博物馆的文物，都是国家的重要文化遗产。2016年4月12日，国家主席习近平对文物工作作出重要指示："文物承载灿烂文明，传承历史文化，维系民族精神，是老祖宗留给我们的宝贵遗产，是加强社会主义精神文明建设的深厚滋养。保护文物功在当代，利在千秋。"[4]文物见证了人类文明的发展，承载了历史发展的记忆，是人类宝贵的历史文化遗产，具有不可再生性。保护文物、人人有责，对于高校博物馆里的文物同样适用。高校博物馆里的文物是高校发展历史、中国高等教育史、地方历史文化的重要记忆载体，是国家馆藏文物的重要组成部分。加强高校博物馆的文物保护与管理工作是一项非常重要的工作。对此，高校博物馆可以依托地方博物馆，在文物的征集、日常维护管理、文物库房的建设、文物的保管与修复技术、文物使用时的规范化管理等方面，加强合作与交流。同时，双方也可以就文物研究方面深入开展交流与合作。

新时代人民群众对美好生活的需要，对博物馆的发展提出了更高的要求。做好社会服务工作，创建让观众满意的博物馆是当今博物馆发展的重要职责。地方博物馆与高校博物馆都是博物馆体系的重要组成部分，都担负着做好社会服务工作的职责。地方博物馆与高校博物馆应当加强合作，在举办展览、文物保护等领域增进合作与交流，推动高校博物馆进一步发挥服务社会文化发展的职能，共同做好社会公众的服务工作。

注释

[1]《国家文物局、教育部关于加强高校博物馆建设与发展的通知》(文物博发〔2011〕10号)，中华人民共和国教育部官网。

[2]《纪念马克思诞辰200周年历史文献展南大开幕 马克思〈布鲁塞尔笔记〉第Ⅳ笔记本国内首次展出》，南京大学新闻网。

[3] 习近平：《在纪念马克思诞辰200周年大会上的讲话》，中国政府网。

[4]《这五年，习近平这样谈文化遗产保护》，人民网。

以共享促合作　以合作促发展

——美术馆联盟工作初探

庄　芸

（江苏省美术馆　江苏南京　210018）

内容提要： 面对时代发展的需要和公众日益增长的文化需求，美术馆如何进一步提升自身发展水平、扩大对外影响并带动美术馆整体发展，以联盟的形式通过共享来互通有无相互促进、通过共建来补齐短板协同发展已成为众多美术馆未来发展的思考和方向。不断创新理念、深化合作机制，既要形成自身特色做到"各美其美"，更要共同提高实现"美美与共"。

关键词： 美术馆　联盟　共享　合作　发展

一　中国美术馆发展现状

美术馆进入跨越式发展已是毋庸置疑的事实。随着社会经济的快速发展，全国各地或因为建设发展的需要，或由于公众文化需求的提高，上至省市、下到县区，各级美术馆纷纷进行新建、扩建，大型企业、民营美术馆不断涌现，还有诸多小型美术馆以视角新颖、充满活力的服务使美术馆的业态日趋丰富。根据原文化部（今文化和旅游部，下同）统计，归口文化系统管理的各级国有美术馆 2011 年为 168 家，2012 年增至 265 家，而到 2017 年已增加到 499 家。而在江苏省,据不完全统计,2017 年仅苏州市就有各类美术馆44家,南京的国有、民营美术馆也有四十多家。近几年，越来越多的人认识到美术馆的建设不能一味追求"大而全"，建设、打造具有特色的美术馆已渐渐成为业内共识。在坚持自身前景规划和学术方向的基础上，不断寻求与其他美术馆、博物馆的广泛合作、扩大自身影响力，已成为越来越多的美术馆努力促进未来发展的工作方向之一。

二　国内外博物馆联盟概况

博物馆联盟一词由来已久，如同博物馆这个舶来品一样源自西方，法国国家博物馆联盟（The Réunion des musées nationaux-Grand Palais，Rmn-GP）创建于1895年，当时有32家博物馆和2家美术馆，主要使命为管理收藏艺术品、馆藏复制、博物馆规划和策展、文化传播及出版等[1]。美国博物馆联盟（American Alliance of Museums，AAM）于1906年成立，他们在最新通过的《美国博物馆联盟战略规划（2016-2020）》（American Alliance of Museums 2016-2020 Strategic Plan）中将"与我们的会员及盟友合作，一起推动博物馆的发展，实现卓越"作为未来五年工作的使命，同时在规划中多次强调在博物馆行业内外、国内外建立联盟、共享资源、增强合作、推动行业进步[2]。国内博物馆联盟近年来也在逐步发展中，从省级到市级跨行政区域、类别都在相继成立。美术馆作为博物馆的一个分支，无论是起步、还是发展都滞后于博物馆，但发展趋势却不尽相同。这两年美术馆联盟也屡见不鲜，大到国家层面的"丝绸之路国家美术馆联盟"，中型如跨区域的"长三角美术馆联盟"，小到市一级的有"佛山市美术馆联盟"。与博物馆不同的是，目前多数美术馆间的联盟更多的是寻求一种战略合作关系，而不是强调要在官方注册、具有实体性质的行业组织，通过共享来互通有无、相互促进，通过共建来补齐短板、协同发展，这是美术馆联盟建设的共同意愿。

目前，国内美术馆联盟主要包括以下几种。一是以行政区域划分形成的，如江苏美术馆馆际联盟、山东美术馆联盟、佛山市美术馆联盟等。江苏美术馆馆际联盟是第一个全省性美术馆联盟，截至2018年，有53家各类美术馆加入。山东美术馆联盟也于2017年成立，共有17个城市20家单位加盟。二是以相同业务内容为核心的，如广东文创联盟，成立于2018年7月，包括广东省多家博物馆、美术馆等文化单位。三是地区相关性美术馆联盟，如成立时间较早的"长三角美术馆联盟"，以长三角地区中小型美术馆为主要组成，还有整合改革开放发展成果、以推动沿海城市公共文化的沿海城市美术馆联盟……可以说，近年来美术馆都在积极拓展对外合作平台、深化交流机制，以充分发挥各自优势，努力探求生机勃勃、极富前景的美术馆发展模式。

三　美术馆联盟的意义

在信息化时代，移动网络、交通方式的高速发展彻底改变了人们的认知、学习和生活，对美术馆的未来规划也有着重要影响。美术馆作为城市公共文化空间的重要组成，在新形势下的发展也面临着越来越多的机遇与挑战。携手共享、互利共赢成为众多美术馆人的希望和目标。

1. 资讯互通，提高社会效益

如前文所说，中国美术馆事业虽得到长足的发展，但与公众日趋多样化的需求仍存在着差距，大到全国、小至市县，美术馆的质量、数量、规模和结构等在总体上尚无法满足社会需要，发展也不平衡，专业化水平不高，创新理念、科学发展、提升公共文化服务能力仍是各美术馆的共同要求。而促进美术馆联合共建的基础是资源和信息的互通，利用现代科技手段加强美术馆藏品、学术研究、展览等各项资源的整合和开放共享，创新美术馆文化服务的模式，从而真正发挥美术馆艺术文化传播和公众审美水平、精神素养提高的功能。

2. 优势互补，提升整体实力

无论哪类美术馆都有自己的定位和发展方向，有各自特色和文化氛围，同时也有自身的欠缺和短板，如国有美术馆有政府的政策、资金支持，而民营美术馆机制更加灵活，但可持续发展始终是一个瓶颈；大型美术馆资源丰富，小型美术馆服务则更加精准。美术馆在坚持自身发展理念和学术特色的基础上，应进一步加强彼此间资源要素的流动，进一步促进长期合作、优化美术馆体系和布局。这不仅可以使各馆最大限度地发挥自身的优势与力量，更能促进美术馆区域协作，推动美术馆从高速度发展向高质量发展转变，壮大地区乃至全国美术馆的整体实力。

3. 合作互联，扩大对外影响力

突破历史文化和体制因素等所带来的障碍，畅通馆际间合作通道，实现共享、共建、共赢，已经成为众多美术馆未来发展的思路。同博物馆一样，美术馆肩负着城市文化与公众素质的提高，并在地域文化发展与传承乃至国家、地区经济社会发展中承担着重责。2018 年 6 月 19 日，"丝绸之路国际美术馆联盟"成立，其原则就是共商共建共享、互学互鉴互利。在推进国际传播能力建设、"讲好中国故事"的要求下，美术馆同样需要在深化交流合作、扩大对外影响、推动中国文化艺术走出去上做出更多努力，以促进不同文明的交流、共存，更好地维护国际文化艺术的丰富、世界文明的同样。

四　美术馆联盟活动机制初探

1. 加深藏品、学术成果的流转和使用

行政区域的划分、历史文化的积淀、成立发展的基础等诸多因素先天决定了美术馆资源的不均衡及发展的不平衡，资源共享早已成为美术馆间的共识。而在全球化的语境下，深化交流合作进一步优化资源配置、进一步带动美术馆资源的流动和整合、进一步提高资源研究成果的转化利用，是美术馆优势互补、补齐短板的有效途径。近年来，文化和旅游部的全国美术馆优秀项目扶持计划、馆藏精品展出季、全国美术馆藏品普查、国家艺术基金项目等都有力促进了跨地区、跨体制、跨规模美术馆间的交流与协作。美术馆联盟可以在此基础上立足特点、相互协调，搭建深层次的合作平台，联合建立学术、馆藏、研究资源中心，提高美术馆藏品的科研及学术成果转化、利用和传播，并以此打造文化资源共享项目，既提升了各美术馆的学术含量与品位，更为公众带来高品质的艺术享受和文化服务。

2. 推进展览和教育活动的联动

展览与公共教育是美术馆的主业，也是美术馆传播文化艺术、实现公共文化服务的基本途径。一个好的展览和公共教育活动，策划、组织、举办都需要投入大量时间、精力、物力，馆际间的相互引进和输出不仅可以节省时间、人力和财力成本，更能将优秀文化成果惠及更多人群。仅 2018 年，江苏美术馆馆际联盟先后有"意写新时代 丹青鉴初心践行十九大精神——江苏省国画院书画院作品巡展""纪念周恩来诞辰 120 周年中国画作品展""文脉心迹当代中国画百家精品展""新华日报木刻版画作品及史料巡展"等展览在省内各美术馆展出，涉及南京、苏州、扬州、淮安、连云港、宿迁、徐州、南通等城市。当下，新思维、新理念是进一步推动美术馆联盟形式合作的关键。美术馆的合作必须建立在创新、可持续的基础上，建立有效的长期合作机制，以关联性、主题性、互补性为主要内容进行展览和公共教育活动信息联通、平台联建、场地联用，并由此共同创建、推出品牌项目，扩大公共文化服务的覆盖面。

3. 促进专业人才的培养和共用

联盟的建立可以促进中小型美术馆的规范化建设。全国各类美术馆已逾千家，在蓬勃发展的同时也面临着制度不健全、管理不规范、专业人才力量薄弱等诸多问题，而目前还没有全国性的美术馆管理办法可供遵循。2018 年 6 月，上海率先出台了首个省级美术馆管理规范性文件《上海市美术馆管理办法（试行）》，对美术

馆的设立、性质及运营方式等进行了规范。而从立法层面加强美术馆的法制化建设需要条件和时间。在实际工作中，由一些管理较为规范、具有影响力的美术馆分享管理、运营、人才培养等方面的经验则更具有实际意义和可操作性。2018 年，江苏美术馆馆际联盟以联盟单位为核心面向全省美术馆举办了"全省美术馆（艺术馆、纪念馆等）专业人员高级研修班"。研修班旨在携手全省美术馆共同加强美术馆科学化、规范化、系统化的建设规范，此次高研班为全省各地各类美术馆专业从业人员开展了为期一个月的学习培训，课程涉及美术馆制度规范、运营管理、美术馆典藏、策展、展陈、公共教育、艺术创作及美术馆专业人员综合素养等内容，受到学员、省内美术馆和业内专家的一致好评。

4. 营造和放大联盟服务的整体效应

联盟以"平等、自愿、联合"的原则和"创新服务、共建共享、合作共赢"的理念形成协作机制，对于区域内美术馆的整体发展起到了助推作用。通过联盟平台的搭建，联盟成员馆的展览、公共教育、公共服务的资讯可以在统一的平台得到集中展示。以江苏美术馆馆际联盟为例，成立不到两年，每月通过联盟公众平台统一推送的活动资讯，从最初的十多条增加到目前的六十多条，这为公众开启了了解全省美术信息的窗口。这种跨地域的"群落效应"，既有利于向政府及社会各方争取更多的资金和政策扶持，为联盟成员发展创造更多机遇；更有利于树立优质品牌，放大单个美术馆在本地区的公共文化服务效应，并提升联盟美术馆的整体发展水平。

"孤举者难起，众行者易趋"。面对民族文化振兴的要求、时代发展的需要和公众日益增长的文化需求，美术馆必须进一步明确自身的职能，强化使命感和责任感，不断创新管理和服务理念、方式，既要树立自己的学术风格、形成自身特色，做到"各美其美"；更要积极搭建多向交流、资源共享的平台，提升服务品质、协同发展，扩大辐射影响，实现"美美与共"，共创繁荣。

注释

[1] 黄磊：《法国博物馆管理体制、发展现状的启示》，《中国文物报》2005 年 7 月 22 日。
[2] *American Alliance of Museums 2016-2020 Strategic Plan*，美国博物馆联盟官网。

博物馆对外交流新方式

——从江苏无锡博物院文化品牌的建设谈起

许 蕾

（无锡博物院 江苏无锡 214000）

内容提要：作为无锡城市对外文化交流的标志性名片，无锡博物院秉持"为城市立传，为市民服务"的理念，立足自身特色，展陈新理念；突出品牌特色，文化新辐射；专业服务大众，突显新活力；助力有效传播，"智造"新动能，从而更好地服务于广大群众，让地方传统文化展现出应有的魅力和时代风采。

关键词：对外交流 文化品牌 探索实践 无锡博物院

一 概述

党的十九大报告描绘了中国特色社会主义现代化建设的美好蓝图，做出了我国经济已由高速增长阶段转向高质量发展阶段的重大判断。在当前市场经济快速发展的背景下，江苏无锡围绕当好全江苏高质量发展领跑者的目标，正着力推进文化建设的高质量发展，在增强文化软实力上抓落实、求实效，特别是在营造浓郁文化氛围和丰富文化产品供给上进行探索，挖掘和打响"无锡文化"品牌。博物馆作为城市对外文化交流的名片，应积极做好文化品牌建设，走品牌化的发展道路，更好地吸引公众，促使博物馆充分发挥其价值，用高质量的发展实效不断满足人民美好生活需要，用高质量的发展实绩交出优异的新时代发展答卷。

文化是经济社会发展的重要支撑，是城市综合竞争力的重要因素。文化品牌是一个地方博物馆的标志，是一个城市的名片和灵魂，是一个地方发展不竭的原动力。博物馆文化品牌建设的定位，就是通过深入研究地方历史、文化、人文、自然资源，将文化主张准确地转化并确定为该地突出的文化内容和文化品位，在区域发展规划和建设中加以体现，并赋予和提升精神内涵及品位的过程。博物馆品牌建设的定位与公众的文化需求息息相关，同时也对博物馆的对外交流起到举足轻重的作用。

二　无锡博物院对外交流新方式

在历史的长河中，无锡创造了丰富多彩、弥足珍贵的文化遗产，成为古代吴文化的发源地、近代民族工商业的发祥地。有着 7000 年人类生活史、3100 多年文字记载史和 2500 多年建城史，人文底蕴深厚。作为无锡地区唯一的一座综合性博物馆，无锡博物院（以下简称"锡博"）承担起"为城市立传，为市民服务"的重要使命，传承这座城市的文化瑰宝。锡博的生机和活力除了来自本身的文化蕴涵之外，还要依托特定的文化品牌作支撑。文化品牌建设就是锡博的标识、亮点，也是推动其发展的不竭动力。在复杂、多元、融合的环境中，立足新时代无锡文化强市建设的新形势下，在传承地方文化、促进地方交流、扩大城市关怀、促进城市创新成为对外交流新方式和新动能。

1. 立足自身特色，展陈新理念

陈列展览是博物馆对外交流的主要内容。近年来，锡博充分盘活馆藏资源，举办各种特色展览是实现博物馆服务社会、发展城市文化、与城市文化良性互动的最佳方式和重要途径。锡博不断在办展理念、展陈形式、办展方式三个方面下苦功。常设展览提档升级，设计科学，演绎城市主题，执着追寻城市文脉。如"吴风锡韵——无锡城市的故事"抓住无锡城市历史发展中"吴文化""工商文化"这两条最能诠释无锡地域特色的线索，道尽数千年光辉灿烂的吴地文明。"古墓奇珍——元代钱裕墓出土文物展"通过金银器、玉器、木漆器、丝绸服饰、纸币等文物，反映了宋末元初江南士族起居的生活状态。"紫玉金砂——紫砂艺术展"和"泥塑雅韵——惠山泥人艺术展"将"泥土"作为共同主题，系统梳理无锡两大非物质文化遗产的发展历史、制作工艺和艺术风格。"翰墨飘香——书画艺术展馆"独具匠心，十余个主题馆之间相互贯穿、巧妙穿插，集中展示锡邑书画家的艺术特色。

锡博一方面夯实常设展览，另一方面通过自办、合作、引进、输出，以兼容并蓄的精神"引进来"和"走出去"，不断开拓多渠道合作交流。重点打造"走近大师""从远古走来""太湖画派名家"三大主题系列书画展，突显了无锡书画艺术的地域特色和深刻内涵。除了整合馆藏文物资源外，锡博还走强强联手之路，得到各省市博物馆的积极支持。实践证明，"锡博搭台、借力施展"是丰富地方性博物馆展览资源、拓展城市文化视野的有效创新思路。从"明清文人篆刻特展"到"傅抱石小品展""黄宾虹书画展"以及"扬州当代玉雕珍品展"等精品临展，让锡城市民足不出户尽览大师佳作和多地域文化。院藏特展先后走进全国数十个省市、地区，其中"周怀民捐赠书画展"等多个展览更是亮相中国国家博物馆、南京博物院、中国美术馆，展览影响辐射力显著提升。

2018年10月，锡博迎来对外开放十周年华诞，举办"梁溪折桂——无锡博物院开放十周年特展"，院庆以"传承·故事·驻足"为主线，围绕"锡博和你在一起"的主题，特展总分十三个单元，汇集青铜器、玉器、瓷器、造像、泥塑、紫砂、金银器、竹木牙雕、文房及书画艺术精品。难得一见的院藏精品在同一个展览中进行集中统一呈现，给观众一个近距离全面赏鉴锡博宝物的机会。持续数月的十周年特展成为无锡城市的一次文化盛宴，让我们再次欣喜地看到观众对文物的理解和认同，拉近观众与博物馆文化的距离。

2．突出品牌特色，文化新辐射

锡博充分发挥资源优势和社会教育职能，社教活动突出参与、体验、互动三大特色，"锡博讲坛""文博课堂""艺术课堂""科学课堂""我们的节日""文化小使者""公益国学堂""传承历史 传播文化——锡博进基层""科普互动剧"九大品牌系列活动，实现了受众年龄层的全覆盖，辐射网络也由"馆内"向"馆外"扩展延伸。

馆校合作的方式把"文博课堂""艺术课堂""科学课堂"的课程输出到全市各中小学校。锡博以菜单式的教育服务，专门聘请无锡国家级非物质文化遗产传承人和中青年艺术家为特聘导师和艺术指导，参与到"非遗传承"项目和"艺术课堂"的专题授课中去。"小小梦想秀"——《小鱼找新家》科普互动剧场还入围2017年"江苏省博物馆青少年教育示范项目"，将悠久的地方文化资源转化成为真实体验的教育资源，让青少年能够更方便地触摸到文化的精彩。

3．专业服务大众，突显新活力

"锡博讲坛"是由无锡市博物馆协会与锡博联合举办的公益性活动，旨在打造具有学术影响力的交流平台，不断提升观众文化艺术修养、增进博物馆之间的文化和业务交流、丰富从业者业务知识水平。讲座活动围绕锡博展览主题及馆藏特色，坚持每月举办一期，已成为地方文博活动的特色品牌之一。

锡博结合自身专业特点，开设为民鉴定的服务窗口。设定每月第二、四周的周五下午是为民鉴定时间，鉴定专家由锡博具有副高职称以上的专业人员组成。除此之外，在"国际博物馆日"和国庆、中秋等重大节假日，举行为民义务鉴定服务，深受广大市民的欢迎。

锡博还有一群热爱博物馆事业、热心社会公益的"红马甲"志愿者。他们来自社会各行各业，年龄横跨老、中、青三代，秉持"严谨、追求、奉献、快乐"的服务理念，为观众义务提供文史展览讲解、咨询引导等志愿服务，形成锡博一道亮丽的红色风景线。志愿者团队服务屡获省市荣誉。

4. 助力有效传播，"智造"新动能

锡博注重与城市文化互动，为无锡城市文化的多元化、国际化、提升城市文化品位做出积极的努力。在"智慧博物院"整体建设方案的大框架下，致力于博物馆三大传统功能的现代化：一是借助现代高新技术的收藏保管功能，推进藏品数字化管理项目；二是推进学科发展优势的研究功能，建设智慧管理、数据中心、办公自动化系统平台；三是面向现代社会的社会教育功能，完成虚拟展览建设、智慧导览、打造"网上锡博"与"掌上锡博"双平台，信息化利用取得明显提升，从而促使城市文化与博物馆文化有了更好的良性互动。

创新对锡博事业发展的推动作用是显而易见的。当下社会是一个创意时代，加快推动"创意＋博物馆"，对促进博物馆进一步发挥社会教育功能、提升公共服务水平有着不可小觑的作用。作为无锡市首家入选"江苏省文化文物单位文创产品开发试点单位"，目前锡博以搭建平台为主，通过整合周边院校、引入设计机构等社会资源等方式，展开多层次开发合作探索。围绕"地方历史＋高仿复制品＋无锡非遗特色"的方向，提炼"吴地文化＋家族名园＋无锡籍书画家"的文化包，已推出六个大类30款富有创意性和实用性的文创产品，在组展第八届"中国博物馆及相关产品与技术博览会"（博博会）江苏博物馆文创联展，和"中国（无锡）国际文化艺术产业博览交易会"上受到同行业界瞩目和好评。此外还积极开发数字文创，如文创动漫作品、微信表情包，与无锡日报报业集团合作开发《无锡宝藏》全媒体产品等，对锡博影响力和品牌形象传播发挥了重要作用。

在逐步探索文化品牌建设的过程中，作为博物馆从业人员，应不断吸收和借鉴优秀博物馆的成功经验，充分发挥主观能动性，采用新技术、新方法、新手段宣传和推广博物馆文化，加深观众对博物馆的理解。锡博通过传统媒体与新媒体相结合，大力推送博物院工作动态，文化影响力和社会关注度有明显提升。"梁溪折桂——无锡博物院开放十周年特展"期间组织了一系列宣传活动，2018年7月下旬专门召开媒体新闻发布会，从8月开始围绕"锡博和你在一起"主题，举行十大宝藏评选活动。与无锡报业集团合作的《无锡宝藏——无锡人讲无锡文物故事》本土文化栏目，邀请16位本地嘉宾讲述15件珍贵文物的故事，推出后广受市民追捧。9月中旬，"无锡博物院专列"在无锡地铁一号线开通，带大家穿越历史。在特展期间，

配合锡博讲坛，依托文博课堂、艺术课堂，开展形式多样的主题活动，密集而广泛的宣传策略，层层推进，营造浓厚的持续多月的院庆盛典。

三　结语

锡博在继续保持平稳健康发展的同时，以全力冲刺国家一级博物馆为主线，对照江苏文博领域的"文化建设高质量"发展要求，打造公众喜爱的博物馆，进一步完善软硬件环境，提高精细化管理水平。一是不断加强馆际资源统筹，立足地域文化，体现地方特色，深入挖掘文物的地方文化内涵，打造馆藏体系。增强临时展览举办的数量与频次，丰富其展览品类和形式。二是不断创新策展机制，不断推出更多兼具学术高度、公众趣味与现实意义的优秀展览，走精品路线，提升创新策展理念和机制。三是借助公共媒体平台推广，助推影响力。在各类展览的策划、制作与宣传中，应充分引入和使用"互联网+"策略，通过线上平台、移动设备应用、展厅互动等手段焕发出新的生机。

"长风破浪会有时，直挂云帆济沧海"。无锡博物院建设文化品牌的做法，正成为博物馆在对外交流新方式上不断进步的鲜活印证。

江苏淮安区域博物馆的发展现状及展望

戴姝黎

（淮安市博物馆　江苏淮安　320800）

内容提要： 现代意义的博物馆发展方向从个体独立发展趋向地区性群体共同发展，而区域博物馆具体承担着保护本地区历史文化传统的职责，其整体发展就显得更为重要。以淮安区域博物馆为例，对其现状进行调查与探讨，并将其与长江以南地区的博物馆进行比较，探讨集聚效应带来的发展，发现淮安区域博物馆群的功能提升集中于文化遗产展示的推陈出新、多媒体渠道的文化传播、社会群体的宣传教育等，从整体上看，在社会教育与公共服务、文物保护与研究方面同先进地区存在较大差距，科研与新技术应用方面的发展更为薄弱，是实现功能提升与跨越发展的重点突破方向。

关键词： 区域博物馆　淮安　现状　展望

一　区域博物馆概述

区域博物馆是一个群体的概念，而并非某一种类型的博物馆。这个概念的提出有着客观的历史基础，即在同一个或具有相似或相近的地理环境和人文环境的特定区域中所包含的不同性质、类型的博物馆必定反映出某种在历史文化和艺术方面的特定联系。

由于区域博物馆是根植于某一个区域的博物馆群，这个群可以包括任何类型的博物馆，唯一的限制条件是他们必须同处在一个特定的地域之内。所以它肩负着"为研究、教育、欣赏之目的征集、保护、研究、传播并展示"本地区"人类及其环境见证物"的重要职责。

某一个区域博物馆的藏品必定是该地区历史文化的物化反映。每年的 5 月 18 日是"国际博物馆日"，旨在提醒公众"博物馆是促进文化交流，丰富文化生活，增进人们之间相互理解、合作，实现和平的重要机构"。2018 年的主题是"超级连接的博物馆：新方法、新公众"（Hyperconnected museums：New approaches, new publics），再次重申了博物馆作为文化交流的媒介作用，这也是对区域博物馆在收藏、研究、陈列和宣传教育上要更加突出地方文化特色这一发展方向的再次强调。

二　淮安区域博物馆的现状调查

1. 数量分布

目前国内很多城市都引进了"区域博物馆"概念，就是将几座或十几座博物馆建设在相对集中的一个区域，形成一种带动城市历史文化而密集展示的超常规文化区。

作为文化遗产资源较为丰富、文博事业发展基础较好的地区，江苏已形成具有一定规模和自身特色的区域博物馆群。近年来，江苏文物博物馆事业取得长足发展，如南通"环濠河博物馆群"、常州金坛和镇江茅山"体验式博物馆群"、南京"金陵民间艺术博物馆群"等，部分城市地域已经形成一些具有聚集效应的博物馆群。

淮安文物事业起步较晚。"文化大革命"时期，淮安的文博工作基本处于停滞状。1980 年后，事业开始复苏与发展，楚州区（现更名为淮安区）、盱眙县也相继成立博物馆。1983 年，清江博物馆更名为淮阴市博物馆，由股级上升为科级事业单位，成为当地的中心博物馆。自 20 世纪 90 年代中期以后，淮安的经济迅速发展，文化建设也随之兴盛。市政府加大了对文博事业的投入，新一届政府以建设淮安新博物馆为标志，打开了展示淮安历史文化的新窗口。2001 年，淮阴市博物馆因区划调整更名为淮安市博物馆。

在"十五"和"十一五"规划期间，一些专题性博物馆、纪念馆、重点文物保护单位的展示点应运而生，形成了以淮安市区、楚州区（现更名为淮安区）和盱眙县为主体的鼎立态势。文博单位长年对外开放，淮安市博物馆大型基本陈列文物丰富、史料翔实、陈列布局合理，该展览开展不久即获得"江苏省优秀陈列展览精品奖"的殊荣。中洲岛古运河畔的运河博物馆，其中名人馆、戏曲馆、楹联馆珠联璧合，别开生面。淮安区的（中国）漕运博物馆展示气势恢宏，意蕴深厚。洪泽湖博物馆水域文化民俗陈列，乡情浓郁……这些反映了淮安地域文化的展览，不仅丰富了广大百姓的精神文化需求，而且增添了历史文化名城——淮安的知名度和美誉度。周恩来纪念馆、苏皖边区政府旧址纪念馆、黄花塘新四军军部旧址纪念馆等革命文物展示点已成为广大百姓特别是青少年的爱国主义教育基地，推进了淮安红色旅游。这些博物馆、纪念馆等多分布在淮安城市核心地带及周边地区，形成了极富地域特色的区域博物馆群。

2. 调查分析

笔者在前期调查中,对全市已在市文物局登记注册的 11 座博物馆或博物馆性质的场馆进行了详细调查,内容包括成立时间、类型、单位性质、基本情况、展陈面积、展览内容等(表一)。

2018 年 9 月 18 日,中国博物馆协会公布了第三批国家二级博物馆名单(97 家)和第三批国家三级博物馆名单(86 家)。至此,我国一、二、三级博物馆数量共达到 855 家,其中,一级博物馆 130 家,二级博物馆 286 家,三级博物馆 439 家(据国家文物局网站,截至 2016 年底,我国登记注册的博物馆共有 4826 家,目前应该已经超过 5000 家)。我国博物馆定级评估工作于 2008 年启动。

而就江苏而言,总数 279 家博物馆,一级博物馆 7 家,二级博物馆 13 家,三级博物馆 21 家。就淮安地区而言,二级博物馆 2 家,分别为淮安市博物馆和周恩来纪念馆。三级博物馆 2 家,分别为苏皖边区政府旧址纪念馆和楚州博物馆(中国漕运博物馆)。其中周恩来纪念馆属于行业类,其他为文物类。

从淮安地区博物馆的建馆时间概况(图一)可知,随着经济的发展和社会的进步,近十年来国家对文化、对文博事业愈发的重视。但淮安作为苏北地区的城市,相比经济较发达的苏南地区,在场馆建设、馆藏文物、人才资源、预算经费等方面都相对弱势。首当其冲的就是近年以来全省多家都新建或对老馆进行了改扩建。淮安市博物馆于 2004 年进行了改扩建,占地 13 亩、建筑面积 12000 平方米,如今十几年过去,已远远不能满足社会发展的需求了。

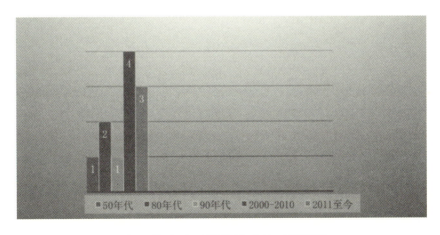

图一 淮安地区博物馆建馆时间概况

表一　淮安区域博物馆调查

名称	成立时间	类型	单位性质	主管单位	地址
淮安市博物馆	1959年	综合性博物馆	全额拨款事业单位	淮安市文广新局	淮安市健康西路146-1号
苏皖边区政府旧址纪念馆	1985年	历史性纪念馆	全额拨款事业单位	淮安市文广新局	淮安市淮海南路30号
淮安运河博物馆	2009年	综合性博物馆	全额拨款事业单位	淮安市里运河文化长廊规划建设管理办公室	淮安市大闸口中洲岛
周恩来纪念馆	1988年	历史性纪念馆	全额拨款事业单位	周恩来纪念地管理局	淮安市淮安区永怀路2号
楚州博物馆（中国漕运博物馆）	2011年	专题性博物馆	全额拨款事业单位	淮安区文广新局	淮安区漕运广场
洪泽湖博物馆	2004年	综合性博物馆	全额拨款事业单位	淮安市洪泽区文广新局	洪泽区文化中心四楼
金湖博物馆	2009年	综合性博物馆	全额拨款事业单位	金湖县文广新局	金湖县建设路109号822室
盱眙博物馆	1991年	综合性博物馆	全额拨款事业单位	盱眙县文广新局	盱眙县城东方大道3号
黄花塘新四军部纪念馆	2003年	革命纪念馆	全额拨款事业单位	盱眙县文广新局	盱眙县黄花塘镇黄花塘新四军军部旧址旁
张纯如纪念馆	2017年	专题博物馆	全额拨款事业单位	淮阴区文广新局	淮阴区古淮河北岸，南昌路大桥北侧
涟水县博物馆	2015年	综合性博物馆	全额拨款事业单位	涟水县文广新局	涟水县涟洲路东侧，涟洲桥南侧；县纪念广场内

名称	淮安市博物馆	苏皖边区政府旧址纪念馆	淮安运河博物馆	周恩来纪念馆	楚州博物馆（中国漕运博物馆）	洪泽湖博物馆	金湖博物馆	盱眙博物馆	黄花塘新四军军部纪念馆	张纯如纪念馆	涟水县博物馆
基本情况	作为全市的文物收藏、陈列和考古研究中心，馆藏文物丰富，分陶瓷器、玉石器、青铜器、钱币、书画等诸多门类。其中尤以1978年高庄战国墓出土的刻纹青铜器、青铜马车饰件、铜马车饰件、双囱阝原始瓷带盖熏炉等战国重器；2004年运河村战国墓出土的木雕鼓（转下页）	2007年改扩建，2008年5月1日起对观众实行免费开放。为全国重点文物保护单位、国家3A级旅游景区，国家三级博物馆、省爱国主义教育基地、青少年国主义教育基地、江苏省国防教育基地及全民国防教育基地之一（转下页）	是具有浓厚运河文化特征、浓郁地方文化气息、浓郁生态园林特点的专题性博物馆群及公共文化休闲空间。下辖清江浦记忆馆、清江浦楼（季珊）二公祠、淮安戏曲博物馆、淮安名人馆、陈（琯）潘（季驯）二公祠、吴公祠、名人故居等。集中展现了淮安作为"运河之都、伟人故里"（转下页）	1992年1月6日落成开放，邓小平同志题写馆名。馆区由两组纪念性建筑群，一个纪念岛，三个人工湖和环湖四周的绿地所组成，是目前国内规模最大展示周恩来波澜壮阔一生的综合性纪念馆。在馆区南北800米长的中轴线上，依次建有瞻台，周恩来主馆、伟人故（转下页）	它是目前国内唯一反映漕运主题的大型专题博物馆，坐落于淮安总督漕运部院考古发掘遗址之上。集中陈列了古代漕运（运河水上运输）舟辑、生产劳作、工具及附属遗留物品。在漕运总督府内，工作与生活用品，曾经担任漕运（转下页）	馆内藏品3000余件，精选500余件精品进行展览。实物的展示、场景的重现，以及对历史事件的沿革的回顾，再现洪泽湖区域人民的风土人情、生产劳作、舟辑住米、饮食居住、风俗习惯、渔家服饰、宗教文化、民（转下页）		2006年迁入新馆，现有馆藏文物6000余件，其中国家级文物422件，以汉代王陵器、漆器最具特色	现存革命文物百余件，兼管新四军军部旧址文物本体，2005年被国家国际"百家红色旅游经典景区"，2011年被评为国家AAAA级旅游景区	共收藏了张纯如父母捐赠的129件实物，该馆是目前国内首家全景式展示张纯如一生经历的专题馆	五岛湖公园景区纪念广场公园之一，系统展现涟水县域的历史文脉络、文化遗存、重点涟水特点，馆推介涟水鲜明的人文特点、民俗风貌，馆含为地面两层，一楼为主展厅。二楼为专题展厅、体验区和临时展厅。专题展厅两个：一是佛光塔影；二是崇尚文化。体验区拟设以（转下页）

名称	淮安市博物馆	苏皖边区政府旧址纪念馆	淮安运河博物馆	周恩来纪念馆	楚州博物馆（中国漕运博物馆）	洪泽湖博物馆	金湖博物馆	盱眙博物馆	黄花塘新四军部纪念馆	张纯如纪念馆	涟水县博物馆
基本情况	（接上页）车；徐伯璞先生1984年捐赠的近现代名家书画为馆藏特色		（接上页）里，文化名城、戏曲之乡"的深厚文化底蕴。先后获得国家AAAA级旅游景区、国家级水利风景区、江苏省中华文化海外交流基地、淮安市优秀对外宣传示范基地等荣誉称号	（接上页）生平业绩陈列馆、周恩来铜像、周恩来仿北京中南海西花厅、西花苑碑园、情归厅等。2015年被批准为国家AAAAA级旅游景区	（接上页）总督及其他漕运官员的信函、书札、墨迹及生活用品，以及历代有关漕粮流通的记录、证券、量具、量器等用品	（接上页）俗庆典、民间文化等。用现代科技手段，通过声、光、电的表现方式，揭示洪泽湖的起源及历史发展脉络					（接上页）少年儿童为主体的具有博物馆个性特色的互动区。临时展厅：主要用于摄影、书画等临时展览和馆际文物交流展、借展等
占地面积、建筑面积（m²）	占地面积8667，总建筑面积12000	占地面积10000，建筑面积5000	占地面积124400，建筑面积10200	占地面积400000，建筑面积19300	建筑面积7680	建筑面积2500	在建中	博物馆所在综合楼占地面积约10000、建筑面积5300	占地面积近8000	占地面积36000	2580

名称	淮安市博物馆	苏皖边区政府旧址纪念馆	淮安运河博物馆	周恩来纪念馆	楚州博物馆（中国漕运博物馆）	洪泽湖博物馆	金湖博物馆	盱眙博物馆	黄花塘新四军军部纪念馆	张纯如纪念馆	涟水县博物馆
展陈面积（m²）	7000	4000	8500	9835	8680	2000		约1000	约1000	约1000	2700
展览内容	以"国家历史文化名城——淮安"大型展览为基本陈列，七个单元，彰显地方文化底蕴；谢冰岩艺术馆、谢铁骊电影艺术馆、徐伯璞捐赠书画陈列馆、曹子芳捐赠书画陈列馆和观众互动馆五个不同的专 （转下页）	基本陈列分为四个部分，即苏皖边区革命史陈列、苏皖边区政府主要领导人和部分厅局办公场所原状陈列、苏皖边区政府原状处文物陈列、李一氓生平事迹陈列及李一氓同志骨灰敬洒处	清江浦记忆馆，淮安戏曲博物馆，淮安名人馆，清江浦楼，陈（瑄）潘（季驯）二公祠（兼大运河名人馆），吴公祠，斗姥宫，程莘农故居，三范故居	周恩来生平事迹及遗物陈列	"漕水转合千年载运"展	"大湖洪泽""天下粮仓""历史洪泽""耕牧渔""如湖烂文化""一隅阁"六个陈列厅和一个机动展厅		基本展览为"盱眙出土两汉文物展"，专题展览"大云山""盱眙精品文物展""盱眙出土玉器展"等	主馆四个展厅展示新四军组建和发展的历程，文化艺术馆五个展厅中展示新四军文化艺术成就	"不能忘却的纪念"展	涟水基本历史文化陈列

名称	淮安市博物馆	苏皖边区政府旧址纪念馆	淮安运河博物馆	周恩来纪念馆	楚州博物馆（中国漕运博物馆）	洪泽湖博物馆	金湖博物馆	盱眙博物馆	黄花塘新四军部纪念馆	张纯如纪念馆	涟水县博物馆
展览内容	（接上页）题展馆。临展大厅不定期举办学术交流和馆际交流										
展览开放时间	2008年5月全面免费开放	2008年5月全面免费开放	2009年4月全面免费开放	2008年5月全面免费开放	2011年5月1日正式对外开放（售票）	2004年12月全面免费开放		2008年5月全面免费开放	2003年正式开放，2008年全面免费开放	2017年4月正式对外免费开放	2017年5月18日全面免费开放
2018年度参观人次（万）		61	53.81	70	50	1		1	5	2	2
所在文物点	无	全国重点文物保护单位	大运河申遗点，全国文保单位	无	无	无			江苏省文物保护单位		

现以淮安市博物馆为代表，与长江以南地区博物馆在年运转预算经费、馆藏文物数量、场馆建设、举办展览等方面进行比对（表二）。

表二　淮安市博物馆与长江以南地区博物馆对比

名称	建馆时间	占地面积（m²）	文物总数（件/套）	一级数量（件/套）	二级数量（件/套）	2018年经费预算（万元）
淮安市博物馆	2006	12000	12788	140	112	800
苏州博物馆	2006	26500	41122	865	1188	5518.05
常州博物馆	2007	28820	31027	51	245	1749.88

综上所述，可发现如下三方面不足：

第一，各地对于文化的投入差距较大。一是资金支持差距。因为苏南、苏中、苏北三个区域经济发展不平衡，各地财政对文化尤其是博物馆事业投入的资金不同。最高的苏州为5518.05万元，最低的宿迁仅为280万元，相差近20倍，苏南地区普遍较高，苏北地区则普遍较低。二是行政级别。除了地域差距外，主要表现在处级和科级方面，苏北地区基本是正科级单位，苏南和苏中绝大部分是处级单位。三是核定编制数。核定编制数差距过大，宿迁馆核定仅为11人，而南京博物总馆为274人，差距可见。

第二，各地文博水平发展不平衡。从衡量博物馆发展水平的考古资质、文物修复资质、发表文章数量来看，各地差距极为明显。从调查数据来看，南京、苏州、无锡、常州等地发展明显处于第一梯队，与其他各家水平相差较大；宿迁、泰州等地发展较为滞后，没有相关的资质，每年发表的研究文章数量也较少。

第三，年运转经费问题。因各地发展情况，苏南、苏中地区经费相对较为充裕，苏北地区略显不足。以2018年为例，苏州博物馆预算经费为5518.05万元，而处于苏北地区的淮安馆2018年的预算仅为800余万元。

3．提升空间

国家"十三五"规划已实施第三个年头，伴随着淮安区域博物馆群的持续发展，淮安博物馆群内部的基本功能也逐步提升，其中不乏亮点。博物馆基本功能包括文化传播、陈列展览、社会教育、公共关系与服务、藏品保管与研究、文化遗产与保护、新技术应用与推广等方面内容。由此可以看出，淮安区域博物馆群的功能提升集中于文化遗产展示的推陈出新，多媒体渠道的文化传播、面向公众的公共服务、社会群体的宣传教育等，从整体上看，在社会教育与公共服务、文物保护与研究方面同先进地区存在较大差距，科研与新技术应用方面的发展更为薄弱，是实现功能提升与跨越发展的重点突破方向。

国内有关专家认为，博物馆群建设既实现了城市布局的合理性提升城市的文化品位，又方便观众参观。在旅游方面形成博物馆群，为游客提供便捷的参观条件，客观上会为所在城市带来更多的旅游收入。好的博物馆群就像城市的一张名片，既带来参观上的快捷，又因其藏品的丰富多彩而吸引越来越多的游客，这必然从吃、住、行、娱、购等方面为所在城市增加大量旅游收入。

建设博物馆群可实现政府和民间的互动，创新博物馆建设的实践样本，可利用"企业＋博物馆""景区＋博物馆""创业基地＋博物馆"等多种模式进行建设，对于加快淮安区域博物馆建设，以及相关的文化产业发展具有很大的推进作用。博物馆群可成为城市发展新的文化名片。

浅谈县级博物馆的筹建与运营

——以江苏宜兴市博物馆为例

郝殿峰

（宜兴市博物馆　江苏无锡　214200）

内容提要：随着博物馆事业发展平稳高速的大好时期的到来，越来越多的县级博物馆如雨后春笋般落户、筹建、运营。江苏宜兴市博物馆作为县级博物馆，在文物征集方面罗列展陈文物清单，进行官方、民间情况摸底，开拓性制定切实有效的征集方法。在特展策划方面找准自身文化特色，整合资源精准定位；挖掘自身优质资源，让特展制度化流程化；人才队伍不断提升，职责分工明确细化。在宣教活动机制性上，拓宽眼界深入体验，联合教育部门机制性保障，力图在博物馆弘扬、传承优秀传统文化方面做出积极的贡献。

关键词：县级博物馆　筹建　运营　文物征集　展览　宣教

国家文物局印发的《博物馆事业中长期发展规划纲（2011-2020年）》指出"博物馆公共文化服务人群覆盖率要明显提高，从40万人拥有1个博物馆发展到25万人拥有1个博物馆"。江苏宜兴是中国县域经济前十强，陶之古都、历来崇文尚教。江苏宜兴市博物馆（以下简称"宜博"）建筑于2010年奠基，是宜兴首座综合性历史博物馆，建筑面积2.5万平方米，设有七个独立展厅、两个临展厅，2013年4月正式注册成立事业单位，于2017年1月开馆，是国际博物馆协会（ICOM）和中国博物馆协会会员单位。宜博在开馆前无偿征集到文物总数超3500件，大大弥补了展陈文物的不足。并与故宫博物院签署三年框架合作协议，先后举办"紫泥清韵皇家品位——故宫博物院珍藏宜兴紫砂回乡展"和"龙凤呈祥——清帝大婚庆典展"，成功挂牌国内首家"故宫教育中心宜兴分中心"，得到社会各界的一致好评，提升了宜兴市民的文化获得感。

作为"文化宜兴"的重点项目，宜博从零人才、零藏品、零经费、零知名度起步，五年来不断学习、探索、积累经验，展览、宣教工作创全国县级市博物馆之先河，积极进取、敢为人先、成果显著。笔者作为宜博的工作人员，凭着热情与信念与宜博一起成长。下文以笔者先后负责的文物征集、展览策划、宣教工作进行分析、总结，力求为我国县级博物馆筹建、开馆及发展提供一些思考和建议。

一　宜博筹建期间文物征集方法及成效

2018 年 1 月，国家文物局公布 2016 年度全国博物馆共有 4826 家博物馆，其中一级馆 130 家，二、三级 600 多家；拥有 300 家博物馆以上的省份达 3 个，拥有 200 家博物馆以上的省份达 11 个；江苏省 279 家位列第四，南京博物院、苏州博物馆等均为行业翘楚。宜兴有着七千多年的制陶史，人文底蕴深厚，宜博设有通史、近代名人、风土三个基本陈列，早期发掘的精品文物因无考古资格及研究人员被国家级及省级博物馆保管和研究，如南京博物院的十大镇馆之宝之一"青瓷神兽尊"、中国国家博物馆的"西晋青瓷香薰"等。宜兴文物管理委员会的藏品共计万余件，皆为同类型可参考的标本等。展陈文物的严重缺乏，也缺乏相应的文物征集资金支持。据笔者了解，相当一部分县级博物馆在筹建、提升时，无藏品、藏品少、无精品是主要矛盾和主要困难。

1．展陈文物清单罗列，官方、民间情况摸底

对于一座新成立的博物馆，全馆上下对博物馆管理、运营几乎一无所知，无资源、无人才一片空白。宜博首先聘请江苏省内外及本市专家献计献策，针对基本陈列展陈进行梳理，拟出文物清单。邀请当地知名企业家、收藏家参会，与他们建立联系、加强沟通；对藏有与宜兴历史相关的省内外博物馆迅速建立联系，寻求支持。经过不断沟通摸底，发现民间藏家藏品丰富实力不凡，名人后人皆散落全球各地且乡情犹在，对此宜博适当转变思路，对收藏家的藏品优先满足展示，之后再考虑捐赠，同时成立博物馆之友联谊会。

2．开拓性制定切实有效的征集方法

文物捐赠国内外并不鲜见，但宜博的文物捐赠不是锦上添花，而是雪中送炭。因目标明确、数量众多且无资金，所以切实有效的方法是致胜关键：（1）参照博物馆捐赠条例，制定完备的宜博接收社会捐赠办法，明确无偿捐赠过程中博物馆、捐赠者双方应遵循的条例；（2）加强宣传，积极联系名人后代、地方藏家等，鼓励其为家乡博物馆建设、文博事业发展做出贡献；（3）聘请各地文物专家对有意向捐赠的藏品进行鉴定、严格把关；（4）与确定接收的捐赠藏品拥有者签订合同、

协议、清单、收条等，确认捐赠行为的有效性；（5）阶段性地对接收到的无偿捐赠藏品予以展示，发放"捐赠证书"以充分肯定和鼓励；（6）积极举办集中捐赠活动，先后共举办十次民间捐赠仪式，掀起民间捐赠热潮；（7）加强文物保护意识，藏品存疑与否坚决执行一票否决制，对沽名钓誉者一概拒之门外；（8）加强与藏家、捐赠者、名人后人的联系，乡情常系，并定时向他们反馈所赠、所借藏品之最新状况，分享博物馆发展动态等。

经过三年的努力，宜博在开馆时共无偿征集到文物总数超 3500 件，大大弥补了展陈文物的不足。其中潘汉年、吴冠中、虞兆中、周培源等 63 位宜兴现代名人的相关文物，如书籍、个人作品及生活用品等 1751 件；宜兴籍著名书画家吴冠南个人藏品及作品 126 件；钱松嵒后人钱春涛女士无偿捐赠钱松嵒、钱紫筠书画作品 44 幅；古建收藏家张裕国无偿捐赠 300 余件明清老家俱、民俗老物件以及众多藏家、大师捐赠的历史文物和作品等千余件。

藏品是博物馆的基石，应鼓励社会无偿捐赠，让更多的社会力量参与到建设博物馆中来。在县级市博物馆中，宜博无疑是一次创举、一大特色。无偿捐赠放眼全国并不鲜见，但如何因地制宜做到极致发挥最大的效用，宜博人给出了自己的答卷。县级博物馆的文物征集若能保管、展示条件良好，加之制度严谨、人员专业，相信社会力量会非常乐意参与其中，为博物馆事业助力。

二 宜博特展策划

特展在英语中通常称为 special exhibition 或 feature exhibition，日本、中国台湾等地又称为"临展""策划展""企划展""主题展""特别展"，这些名称从不同侧面勾画出特展的某些特征。在中国大陆，"特展"已经约定俗成地成为此类展览的标准名称。对于一个定位"省内一流 全国领先"的博物馆，宜博的两个临时展厅硬件设施一流，面积分别为 1000 平方米，可自由组合分离成若干展厅。如果说硬件是一个馆的外在秀，那么特展的策划可谓是博物馆的内在慧。

1. 找准自身文化特色，整合资源精准定位

全世界只有一把壶，她的名字叫宜兴。宜兴紫砂壶始于明盛于清，有如珍珠散落各地，但故宫博物院的宫廷紫砂一直未曾示人。让这批精品紫砂回到宜兴，一方面可增强宜兴市民的文化自信，另一方面可促进当代紫砂技艺发展。通过领导重视、多方了解和整合资源，宜博与故宫博物院不断申请与沟通，终于在 2017 年 1 月，

成功策划举办了开馆展览"紫泥清韵 皇家品位——故宫博物院珍藏宜兴紫砂回乡展"。随着与故宫博物院的深入接触，以及对展览工作的理解，由宜兴市人民政府出面，宜博与故宫博物院签订定了三年的合作框架协议，三年内故宫博物院将从展览交流、学术研究、宣教活动全方位支持宜博。2018年2月举办"龙凤呈祥——清帝大婚庆典展"大陆首展，宜博尝试收费观展，据国家文物局非公开调查显示，对特展收费目前宜博是国内县级市博物馆第一家。对于县级市博物馆来说，合理整合好资源、找准自身特色、瞄准发力点、全面提升自我可谓一条快速成长之路。

2. 挖掘自身优质资源，让特展制度化流程化

展览作为博物馆的主要文化产品，是公众与博物馆的桥梁，直接给公众带来文化服务及享受，对于新建的博物馆来说，长远规划、自身办展能力的提升势在必行。开馆至今，宜博已成功举办展览19个。与故宫博物院的合作使得对办展的制度、人员的专业提升大大成熟。2017年既是宜博的"开馆年"，也是宜兴文物的"回乡年"，相继举办的"宏光紫气——国际陶艺展""观自在——徐汉棠紫砂大展"等，是在与故宫合作的经验基础上，根据自身运营管理特点实际情况进行不断磨合总结，形成了自己的一套展览规划和管理模式，具体分为如下几个方面：（1）办有方向性、有把控、主题明确的展览，注重平台的权威性和公益性，坚决不办与主旋律相违的负能量的展览。（2）展厅有主次，一楼临展厅全年规划3～4个展览，其中分为1个重点展览、1个次重点展览、2个社会办展。这样在缓解了自身的资金压力的基础上，大大借力促进了社会文化事业的发展。三楼临展厅以馆际交流展览及一般性展览为主，注重实效。（3）针对社会办展做到把控配合得当、流程清晰、协议明晰。当代作品展需经过专家组论证后方可实施。（4）策划梳理具有自身特色的外出交流展，集展览、学术、活态、宣教、文创于一体，立体丰富；积极加入各大展览交流平台，坚持"走出去"与"引进来"并行。（5）定时与博物馆之友、专家顾问团沟通汇报，收集观展大众的体验及反馈建议。

3. 人才队伍不断提升，职责分工明确细化

对于年轻的县级博物馆的工作人员来说，不缺敢想敢干的热情，缺的是资源与经验；不缺创新与动力，缺的是眼界与见识。面对专业人才的培养，宜博进行了如下几方面的尝试：（1）积极参加各类国家级、省级培训，学习专业知识，与同行交流积累资源。积极加入中国博物馆协会各专业委员会，融入组织得到第一手行业资讯。（2）对先进的流程经验进行总结，并根据自身特点进行再整理，县级馆大都面临着人员紧张，但还是要尽可能地明确细化分工，做到相对专一、专业、专注。

（3）正视专业策展人员的缺乏，在注重人才自身培养的基础上可与社会上专业的展陈设计制作公司合作。

三 宜博宣教活动机制性保障客流

博物馆是一个城市的灵魂和精神殿堂，它不仅是孩子的第二课堂，还应形成持之久远的、让几代人相关联的一种文化依赖。孩子在家长或老师的带领下，可以在博物馆里看到与书本知识相关联的实物，通过对历史文物和艺术品的欣赏，感受到教科书里曾经提到或没有提到的历史和艺术的问题，引发他们的憧憬和想象。对于县级市博物馆来说，介于城市常住人口的固定、流动人口及高校的缺乏、教育观念的差异等，都无法像大馆那样形成人满为患的参观、活动体验场景。

1. 拓宽眼界深入体验

教育作为博物馆的首要功能，在各大博物馆皆开展得如火如荼，作为县级馆如何组织好宣教活动激发青少年朋友们对文化的热爱可从以下几个方面考虑：（1）开设专业学术论坛，如"宜博讲坛"，选准主题，专业探讨授课，外聘专家、自身员工、文博爱好者皆可授课；（2）招募志愿者，小手拉大手，制定有效的管理保障机制，为青少年们提供展示的平台和锻炼的机会；（3）充分学习成熟经验，对兄弟馆的成熟课程进行分析，结合自身藏品再开发，借助社会资源组织实施；（4）积极举办各类公益培训课程，针对成人、青少年自身特点开展，例如寒暑假举办深入体验式的游学活动。

2. 联合教育部门机制性保障

博物馆作为传播公共文化的重要载体，在加强青少年传统文化和爱国主义教育方面具有不可替代的重要作用。2015年，中共中央办公厅、国务院办公厅印发的《关于加快构建现代公共文化服务体系的意见》中明确指出，要将中小学生定期参观博物馆等纳入中小学教育教学活动计划。宜博从周边先进地区了解到，北京、南京、杭州、江苏常州等地教育部门也都与当地博物馆合作建立了青少年社会教育实践基地项目，取得了良好效果，得到学生和家长的普遍欢迎。为响应习总书记"让文物活起来"的号召，满足青少年群体的文化需求，让青少年了解家乡、热爱家乡，积极进取、奋发图强。为此，宜兴市教育部门与文化部门高度重视，在文化中心设立青少年活动课外实践基地：（1）通过建立馆校互动的青少年博物馆教育机制、开展博物馆实地教学体验活动；（2）博物馆挑选适合的亮点项目，并与教育部门合作开发课件形成教案，校内馆内动静结合；（3）考虑开设虚拟博物馆网络课堂、举办宣教课程、流动展览进校园等一系列措施，让青少年学生通过博物馆这座"不设围墙的校园"更好地了解历史知识、感知传统文化；（4）做好学生到馆后的安全保障及服务工作，在博物馆中，既可以获得很多历史、艺术知识，还可以获得人文环境的享受，进一步增强广大青少年爱我家乡、建设美好家园的荣誉感和责任感。

四　结　语

目前我国博物馆事业处于平稳高速的发展大好时期，越来越多的区、县级博物馆如雨后春笋般涌现和发展。在筹建、运营过程中不可避免地会碰到一些困难，博物馆的文物征集、展览策划、活动举办可谓任重道远，需要我们博物馆人付出更多的智慧、努力和不懈的探索。所谓"苔花小如米，也学牡丹开"，县级博物馆的蓬勃之势指日可待，作用将会越来越明显越来越重要，势必成为我国博物馆事业的中坚力量。党的十九大报告指出"文化兴国运兴，文化强民族强。没有高度的文化自信，没有文化的繁荣兴盛，就没有中华民族伟大复兴"。相信区县级博物馆会在弘扬、传承优秀传统文化方面做出积极的贡献。

精准定位、特色为主，中小型博物馆
走出自己的特色之路

——以江苏洪泽湖博物馆为例

席大海

（洪泽湖博物馆　江苏淮安　320800）

内容提要： 中小型博物馆是我国博物馆体系中的重要组成部分，在文化宣传、科普教育等方面发挥着重要作用。但中小型博物馆在自身发展过程中会遇到场馆困境、人员困难、扶持困难等诸多困境。为破解困境，中小型博物馆应确立自身定位、破解场馆困境，发掘特色、破解发展困境，找准服务定位、破解人才困境，抱团发展、破解扶持困境，从而将中小型博物馆在我国文化体系中的作用发挥得更好。

关键词： 中小型博物馆　发展　困境　定位　人员　洪泽湖博物馆

近年来，随着习近平总书记对博物馆事业的关注，我国博物馆事业发展得如火如荼。以江苏为例，截至 2017 年，江苏省内具有国家认可的博物馆共 257 座，2018 年省政府提出助力非国有博物馆事业发展的新规划。伴随着我国文化事业尤其是博物馆事业的飞速发展，国内许多中小型博物馆在飞速发展过程中既享受到了大发展带来的机遇，也感受到了在发展中存在的困难与遇到的困境，如何破解发展困境，实现高速与高质量发展，是目前中小型博物馆发展的重要研究课题。

一　当代中国中小型博物馆的困境

1. 场馆困境

目前国内中小型博物馆的场馆困境主要体现为：缺乏单独的展览场馆，缺乏足够展览面积，博物馆展览场馆位置偏僻。

其一，笔者参观过省内外多家中小型博物馆，在参观过程中深有感悟。许多中小型博物馆就展览内容、展览特色角度分析，具有鲜明的地域、分类、趣味特色。如能给予一定的展览场所，必定会成为当地的特色文化景点。然而这些博物馆都没有单独场馆，要么栖身于图书馆一角，要么在文化系统内找几间办公室打通成简单场馆，甚至有一些小型博物馆把场馆设置在景区的游客中心处。

其二，中小博物馆在场馆面积上普遍偏小，偏小的建筑面积必然带来偏小的展览面积。以县级馆为例，在 2015 年以前，大多数县级馆的展览面积为 2000 平方米以下，仅能容纳 3～4 个展厅，观众参观时长多为 30 分钟左右。这小小的展览面积和短短的 30 分钟能够让来馆参观游客留下什么深刻印象呢？除了展览面积小以外，附属设施的缺失也是普遍存在的现象，诸如没有停车场、游客大厅缺失或狭小、未配备无障碍通道等。

其三，随着新城建设和旅游区建设逐步开展，原先的老旧破小博物馆也迎来了新发展，一大批中小博物馆也在新城或郊区有了自己的博物馆，然而许多博物馆在后期运营中面临着"开门即关门"的窘境。尽管新场馆硬件条件确实与之前相比有了较大提升，但由于新场馆位置偏僻，交通尚未到位，老百姓和游客要么不知道已建新馆，要么即便知道了新建博物馆，但由于交通不便而有顾虑。

2．人员困境

人员困境对于中小博物馆来说主要有两方面：参观人员稀少，馆内专业人才匮乏。

其一，参观人员稀少。对于博物馆工作人员来说，最有成就感的事情就是看到馆内观众"熙熙攘攘"。然而对于大多数中小型博物馆来说，日均 300～500 人的参观规模都是一个难以逾越的门槛，对于一些非国有博物馆来说，甚至日均 50 人都达不到。据笔者了解，县区级博物馆参观人数中占比最大的为学校组织的学生参观群体，约占 70%。

其二，馆内专业人才匮乏。相较于大型综合类展馆人才的"高精尖"，中小型博物馆的人才队伍就相形见绌了。我国文博事业起步较欧美国家晚，许多中小型博物馆都没有专业人才，当前许多博物馆的专业技术人员都是从图书馆体制内划分出来的，加之文化事业部门本身就是冷门行业，吸引人才力度不足。但再小的博物馆也要兼顾收藏、研究、教育三大基础功能，尽管中小型博物馆本身专业人员匮乏，但依旧要兼顾这些工作的开展。所以中小型博物馆工作人员往往是身兼数职，往往讲解、文物鉴定、文物研究"一把抓"。这种工作模式既加大了工作人员的工作量，也形成了杂而不精的工作氛围。

3. 扶持困境

目前尽管我国的博物馆事业得到了大幅度的扶持与支持，博物馆建设与运营力量得到很大提高，中小型博物馆得到的政府和社会扶持依然有限，主要体现为政策扶持不足。

博物馆的政策扶持不足，主要体现为当地政府对博物馆的定位比较模糊，对博物馆事业的不了解，对博物馆在社会发挥作用的不信任。不可否认，虽然文化事业的蓬勃发展，文旅融合的前景愈发看好，但不少地方政府对于属地的中小型博物馆的定位、科学、作用等因素不甚了解。许多地方政府是迫于上级文化部门给予的压力不得不建立博物馆，他们普遍认为博物馆的作用和展览馆差不多，都是用来介绍本地历史和现代成就的。因此许多博物馆建立起来后，在展陈中充斥大量现代工业成就、领导关怀等内容。这些内容当然可以存在，但大篇幅的存在就证明在博物馆的建设、布展中，当地政府领导对博物馆事业缺乏了解。

另外有一些部门虽然也对建设博物馆持开放意见，但对博物馆所发挥的作用持保留意见。因此建立的博物馆普遍规模较小，甚至一些观点认为博物馆也就是给几间房子、保管几个破罐子、安排三四个编制职工、保持正常开门。很多博物馆缺乏专业人才，甚至专职人员都是政府部门的不重视导致。他们相信现在博物馆已经成为许多游客了解当地的首要窗口，他们也不相信当地博物馆的发展状况正逐步成为人们愿意到一个地区旅游的重要指标。

二 中小博物馆困境破解

在我国的博物馆体系中，作为"金字塔"顶端的大型综合性博物馆起到了标杆和模范的作用，但是中小型博物馆从数量和从业人员来说，都在整个体系中占据了绝对多数。但在资源占有和利用上，中小型博物馆远远不如大型综合场馆。例如大型场馆年运营经费大多为千万甚至上亿级，专职工作人员平均在四五百人左右；而中型场馆依照地方财政能力，年运营经费多为千万至百万级别，专职人员在百人左右；甚至县区级博物馆运营经费大多在百万元甚至以下，专职人员普遍在20人左右。在藏品上，中型博物馆尚有一级文物，而在小型的县区级博物馆中，遑论一级品，连二级品也是凤毛麟角。那中小型博物馆如何在大型博物馆的人才、资金双包围的夹缝中走出适合自己生存的道路呢？

1. 确立自身定位，破解场馆困境

中小型博物馆大多为县区级博物馆或专题博物馆，藏品资源往往不够丰富，仅能维持一个常规展览的规模。因此中小博物馆在自身定位上就不能盲目追求高大全，而应立足于自身地域特色和专业特色，讲好自身故事，创建自身品牌。以笔者所在的江苏淮安洪泽湖博物馆为例，其前身为淮安市洪泽县图书馆内的一个文物保护机构，后经县政府批准，成立博物馆。在建馆之初，就定下了以洪泽湖为主要展陈内容的原则。因此在展陈设计及布展内容选择上采取了"轻通史、重特色"的布展方式。成立之初的洪泽湖博物馆展览面积仅有 1800 平方米，如果用来进行通史展览，一方面场地不够，另一方面馆内藏品断代严重，许多朝代的历史缺乏实物支撑。为了破解这一难题，洪泽湖博物馆采取了"以湖为主""以人为本"的展览方式。在第一和第二展厅用大篇幅内容对洪泽湖的形成、发展、水利相关等内容进行叙述与科普。最终在 2000 年左右，洪泽湖博物馆成为洪泽湖周边第一家主打洪泽湖特色的博物馆。经过十多年的展览，从各方面收集的反馈意见来看，游客普遍反映尽管洪泽湖博物馆规模较小，但内容突出，展览风格科普而不严肃，是一家小而精的博物馆。

2. 发掘特色、破解发展困境

从中小博物馆的工作内容来说，建立博物馆虽然是一件非常困难的事情，但只要当地政府领导肯决策，建立博物馆总是可以办成的事情。但当博物馆真正建成后，后期的运营发展困难其实一点也不比之前的困难小。在中小型博物馆的发展困境中，方向的困境是首要解决的问题。以洪泽湖博物馆为例，早期的洪泽湖博物馆仍然是偏重于收藏与展示，但受困于人才与资金的扶持力度不够，洪泽湖博物馆逐步开始转型为以洪泽湖为主体、以洪泽湖地区民俗为特色的体验性博物馆。在展厅内增加了大量洪泽湖地区的特色渔具、木船、传统服饰等展品，近年来又增加了洪泽湖大堤石刻复制品、增设了洪泽湖大堤石刻拓片体验区等展览内容。同时洪泽湖博物馆还经常邀请各类非物质文化遗产代表性传承人进行展演、展示活动。通过与游客的近距离接触，既让游客对洪泽湖地区民俗文化有了深入了解，也为洪泽湖博物馆特色的展示做了生动注解。

3. 找准服务定位、破解人才困境

对于博物馆来说，收藏、研究、教育三大基础功能是每座馆都要进行的工作。但是作为以县区级博物馆为主体的中小型博物馆，在资金缺乏、人员缺少、科研设备落后的三座大山下，博物馆对于展品的研究、修复等专题研究大多处于难以为继

的境地。因此中小型博物馆若要出彩、发挥博物馆功效，就应把展示与教育这一块工作作为重中之重。通过与学校、科研单位联合，一方面可以发挥博物馆自身的教育、科普、宣传功能，另一方面也可以利用其他平台培训专业人才、合作科研与开发相关内容建设，弥补博物馆自身人才困境。仍以洪泽湖博物馆为例，馆内专职人员较少，但博物馆长期与教育系统、科协、图书馆、文化馆、水利系统、渔业系统、文史、地方志等单位保持紧密联系，在人才的使用、专业帮扶下，洪泽湖博物馆在资料收集、校对、展厅内容新增与设置、科普宣传、青少年教育、文物保护、非物质文化遗产保护等各方面取得了新的进展。这些进展也为中小型博物馆破解人员困境提供了有益帮助。

4．抱团发展破解扶持困境

在中小型博物馆群体中，县（区）级博物馆、各类民营博物馆是主要成员。笔者曾经参观过许多中小型博物馆，许多博物馆在内容设置上都有自己的鲜明特色，但碍于规模、财力限制，精彩程度无法做到有始有终；加之在后续征集文物过程中，政府给予的经费不足，其后期发展受到极大束缚。很多博物馆只能在后期小添小补，游客参观后也因无新鲜感而不愿意再次参观，这也导致了中小型博物馆后期游客数量寥寥。为了破解这一困境，中小型博物馆可在一些大馆的协助下，整合各个中小型博物馆展陈资源，策划一些特色展览并在各馆之间进行特色展览交流。这可以解决中小型博物馆因为各项扶持不足导致的展览内容匮乏困境；同时也可以通过相互抱团，在人才、科研力量等方面进行抱团发展，充分发挥中小型博物馆各自力量，每座博物馆贡献自己的小力量，通过联盟的形式汇聚合力。

三　结语

中小型博物馆是我国博物馆体系中重要的组成部分，在为各地群众提供历史知识、科普知识、民俗宣传等方面起到了重要作用。尽管当前中小型博物馆发展不如预期，但这只是暂时遇到的困难，我们博物馆从业人员应该不怨不艾、不等不靠、确立自身地位、发掘自身特色、找准服务定位、抱团取暖，将中小型博物馆在我国文化体系中的作用发挥得更好。

浅析新时期我国数字博物馆的发展现状和趋势

内容提要： 科技的不断进步影响着博物馆的发展方向。随着高科技的应用，数字博物馆的建设受到高度重视。在全面推进数字博物馆建设的过程中，智能博物馆已成为建设和发展的新方向。因此，在推动新时代博物馆建设和发展的过程中，必须结合智慧博物馆，探索数字博物馆建设和发展的全球方向，为未来的发展提供相应的理论指导。

关键词： 数字博物馆 智慧博物馆 发展现状 发展趋势

随着我国经济建设的快速发展，社会高科技的应用为公众的生产和生活创造了一定的便利。数字博物馆的管理和传播也突破了传统博物馆服务的局限，呈现出创新的发展趋势。在未来数字博物馆的建设中，信息技术的应用必然会得到进一步发展，这将对博物馆的建设产生相应的积极影响。因此，在新的时代，研究数字博物馆的未来发展方向具有重要的现实意义，能为数字博物馆的未来发展提供正确的指导。

一 新时期我国数字博物馆的发展状况

在新的时代背景下，中国数字博物馆在发展过程中逐渐形成了独特的发展优势，建设和发展的总体水平得到了很大的提高，这对建筑效率的获取有着重要的影响。数字博物馆在新时期的基本发展可从以下几个方面解析。

1. 数字博物馆的出现

博物馆通常是免费向公众开放的非营利组织。其主要功能包括教育、科研、文化保护、信息传播等，能有效地继承博物馆运营过程中的物质和非物质文化遗产，为文化建设提供参考。近年来，随着数字信息技术的发展，我国博物馆项目也得到了快速发展，博物馆项目的建设和发展水平进一步提高。结合相关调查统计，我国平均每30万人拥有一座博物馆，博物馆数量仍无法满足公众的需求。因此，在信息技术和数字技术的支持下，相关研究者强调，在信息技术的有效支持下应积极开发数字博物馆的建设，并在数字博物馆的支持下提供更加完善的博物馆服务，提高博物馆建设和发展的成效。

2. 数字博物馆的现状

数字博物馆的出现打破了时间和空间局限，丰富了藏品的展览方式，扩大了展览内容，但仍存在局限性。在实际规划中，数字博物馆的建设主要包括两个方面：一方面随着虚拟现实和三维技术在实体博物馆的应用，数字展览室的建设是为了在藏品（指纹）现场进行展览；另一方面互联网上的虚拟博物馆是为了进行（数字）收藏线展示而建造的。多年来，由于技术上的误区，行业对数字博物馆的内涵和外延进行了争论，导致数字博物馆建设缺乏明确的界限，甚至导致部分博物馆滥用声光电技术、博物馆设计平庸等现象非常普遍。内部机制层面上，数字博物馆是一种独特的传递感知信息的方式，数字博物馆和实体博物馆提供的信息在现场的准时性、真实性、互动性和体验性等方面也存在较大差异。数字博物馆以多模式的"数据"感知取代了数字博物馆的集中收藏，在此基础上，建立更全面、更深入、更无所不在的互联互通，消除了形式上的孤岛，使人和物形成一个系统的协同工作模式，从而形成一个更全面、更深刻、更普遍的互动，成为一个智能化的博物馆运营系统。

3. 新时期数字博物馆的转型与发展

在数字博物馆的建设和发展过程中，主要采用数字处理技术和网络信息技术来优化应用，将实体博物馆改造成具有特定功能的数字博物馆，使博物馆在开发过程中呈现出完整的网络形式。简单地说，在数字博物馆的建设过程中，利用互联网的先进技术，完成了博物馆内部制度框架的设计和规划。在博物馆企业传统培训的技术改造方面，博物馆与计算机技术紧密结合，确保信息的传递可以在博物馆的环境中进行。发挥实体博物馆的作用，最大限度地提高数字博物馆的应用效率。在数字博物馆的建设过程中，还可以体现数字博物馆的虚拟实体、数字信息资源和信息传输网络的优势。在信息技术的支持下，可以改善博物馆网络资源，进而为提高数字博物馆建设和发展的整体效果以及现代化建设提供了良好的支持。同时，数字博物馆在建设和发展过程中也会遇到一些问题，如无法有效地控制博物馆各要素之间的关系、增加功能的难度等。基于数字监控和数字三维技术在博物馆、博物馆领域的应用，未来互联网技术、数字监控和三数字化的发展可以更好地进行自我管理和自我控制。部分数字博物馆开始探索智能博物馆的转型和现代化,对促进博物馆的发展起到了很好的推动作用。

二 数字博物馆的未来发展趋势

在博物馆领域,随着信息技术应用水平的提高,智能化博物馆的建设成为博物馆发展的主要方向,对博物馆建设的优化具有重要影响。在推动新时代数字博物馆建设和发展的过程中,要积极开展智能博物馆建设和发展的系统研究和分析,制定相对科学的建设规划,确保利用智能博物馆建设,把博物馆事业推向新的高度。

1. 博物馆、数字博物馆和智慧博物馆之间的信息交互

在网络信息技术的支持下,博物馆在发展过程中的计算机化和智能化程度显著提高,对博物馆系统的发展产生了重要影响。在实体博物馆时代,信息的互动主要是物与人之间的互动。数字时代,数字博物馆在建设过程中创造性地采用了物、人、数字技术的互动,信息交互能力明显增强。随着智能博物馆的建设和发展,信息交互的覆盖面也越来越广。人已成为信息交互的主体,在创新博物馆服务的研究过程中,根据人类的需求,建立了相应的信息交互系统,提高了信息服务的效率,从而为博物馆的发展奠定了群众基础。

2. 智慧博物馆的设计和特点

在建设智能博物馆的过程中,以数字博物馆的建设为基础,充分利用云联网中的物联网技术和计算技术,实现了智能与互联的有机融合,形成了一种新的形式。从技术层面对智能博物馆的建设与发展进行了系统研究。智能博物馆的建设可以定义为数字博物馆与技术物联网、云计算技术的融合,智能博物馆被视为实体博物馆不可或缺的一部分,以支持博物馆的建设和发展。数字博物馆在积极探索智慧博物馆的过程中,主要处理、分析、存储和表达博物馆的相关信息要素;技术物联网主要传输和实现不同的信息采集和控制。云计算技术需要与当今海量的信息资源相结合,在推进数字博物馆建设和发展的过程中,加快推进数字博物馆建设和数字博物馆的全球建设与发展。只有这样,才能在当前的社会背景下全面推进数字博物馆的建设和全面发展,为我国社会主义现代化建设打下坚实的基础。

新时代智能博物馆与数字博物馆相比在实际运作过程中具有一定的优势,有助于提高博物馆的综合服务水平。第一,在建设和发展过程中,遥感技术和智能技术的应用,可以感知馆藏和展览的运行状态,并根据感知结果适当调整综合状态,提高博物馆综合管理发展的实效和博物馆整体服务水平。第二,在博物馆发展中,可

以完善相对封闭的信息框架结构，形成相对复杂的开放体系，促进信息框架在博物馆发展中的整合与协调，确保整体效益。数字技术可以在新的社会背景下最大限度地发挥和支持博物馆，持续稳定的发展提供有效的支持。第三，移动通信技术的应用可以将智能博物馆的建设扩展到移动互联服务，促进数字博物馆服务随时随地智能数据融合服务的发展。努力形成博物馆特色发展的优势，确保为用户提供全方位的智能融合服务，提高博物馆综合服务的便利性和博物馆综合服务的发展。第四，在博物馆建设和发展过程中，必须重视人的主体地位，从使用者的角度出发，从服务和工作的设计出发，强调公众参与服务和展览的形成。开放服务主题功能下的用户能力，全面提高服务的相关性和有效性，提高受众群体的服务工作水平，身份认同和归属感，保证综合服务角色的发展。第五，引导政府部门和社会力量参与博物馆综合服务。通过多方力量的参与，在智慧博物馆建设的帮助下，创造独特的价值，保证博物馆的真正发展效果。这样，我们就可以创造出一种博物馆发展的新模式，智能博物馆的全球发展效应也可以得到展示，这对博物馆企业在新的社会时代的可持续稳定发展具有重要的积极影响。

三　结　语

智能博物馆是数字博物馆未来发展的新趋势。在我国数字博物馆的研究过程中，必须结合智能博物馆的发展现状，分析智能博物馆的设计前景，制定科学建设与发展博物馆的规划，有效地帮助数字博物馆发展。在新时代智慧博物馆的支持下，博物馆的资源将得到更多利用，博物馆的社会功能也能更加显现。

参考文献

1. 王裕昌：《浅谈智慧博物馆发展新趋势》，《甘肃科技》2014 年第 16 期。
2. 给拉巴干：《现代博物馆智慧化科技建设的思考》，《黑龙江科技信息》2016 年第 12 期。
3. 包永泉：《智慧博物馆的智慧内核和理念导向》，《中外企业家》2016 年第 36 期。
4. 熊丽萍：《浅谈如何运用互联网思维推进智慧博物馆建设》，《魅力中国》2017 年第 29 期。
5. 张韶伟：《智慧博物馆——数字博物馆发展趋势》，《文化创新比较研究》2017 年第 17 期。
6. 骆晓红：《智慧博物馆的发展路径探析》，《东南文化》2016 年第 6 期。

浅析新媒体传播与提升博物馆影响力之关系

——以江苏无锡博物院为例

郭黛晶

（无锡博物院 江苏无锡 214000）

内容提要： 传播是构建博物馆与公众关系的重要桥梁。以无锡博物院十周年院庆新媒体传播为例，无锡博物院将自身官方媒体与多平台媒体相结合，进行多层次宣传，使权威与轻松趣味兼具，形成互动式网状传播，大大提高公众对无锡博物院的关注度和参与度，拉近公众与博物馆的距离，吸引更多的公众走进博物馆，从而提升了博物馆自身的影响力。

关键词： 博物馆 新媒体 传播 影响力 无锡博物院

近年来，我国博物馆事业呈跨越式发展，博物馆日益成为经济社会发展中不可或缺的力量，成为社会公众接受教育和享受文化生活的殿堂。当前博物馆大力推行"让文物活起来"，人们对博物馆的感知也在逐渐转变，由之前的"接触难""看不懂"，到现在主动走进博物馆了解文物及其历史。而传播在博物馆拉近与公众的距离发挥着重要作用。

一 博物馆传播

所谓传播，即社会信息的传递或社会信息系统的运行[1]。对这个概念进一步解释为社会传播是一种信息共享，是在一定的社会关系中进行，而这种社会关系是一种双向的社会互动行为。传播之所以成立的前提是传受双方有共通的意义空间，对语言、声音、文字、图片等符号有共通的理解，还包括人们大体一致或接近的生活经验和文化背景。

目前学界对博物馆的传播尚无明确的界定，在此引用李文昌对博物馆传播的定义，博物馆传播是指为研究、教育和欣赏的目的，利用博物馆，对人类和人类环境的见证物进行的信息交流、共享的传递行为 [2]。从这个定义中可以看出，博物馆传播的本质仍是一种信息的交流与共享的行为，这与传播的本质也是一致的。博物馆传播的目的是为了研究、教育和欣赏，这也是一种社会互动行为，并且决定了博物馆传播的特殊性，即博物馆传播的前提是以文物、藏品、博物馆本身为依托，离开这个前提便不再是博物馆传播，这也就构成了传受双方共通的意义空间，也只有以此为前提的传播，才能实现博物馆传播。

二　传播是构建博物馆与公众关系的重要桥梁

在大众的固有印象里，博物馆总会被贴上"高高在上""严肃""陈旧""无聊"的标签，也正是这些陈旧的印象将许多人挡在博物馆的门外。大众对博物馆不感兴趣并不是因为博物馆没有魅力，而是缺少了解的机会，也即"接触难""看不懂"，而传播正是提供了这样的机会。

2018 年"国际博物馆日"的主题为"超级连接的博物馆：新方法、新公众"（Hyperconnected museums: New approaches, new publics）。国际博物馆协会（ICOM）强调博物馆联系社会的重要性，通过"超级连接"的内涵与外延，共同探索博物馆与社区、文化景观、自然环境之间的联系，通过技术、方法的进步，不断拓展观众群体并增强与他们的联系，从而改变利用藏品的方法，提升公共文化服务水平，促进社会可持续发展。而要实现超级连接，加强联系，就离不开传播，新方法、新公众的形成也离不开博物馆传播，传播是构建博物馆与公众关系的重要桥梁。

1. 新媒体——当下博物馆传播的重要途径

新媒体是指当下万物皆媒的环境，涵盖了所有数字化的媒体形式，包括所有数字化的传统媒体、网络媒体、移动端媒体、数字电视、数字报纸杂志等，这既是一个相对概念，亦是一个宽泛概念。

从网络论坛到微博、微信再到短视频、直播平台，新媒体语境下，博物馆越来越多地进入到公众视野。博物馆官方网站已不再是公众获取博物馆信息的唯一渠道，也不是博物馆展示自身形象的唯一窗口。

2017 年底，大型文博探索节目《国家宝藏》一经播出便获得热烈反响，第一集便收获豆瓣 9.4 的高分，引发观众热议。这部由央视携手联合故宫博物院、南京博物院、湖南省博物馆、河南博物院等九大国家级重点博物馆讲述 27 件镇馆之宝的前世今生，又邀请张国立、李晨、王凯、刘涛等众多明星担任讲解员和国宝守护者，既有难得一见的珍宝，又有明星"国宝守护人"，加上精良制作，时尚鲜活的综艺形态和多渠道的传播，这样一场恢宏"特展"足以引起公众的关注与参与。国家宝藏官方微博拥有63万粉丝，目前豆瓣上6万余人评价，仍保持着9.0的高分，点击量达20亿次之多，这对以文博类为题材的综艺节目来说实属罕见。而2018年"国际博物馆日"前，中国国家博物馆、湖南省博物馆、南京博物院、陕西历史博物馆等七大国家一级博物馆集体入驻抖音，《第一届文物戏精大会》霸屏。在短短一分多钟视频里，千年文物纷纷"复活"，唐女俑跳起"千年拍灰舞"，大禾人面方鼎展示出"98K电眼"……文物与当下最时尚热门的元素相结合，这样的演绎既新鲜又奇特，迅速攫取人们的眼球。《第一届文物戏精大会》在抖音上累计播放量突破1.18亿，点赞量近650万，分享数超过17万，其H5版本的访问量在短短几天时间也已突破550万。

又如故宫博物院利用数字技术，让《雍正行乐图》中严肃的雍正帝"活"了起来，网友们直呼其形象"萌萌哒"；湖北省博物馆运用现代技术结合传统工艺，将具有两千多年历史的曾侯乙编钟，创造出古乐器演奏会，受到观众的一致好评，演出现场几乎座无虚席；江苏无锡博物院将惠山泥人形象打造成阿福表情包，萌宠形象惹人喜爱……可喜的是，越来越多的人在节假日时不再扎堆于旅游景点，而是选择走进博物馆接受历史文化的熏陶，来一场穿越时光隧道的旅行。这样的传播形式收到了很好的效果，虽也褒贬不一，但无可否认的是新媒体传播也将流量引向了博物馆。

2. 利用新媒体提升博物馆影响力

据第41次《中国互联网发展状况统计报告》称，截至2017年12月，我国网民规模达7.72亿，普及率达到55.8%，手机网民规模达7.53亿，占比达97.5%。手机不断挤占其他个人上网设备的使用，以手机为中心的智能设备成为"万物互联"的基础[3]。

手机用户已成为主要人群，从某一方面讲，传播进入了手机直播、全民直播的时代。马歇尔·麦克卢汉（Marshall McLuhan）认为"媒介是人的延伸"，手机媒体更直观地体现了这句话的内涵。手机媒体是一种完全以个体为中心的媒体，将人际传播和大众传播融为一体，让人感觉拥有和控制媒体的能力。现代人们更是机不离身，智能手机强大的功能使得传播变得随时随地，一张照片、一段录像传上网络便可以瞬间引发人们的围观。博物馆传播也需适应和利用这样的新媒体特性，将传播变得随时随地无处不在，加强与受众的互动性。国家级博物馆入驻抖音，《第一届文物戏精大会》在手机媒体上刷屏，正是充分运用了以手机媒体为代表的新媒体特性，让传播以螺旋式扩散，迅速占领话语权，营造有利于自身的网络传播环境。当博物馆放下身段、改变孤芳自赏的态度，以一种平易近人、亲和的形象走进大众时，大众也突然意识到原来博物馆还可以这样，原来博物馆也可以这么好玩。大众走进博物馆去探索历史、发掘文物背后的故事，文物"走出"展厅，变成萌萌哒表情包，化身成手袋、笔架、茶包等文创产品，逛博物馆、一睹镇馆之宝的风采越来越成为大众的热门选择。

可见，当博物馆利用新媒体、借助新颖的技术手段扩大传播效应时，许多博物馆早已不是人们印象中古老、呆板、疏远的模样，甚至成为"网红"，吸引众多人前来打卡。越来越多的博物馆也在实践智慧化，通过使用语音智能导览、扫一扫文物的二维码便有相应的专业解读，观众看得懂从而愿意看，这也有利于破解博物馆文物"接触难、看不懂"的窘境，使文物真正地"活起来""动起来"。

三　江苏无锡博物院新媒体传播实践

2018 年恰逢江苏无锡博物院（以下简称"锡博"）对外开放十周年。十年来，锡博不管是在藏品管理上、还是在展陈方式上，都有着惊人变化，在宣传方式上同样可圈可点。

锡博官网开通于 2008 年；2016 年底改版，手机版也同步上线，内容与 PC 端同步，年均访问量 21 万余次。官网首页分资讯、服务、展览、典藏、研究、互动六大版块，文创版块目前正在建设当中。为了更好地展现锡博形象，官网的结构和内容仍在不断调整和改善中，以方便让访问者能更快地浏览官网、了解最新动态和馆藏特色等。锡博官微于 2016 年底上线，截至目前，官微粉丝量达 1.2 万余人，并保持着持续增长的态势。锡博官方微信以服务号的方式出现，每周发布一次，内容根据当周院内动态少则一至两条、多则七八条。微信公众号界面分"认识锡博""社教活动""我的锡博"三大主题，每个主题下设子版块，共有"院藏精品""最新展讯""锡博动态""语音导览"等 11 个子版块。官网风格明亮大方，内容简洁正式又不失高雅，是展示锡博整体形象的重要窗口；而官微相对更加活泼亲民，风格更偏向幽默风趣，受众多为年轻群体。虽传播定位有所不同，但两者都以宣传锡博的馆藏、展览及社教活动信息为主要内容。但若仅依靠自身平台进行宣传，其传播辐射力是远远不够的。锡博在保持与当地报纸、广播、电视等传统媒体加强联系的同时，也在不断扩大对新媒体的利用。

以此次十周年院庆为例，锡博充分利用各渠道新闻媒介，利用本地报纸、广播、电视等知名媒体打造系列专题报道，辅以文博类相关专业媒体在业内形成声势。同时，邀请《新华日报》《光明日报》等国家级大型媒体参与报道，并运用各媒体的数字化平台再报道、转载，打造报纸、广播、电视、网站、微信、微博、论坛等多渠道的辐射式宣传，形成冲击波效应。在报道形式上采取动态资讯、深度报道、电视专题、报纸软文、周刊、专刊、微信动态视频、H5动画、形象宣传片、海报等多元化结合。在宣传时间上分预热、初期、中期、高潮、尾声五个宣传阶段，将院庆活动、视觉标识、文物介绍、主题深度报道等一一推进，形成层层递进之势。在预热期召开的院庆新闻发布会上，锡博邀请了《新华日报》《无锡日报》《扬子晚报》及腾讯网等20多家媒体参与，当天就形成了初步宣传效应。各媒体纷纷报道，网站转载呈几何式上升，在"百度"首页上输入关键字"无锡博物院院庆"，获得相关结果约2310个。"无锡发布"微信公众号当天发布的关于锡博院庆内容，点击量达7500余次，"精彩无锡笔记""偲倪无锡"等微信公众号，"新华日报交汇点""无锡新传媒""扬子晚报"等数字化媒体，都市资讯、无锡综合新闻等电视众媒体的平台点击量达2万余次，而锡博官微关于院庆内容的发布点击量仅1800余次，所有这些内容都能在手机上点击查阅观看。因此联合众媒体平台，尤其是新媒体的参与，可以更好地形成传播效应，吸引更多的人关注锡博。此外，锡博十周年院庆还启用了线下宣传平台。锡博与无锡地铁集团合作，打造锡博地铁专列，于院庆前夕投入上线。充满文化气息的文博专列带领观众穿越历史隧道，与锡博宝藏"亲密接触"，乘客随手在微博、微信、抖音、豆瓣等互动平台上发布照片、小视频、文字就能形成一次次传播，这也将吸引更多的公众走进锡博。

总而言之，自身官方媒体联合多平台媒体宣传，权威与轻松趣味兼具，形成互动式网状传播，加上本身独具吸引力的传播内容，如锡博"十大宝藏评选"、15件文物戏精小视频、十周年院庆特展、多形式的社教活动等，大大提高公众对锡博院庆的关注度和参与度，从而提升锡博的影响力。

四　结语

新媒体传播为提升博物馆影响力提供了一个广阔空间，这既是机遇，也是挑战。当下博物馆要取得良好的传播效果，运用好新媒体，可以取得积极效果，但同时也要注意不能一味地只追求表面传播形式的多样化，而应回归本质，将更多的注意力放到受众身上，以提升博物馆公共服务水平、更好地履行博物馆职责为己任。

保藏文物、打造精品原创展览、提高受众观展体验、丰富社教活动等，将博物馆真实的形象呈现在公众面前，使公众能心甘情愿走进博物馆，并成为博物馆的忠实粉丝、为博物馆代言。因此积极探索被当今博物馆受众接受的传播方式也是一个长期过程。

注释

[1] 郭庆光：《传播学教程（第二版）》，中国人民大学出版社，2011 年。

[2] 李文昌：《博物馆的传播学解读——传播学读书笔记》，《中国博物馆》2008 年第3 期。

[3] 第 41 次《中国互联网络发展状况统计报告》（全文），中国网信网。

"互联网+"时代的非遗档案化保护

——以南京市民俗博物馆为例

施 慧

（南京市博物总馆 江苏南京 210000）

内容提要： "互联网+"信息时代的到来，非物质文化遗产在档案式的保护方面文化内涵、传播方式、保护方式都面临的改变和优化，而最凸显的就是信息社会带来的资源"共享意识"。南京市民俗博物馆积极开展档案化保护，注重非遗"活态"建档，采用博物馆非遗档案化保护方式，并结合自身优势，让非遗、传统文化走进百姓生活。

关键词： 非遗 档案 "互联网+" 南京市民俗博物馆

一 非物质文化遗产档案化保护现状

非遗的档案化保护是非遗保护相关单位对非遗项目、传承人及相关的具有价值的信息进行直接收集、整理、建档、保存、管理并综合利用的各项工作的总称。在我国，非遗保护单位是"非遗档案化"保护的主体，承担着对非遗保护项目、传承人及相关信息资料的确认、建档、保护等工作。

非遗档案的建立是对非遗抢救与保护的有效措施，它以笔录、拍照、录音、视频等方式对非遗进行抢救和保护，从而将传统非遗"口传心授""言传身教"的保护传承方式转化为固态的信息及资料加以保存与利用，为非遗的保护、研究、传承奠定了坚实的保障。

在非遗档案的保护过程中不能破坏非遗保护项目的整体性，不能单纯地保护各种非遗表象，要将档案与所形成的人文环境和自然空间有机联系在一起，"尽量记录每一种遗产所包含的文化因素"[1]，深入观察和记录蕴藏在非遗中的内涵和精神。

二　非遗档案化保护进入"互联网＋"时代

非遗主要体现在口头传统、表演艺术、民俗活动、礼仪、传统工艺等方面，传统的"档案式保护"主要包括非遗活动中产生的一系列实物、资料、非遗项目、传承人档案等。随着非遗保护力度的加强，人们对非遗档案的概念有了更为全面的认知，"非遗档案"不仅包括纸质的、数字化的资料，非遗活态传承的信息及文化空间也纳入非遗档案的范畴，同时，非遗文创衍生品的出现作为非遗"生产性"的保护成果，也属于非遗档案的一部分。

"互联网＋"时代，传统档案的管理正面临着前所未有的变革和新的要求。在顺应时代发展的新形势下，要从"互联网＋"的视野中树立新的档案管理概念，建立适应互联网时代非遗档案管理新的思路与方法，从而实现非遗档案管理的工作变革。

我们应当将"互联网＋"时代的信息技术与传统非遗档案保护的经验，以及当下非遗保护在发展过程中、传播、宣传、利用方面的可持续提升空间相结合，加快非遗档案的信息化建设步伐，培养信息技术人才，运用计算机、网络信息技术，迅速、高效开展非遗资料归档、采集、整理、利用、展示、宣传、开发等工作，完善网络管理及安全维护，为非遗的保护与传承、为社会公众提供优质、快捷、覆盖面广的档案服务。

（一）载体多样化

非物质文化遗产的"档案式"保护的内涵、载体、主题以及传播方式呈现着不同的特点，如今非遗档案的概念已不仅仅局限于传统档案信息的载体，如纸质、数据库、多媒体等。传统档案存储模式由于占用的存储空间大，容纳的信息量相对较小、不利于保管与利用、难以满足信息时代对非遗档案的要求。许多非遗档案出现数字化，通过扫描、交互、AR/VR 等技术，将非遗资源转化为数字化档案。

进入"互联网＋"时代，非遗档案转变为数字化电子档案信息，利用计算机系统进行统一管理，形成档案数据库。减少了档案信息的占用存储空间，提升信息的存储量，并可以复制备份信息，利于传播与保存，从而提升了非遗档案的可利用率。

（二）共享促发展

在"互联网＋"时代，除了非遗档案的概念发生了改变，利用方式也逐步从单向转向多向、从封闭转向开放与共享。2006 年，原文化部（现文化和旅游部）联合中国艺术研究院建立了"中国非遗数字博物馆"网站，从国家层面对非遗进行数

字化保护 [2]。此外，很多非遗保护单位也开始尝试建立非遗"大数据"中心，统计非遗及传承人在全国的分布情况，从而了解非遗传承的现状，将信息资源整合再利用，实现非遗资源的数字化保护与网络共享。

（三）传播方式"活态"化

传统非遗"档案化保护"往往局限于对非遗文献、传承项目、传承人资料的收集、整理，将处于消亡边缘的非遗孤寡可见的物质载体，从而延缓其消亡的速度，引发大家对传统文化的思考与重视。这种方式并不是非遗保护与传承的最佳方式，只是我们在对濒临消亡的非遗项目抢救式保护的无奈之举。我们可以将这种方式归纳为"活态的固化式"保护。

随着我们对非遗的认知不断清晰，当非遗保护工程进展到"互联网+"时代，我们应当思考如何运用信息化技术，还原非遗"原生态"的样貌。中国艺术研究院院长、中国非遗保护中心主任王文章认为"鉴于非遗的活态流变性，保护也不应该凝固、静止，应充分尊重其发展演变的规律，应该为了发展而保护" [3]。

非遗档案的作用应该是承上启下的，它既是非遗、传统文化的记忆留存，同时也是我们开发利用的重要资源。我们应当在"活态固化"的基础之上，还原非遗，并以活态的方式进行传承与发展。其中包括非遗档案的信息化服务、非遗手机APP 软件的研发、非遗文创衍生品、非遗展览及社会教育活动的策划等。通过这些方式，扩大非遗的社会影响力，让公众与非遗走得更近，让原本深入民间的非遗从档案中走出，重新回归到人们的生活中。

三 非遗博物馆如何开展档案化保护

"互联网+"时代，作为非遗保护单位，首先应当对保护对象的范围进行重新定义。应当牢牢把握工作的主动权，最大限度地利用互联网发挥非遗档案在信息时代的社会价值、经济价值。

（一）非遗"活态"建档

作为公共文化服务平台，博物馆、图书馆等文化事业单位应主动担当建档、存档的保护职责，与此同时，要积极与社会各界合作，向公众展示、宣传非遗及传统文化，培养大众文化意识、文化自信及文化情怀。对于非遗博物馆而言，应当将非遗档案的活态性特征持续保留，对传承项目的动态追踪、持续关注。同时，培养具有专业素质的非遗档案工作者，转换原先被动收集整理资料的工作方式，变为资料的采集、寻访者。化被动为主动，时刻关注非遗的变化与发展现状，记录非遗发展进程中的点滴与发展脉络，更好地保护宣传非遗。

（二）博物馆非遗档案化保护方式

1．举办非遗展览

非物质文化遗产虽然是非遗的文化事项，也承载着许多实实在在的"固化档案"。在策展过程中，南京市民俗博物馆运用数字化信息技术针对馆内的非遗藏品进行数字化归档。"互联网＋"时代，非遗档案化保护的重要方式与手段就是非遗展览。在展览的实施过程中，首先要确立的是非遗展览的定位。那么，如何找准观展人的心理，让展览既叫好又叫座？南京市民俗博物馆采取了"微展览"前期预热的方式。

所谓"微展览"是指利用南京市民俗博物馆微信公众号"南京非遗馆"，定期推送的"线上展览"。通过"线上展览"的前期预热，设计参与互动的环节与网友互动。同时，还可以将视频、传承人采访、活动情景再现、线上网络直播的形式穿插于实体展览的过程中，以多方角度、虚实相结合的形式，全面推送非遗展览，并将观众的反馈、传承人对文化的解读与技艺的传承以及台前幕后的一切，展示在观众面前，既是对实体展览的补充，更是在"互联网＋"时代对非遗的活态传承最有效的传播方式。

由于非遗衍生品的研发需要周期，因此，该项工作在展览主题确定后便进入了研发流程。展览项目部门先对展品的文化元素与展览主题进行创意对接，设计文创衍生品的内容与形式，借助"互联网＋"信息化、多媒体等方式，对非遗档案中的传统文化元素进行抽离、组合及再构建，增强作品的设计感，保留其传统文化的核心内涵。如配合"塑艺人生——黄建强泥塑作品展"设计的杂技包和优盘，"匠心独运 传承有道——金陵竹刻赵荣作品展"设计的文创折扇及书签，既贴合展览的主题内容，又能把非遗展览的影响力带回家，助力非遗的档案化保护。

展览开展后，南京市民俗博物馆将结合展览内容开展"看展览·学非遗"活动。这项社教活动仍是为配合展览更好地开展展览知识的普及而进行，也是南京市民俗博物馆的品牌非遗活动之一。通过建立"看展览·学非遗"粉丝群，在QQ、微信平台上招募参与活动的家庭，报名确认后，跟随参与展览的非遗传承人通过实地参观展览，在听传承人讲解的过程中，对非遗项目、技艺有了直观的认识和了解，并在亲手操作的过程中体味古代先民创造非遗的智慧。

2．"非遗档案"数据共享

联合国教科文组织（UNESCO）《保护非物质文化遗产公约》（*The Convention for the Safeguarding of Intangible Cultural Heritage*）将非遗定义为被各群体、团体、个人视为其文化遗产的各种事件、表演、表现形式、知识体系和技能及其有关工具、实物、工艺品和文化场所。保护非遗档案的根本目的是延续非遗本身的活力。"互联网＋"时代，通过数字化方式对非遗进行记录、保存、实现档案的网络活态传承，维护档案的生命力。除国有博物馆、图书馆、档案馆对非遗开展"档案式"保护，民间博物馆、纪念馆也加入了非遗"档案化"保护的行列。如南京市民俗博物馆的帮扶对象——南京宝缘斋博物馆，馆内收藏大量的民间非遗作品及民俗老物件，通过博物馆之间的帮扶与合作，发挥自身资源优势，建立合作模式，扩大收集非遗、民俗档案数据信息。与此同时，南京市民俗博物馆还与建立共建合作关系的在宁高校开展非遗保护相关活动与信息化技术共享，如与南京工业职业技术学院、南京工业大学、南京艺术学院、金陵科技学院等高校利用高科技手段参与非遗档案的收集、整理、汇总，并通过互联网平台共享信息资源，共同保护传承传统文化。

3．非遗活态展示

非遗活态展示应当与传统民俗活动、民间艺术表演与传承人现场展示、展演相结合，两者相互促进，文化相互交融，方可达到良好的效果。南京市民俗博物馆每年结合春节、端午节、中秋节、国庆节和"国际博物馆日"、文化和自然遗产日等，策划开展"民俗文化节""花开月正圆——中秋活动""欢欢喜喜过端午"等活动，活动现场汇集了南京市市级非遗传承人现场展示、展演非遗技艺，与现场观众紧密互动、交流，并搭建非遗、民俗表演大舞台，现场表演平时老百姓难得一见的非遗节目，如南京白局、白话、昆曲、抖空竹、民乐表演等，让大家感受传统节俗文化的独特魅力。南京市民俗博物馆通过舞台表演、现场展示、观众动手体验、亲手操作的方式，使公众对所参与的内容有真正的认知，获得体验的快乐，回味美好的传统文化记忆。在传播方式上，南京市民俗博物馆采用"互联网＋"信息技术进行网络直播，与网友实时"线上线下"互动，共享中国传统节日的喜庆气氛，让非遗更具影响力。

4．鼓励非遗衍生品的研发

南京市民俗博物馆通过利用官方网站、微博、微信等信息资源，策划组织非遗文创衍生品展览及比赛。如2016年南京市非遗文创大赛、南京艺术学院人文学院非遗文创比赛等，这些活动以统一命题与自主命题两种方式组成，在传承人和参赛选手的积极参与下，通过实体授课、线下评委、专家评审，线上大众参与评选的方式进行，激发社会大众对非遗的关注以及非遗融入当代社会的思考，让原本留存于"档案内"的非遗项目，真真切切重新走入大众视野，走进人们的生活中。

5．利用"互联网＋"现代化信息手段宣传推广

"互联网＋"时代，网络、信息平台无疑成为非遗档案化保护的重要阵地，在此进程中，共享意识无疑是宣传推广的核心。南京市民俗博物馆拥有官方网站、微信、微博等信息平台，与南京当地的主流微信平台保持着良好的合作关系，所有活动无论"线上线下"都能密切互动，在宣传方面互相借鉴，共享资源。非遗档案的数字化保护和信息化、网络化建设，打破了时间与空间的时空局限，实现资源共享，在扩大宣传的同时，还应考虑到知识产权的维护。

非遗保护是通过"活态传承"而发展的，在"互联网＋"时代，博物馆在非遗的档案化保护中扮演着十分重要的角色。尤其是南京市民俗博物馆这类非遗专业博物馆，可对馆区内的非遗传承人进行采访、传承信息收集、跟踪，编辑文献、拍摄非遗项目的视频资料等，同时还可以通过组织、开展丰富多彩的展览、展示、活动、研发非遗文创衍生品，直播、宣传"线上线下"博物馆活动，提升非遗的社会认知度与影响力，以最贴近老百姓的方式，为后代保留传统文化技艺，让国人的文化自信更加坚定。

注释

[1] 吴红、王天泉：《为流逝的文明建档——访冯骥才》，《中国档案》2007 年第 2 期。

[2] 胡郑丽：《"互联网＋"时代非物质文化遗产"档案式保护"的重构与阐释》，《浙江档案》2017 年第 1 期。

[3] 川歌：《传承文化 沟通文明——中国成都国际非物质文化遗产节侧写》，《中外文化交流》2007 年第 8 期。

浅析博物馆数码影像档案的归集与管理

——以江苏南通博物苑数码影像档案管理为例

沈　倩

（南通博物苑　江苏南通　226001）

内容提要：数码照相的普及给博物馆的业务带来便利，同时也引发了博物馆数码影像档案归集的缺失与管理的滞后等问题。为了提升博物馆数码影像档案管理，博物馆应培养数码影像的"藏品"意识；推进博物馆数码影像档案库建设，构建数码影像档案管理的规章制度，培育博物馆全员数码影像档案的归集意识，积极推进传统类影像的数字化工作，确保数码影像文件归集过程中的原真性与完整性；加大电子设施的投入和人才队伍的建设；树立风险意识，从而做好数码影像档案的保存。

关键词：数码影像档案　归集　管理　南通博物苑

数码照相机自 20 世纪下叶问世以来，因其性能卓越、操作简便、即拍即看等特点快速普及，迅速取代了传统胶片影像。近年来，随着智能手机相机技术的突飞猛进，使得拍照、摄像更是随心所欲、无所不在。然而，面对越来越多的数码影像，因其与传统胶片影像完全不同的存取方式，往往忽视对这些数码影像的有序管理，甚至对电子产品的安全隐患认识不足，极易给数码影像档案造成不可弥补的损失。

一　博物馆数码影像档案管理存在的主要问题与分析

以南通博物苑数码影像资料管理为例。南通博物苑是一座拥有百年历史的博物馆，收藏有大量的历史照片及建苑各阶段的业务影像档案，为此设置有独立的影像保管室及专业的影像管理员，服务于博物苑的业务工作及社会上的查阅需求。进入数码影像时代以后，如若按照原有的路径未必能够如愿检索到所需的最新数码影像资料，导致数码影像档案归集的缺失与管理的滞后现象。分析其原因，主要有以下五方面。

（一）数码影像与传统影像在表现形式上截然不同

数码影像主要通过电脑等电子设备观看，没有特别用途一般不再打印或洗印成照片，没有了传统的胶片、照片实物形式，从而逐渐地淡化了传统保存影像档案的路径。

（二）数码时代缺少统一管理的归档意识

在胶片时代，拍摄设备及洗印费用比较昂贵，通常由专人拍摄，向档案部门提交拍摄资料存档是拍摄者的职责。而在数码时代，拍摄成本低且摄影设备高度普及，大量的业务影像档案存储于个人电脑之中，或存储于部门的业务档案之中，呈现出去中心化的趋势，忽视了博物馆整体统一管理的归档意识。更可怕的是一些拍摄者将拍摄影像视为私有，不愿意上交给档案部门，这无形中又加大了数码影像档案归集的难度。

（三）数码影像资料的时效性极强

数码相机不仅具有即拍即看的便利，而且可以存储几百上千的记录影像，不同事件、不同场景的影像可长时间存于记忆棒中，若不及时归集整理，容易出现遗忘与丢失等现象，给档案工作造成不必要的损失，直接影响到数码影像档案的归集。

（四）对数码设备的风险隐患认识不足

数码相机的影像以数字方式存储在磁介质上，而这种电子产品存有不稳定性，在反复读写操作的过程中易造成磁盘或记忆棒损坏，或因操作不当导致磁盘的物理损伤，导致文件丢失，给数码影像档案建设造成不可弥补的缺失。

（五）对数码影像技术发展进程认识不够，缺乏前瞻性

通常博物馆的档案部门非一线业务部门，极易造成相关设施配套滞后甚至不健全，缺乏技术支持等诸多因素客观上也直接影响数码影像档案归档与管理的正常开展。

蓬勃发展的数码影像技术与滞后的管理意识，无疑给现代化管理提出了挑战，需要档案工作者快速改变观念，运用计算机网络等现代科学技术，去适应全新的数码档案文件管理模式。

二　提升博物馆数码影像档案管理的应对策略与方法

（一）培养数码影像的"藏品"意识

树立数码影像的"藏品"意识，是相对于看得见、摸得着的传统胶片影像而言的。数码影像是以数字方式存储在磁介质上的，通俗地说，数码影像就是记录在各种磁卡与硬盘之中，并通过电脑、手机、电视等电子设备观看与利用。如若不借助电子显示器，人们是不能直观地看到它的存在的，因而没有了传统相片的"实物"感，也就逐渐淡化了数码影像的"藏品"意识。

数码影像产生之初，许多人常有传统影像处理的习惯，就是通过打印影像来观看与存储。而伴随着数码影像的不断发展与普及，电子影集逐渐取代了纸质相片，若无特别需要，几乎不再有人去打印或冲印纸质相片。历史正是在这种不断更替中前进着，正如彩色相片大行其道之时，市场上难以寻觅黑白相片洗印；如今彩色相片洗印行业面对先进的数码影像技术，关店歇业在所难免。但是，无论影像科技如何发展，影像史料相对于文献史料而具有的"辅之以形象的佐证""观察历史的瞬间"[1]的作用不会被改变，无论传统影像或数码影像都有一个共同之处，就是在快门按下的瞬间，影像即成为了历史，随着时间的推移其影像越发珍贵。因此，作为博物馆的数码影像档案建设，管理者应视数码影像文件为特殊的"藏品"，赋予数码影像同样的历史使命感而加以尊重，以此提升对数码影像档案的管理认知。

针对数码影像电子文件载体的不稳定性，曾有学者提出归档"双轨制"[2]，就是将重要的电子文件同时制成纸制文件进行归档，以确保重要档案信息的可靠性与安全性。在笔者看来，这种"双轨制"从表面上确实消除了电子产品的风险，给人们以"实物"的存在感。但我们现在仍然不能克服纸制照片的老化、霉变、褪色等一系列传统问题，不仅添加工作量，反而又回到原有的老路之上，而且"双轨制"是需要增加投入的，"双轨制"的采纳与否应视博物馆的实际情况而定。我们应充分看到数码科技的发展终会提升电子文件载体和信息技术的稳定性，使储存更长久更安全。

（二）推进博物馆数码影像档案库建设

博物馆的数码影像档案库，其内涵不单单是现行博物馆各项业务工作所生成的以及根据自身收藏与研究需求而向社会广泛征集的数码影像档案，还包含博物馆原收藏的传统胶片类相片、胶片类影片、磁带类影视片等的数码转换后的电子文件。博物馆的数码影像档案库建设是一个长期而复杂的工程，不仅需要相应的技术作为支撑，更需制订科学的管理规章。

1．构建数码影像档案管理的规章制度

博物馆在以往传统胶片影像管理上有相应的管理制度，但这些制度已不适应当前数码影像档案发展要求，要实现对数码影像档案的科学管理，必须构建数码影像档案管理的规章制度。国家档案局出台的《照片档案管理规范（修订）》（GB／T11821-1989）、《电子文件归档与管理规范》（GB／T118894-2002）及北京市档案局2010年7月1日起执行的《北京市数码照片归档与管理办法》等是成熟而规范的管理规章，可作为重要的参考依据，再结合各馆的实际情况，开展相关领域的研究与讨论，制定一整套从征集、整理、保管、利用等方面都符合博物馆数码影像档案各环节的工作标准和规章制度。有了健全的管理制度，博物馆便能很好地指引数码影像档案的管理工作，明确各工作环节的责任，确保数码影像档案健康、持续、稳定发展。

2．培育博物馆全员数码影像档案的归集意识

数码影像技术不仅改变了传统的拍摄模式，更是改变了查阅与储存模式。数码影像资源习惯于个人或部门存储，如有需求最多只是点对点的传输，个性化趋势明显，使得数码影像资源分散，造成管理混乱的局面。要改变这样的现状，必须强化博物馆数码影像档案中心的建设。领导的档案意识及重视程度是数码影像档案库建设的重要推手，加大宣传力度，提高博物馆全体人员的档案意识，特别要强化数码影像档案的意识，并将向档案部门递交业务档案制度化，纳入部门或个人年度考核内容，以此推进博物馆数码影像档案库的建设。另外，提高档案部门在博物馆的地位，是推进数码影像档案库建设不可小视的举措。

3．积极推进传统类影像的数字化工作

博物馆在发展过程中积存了大量的传统胶片影像藏品，同样是博物馆藏品不可或缺的组成部分，这些珍贵的历史影像为史学研究、陈列展示做出很大贡献。但由于这些传统胶片影像不稳定的化学特性，以及在使用过程中极易被划伤、磨损，长期以来对它的保护与管理是博物馆文物保护的老大难问题。对其的数码转换不单纯是完善了数码影像档案库建设的重要环节，更是恰到好处地为传统胶片影像的静态保护创造了条件，避免了传统胶片影像藏品在反复使用中的二次伤害。

传统胶片影像数码化转换是一个庞大的系统工程，南通博物苑早些年已经开展过相关课题研究，并积极开展了此项工作。拙文《从胶片影像到数码影像的转换》即是

对南通博物苑数码影像档案管理工作中传统胶片向数码影像转换的成果总结与反思。

4. 确保数码影像文件归集过程中的原真性与完整性

数码影像档案在归集与管理的过程中涉及很多技术问题，如征集范畴、图片格式、归档分类、如何检索等，然而，确保数码影像文件归集过程中的原真性，是数码影像档案库建设非常重要的技术环节。就如同博物馆收藏了一件假文物，博物馆管理一份处理过的、失真的数码影像，将失去真实性，误导后来者。因此，博物馆应坚守档案"社会记忆保护者"的职责 [3]。这就要求档案工作者不仅要掌握熟练的电脑技术，更要有爱岗敬业的精神，让每份数码影像档案接近拍摄初始，确保数码照片的内容和 EXIF 信息没有被修改和处理，还要保证数码照片信息能揭示事由、时间、地点、人物、背景、摄影者等反映照片主要内容的文字说明 [4]。由于数码影像具有易改、易复制的特性，这有待于管理者对此的甄别。此外，有关数码影像的选取，在唯美与真实之间，漂亮的影像固然很好，但必须服从于场景的真实，杜绝后期的添与减。

（三）加大电子设施的投入和人才队伍的建设

数码影像档案管理和利用离不开电脑设施，而且需要不断升级与不间断地投入。近年来国家持续加大对博物馆的投入，博物馆的办公自动化有了跨越式发展。借助这些办公自动化设施投入，博物馆的数码影像档案管理及相关研究均有了长足的进步，基本实现影像档案从传统实物查阅到电脑数字化自动检索的转变。可以预见，随着人们电子档案保护与利用意识的增强，对数码影像档案收集、研究、保护、利用的工作将会更深入，进一步彰显数码影像档案的价值，更好地为社会服务。

新时代以来，在引进人才方面，博物馆向着引进多学科、复合型人才方向转变，以满足博物馆发展的需求，如计算机网络、文化产业、旅游服务等人才队伍在许多博物馆成为基本配备。在数码影像时代，对档案管理人的要求则更高，不仅要求熟悉档案业务，更要求精通计算机知识，以胜任对数码影像档案的现代化管理。

在现代化管理模式中，寻找到具有专业技能的谋职者并不难，难的是从业者对自身专业素质和业务热情的培养，在平凡的工作岗位中培养出从业者的责任心和对事业的守护精神，这是博物馆行业需要关注与培育的。

（四）树立风险意识做好数码影像档案的保存

传统胶片影像的化学特性与数码影像的电子介质都存在着不稳定的安全隐患，

对这些档案的安全储存是档案工作者不可松懈的责任。以往针对传统胶片影像（纸质照片与胶质底片）的保护，公认的最有效方式就是低温，以此延缓老化等质变来延长寿命。数码影像档案的保存主要是针对电子文件储存磁介质物的保护，要求存放于无磁场干扰、无震动、无尘、无腐蚀性气体及环境温度 17～20℃，相对湿度 35%～45% 的环境中 [5]。除保存环境要求之外，如若这些电子设备遭遇电脑病毒、操作不当等故障造成的物理性损坏，其后果是难以想象的。

数码影像档案要长期保护的最简单易行方法是定期复制。不论何种电子文件，定期复制是延长寿命的有效措施 [6]。同时至少需要做两个以上的备份，并分开存放，以防止人为因素、自然灾害、保存环境变化带来的损坏。

无论是对传统影像还是对数码影像的保护，最重要的还是档案工作者敬业精神和事业心。就当下的自动化办公而言，关注数码科技的发展动态，不断引进最新科研技术，提升对数码影像档案在管理、利用、保护等方面的水平。平常加强对计算机的检测，严守操作规章，加强病毒防范，并将电子档案始终置于保护状态之中，始终保持防范风险的意识，确保数码影像档案安全。

三 结语

19 世纪初，法国人路易斯·达盖尔（Louis Daguerre）发明了银版摄影法（Daguerreotype），标志着摄影技术的诞生，开启了用胶卷记录历史的时代。在一个多世纪间，胶卷留给世间很多永恒而美好的回忆。如今，数码影像技术以其即拍即看等卓越的性能，让胶卷从记录历史成为历史。然而，科技总是在不断地创新中前进，在不断地淘汰中续写新的时代。我们难以设想未来影像技术的发展，但是影像所记录的历史总是博物馆收藏的人类记忆。当下，博物馆义不容辞的举措就是心怀历史使命，保管好已然成为历史的影像史料，去承接下一个新的影像百年。

注释

[1] 王跃年：《对我馆照片档案影像保存问题的研究》，《档案学研究》1996 年第 1 期。

[2] 李蓉：《浅谈电子文件的归档与管理工作》，《图书与档案》2012 年第 22 期。

[3] 王菊明：《基于社会记忆观的档案工作策略》，《兰台世界》2014 年第 20 期。

[4] 叶丽群：《论高校数码照片档案管理》，《齐齐哈尔师范高等专科学校学报》2016 年第 2 期。

[5] 国家档案局：《电子文件归档与管理规范》（GB/T18894-2002）。

[6] 向泽红：《数码时代对高校照片档案管理的再认识》，《云南档案》2010 年第 10 期。

浅谈传统纸质期刊与数字化期刊的未来发展

——以《东南文化》期刊为例

姜　舟

（南京博物院　江苏南京　210016）

内容提要：随着互联网技术的成熟与发展，个人移动终端的大量普及运用，改变了人们传统的阅读习惯。传统的纸质期刊由于不易携带、时效性较差、存储性小等问题，加之互联网技术的迅速发展，人们已经习惯于在掌上或者电脑屏幕上进行个性化、定制化阅读，使得传统期刊与数字化期刊的矛盾日益凸显。面对电子期刊的冲击，传统纸质期刊不能自乱阵脚，应与电子期刊加强合作、彼此依存、融合发展，这是未来的发展趋势和方向。

关键词：纸质期刊　数字化期刊　发展

一　传统纸质期刊的困境

《东南文化》期刊是由江苏省文化和旅游厅主管、南京博物院主办的社会科学综合性专业学术期刊，1985年在《文博通讯》的基础上创办，并于2009年调整了办刊方向，进行了探索性的改版。《东南文化》定位独特、特色鲜明，利用刊物优势，发挥平台作用，发表了大量在学术界颇具影响力的文章，有效推进重大课题研究向纵深发展。随着近些年科技的迅猛发展，以互联网为代表的新媒体以信息海量、检索便捷、互动高效、订阅成本低等突出优势给纸质期刊的发展造成了冲击。而由于多媒体与新媒体的概念内容具有交叉性，故纸质期刊的发展又离不开新媒体的力量。因此在现阶段,《东南文化》期刊与绝大多数的传统纸质期刊遇到了相同的问题。

1. 区域传播

纸质期刊的区域传播受很多因素制约，如印刷数量少、内容的专业性强、受众人群小等因素，都会制约该期刊的传播范围。相对而言，数字化期刊不易受上述因素的制约，它可以通过互联网或个人移动终端来进行传播。因此无论在传播范围，还是在传播效率上，电子期刊都是传统纸质期刊难以匹敌的。

2．期刊的篇幅

传统纸质期刊在原有监管部门进行备案时，就已限定每期期刊的页数，使得每期刊载文章数量较为固定，不随意增减文章的数目。有时为了保证整本期刊不超页，还要对文章内容进行删减。故而使得读者有时候不能够完整的理解作者的意图，使得作者、读者和期刊方都受到诟病。而数字化的期刊，由于其刊载的媒体为网络，不需要考虑诸多限制，因此，期刊方可以完整地将作者的文章刊登出来，同时在遇到特殊情况时，还可以临时增发文章或者修改文章。如果是在纸质期刊已经印刷完成或者已经发行后，遇到特殊情况的时候，我们便无以应对。

3．互动性

传统纸质期刊的发行，从作者到期刊方再到读者是一条单向传递，期刊方和读者的互动性不强，仅有的互动或许也只是读者的电邮。这种单向的信息反馈效率低下，使得无论是作者还是期刊方都无法在第一时间与读者进行交流。读者的反馈得不到及时反馈和重视，这样使得双方无法不断地完善自身。而通过网络平台发布电子化期刊，可以依托相关的即时通软件，进行线上一对一的交流，不断完善期刊，促进期刊的发展和进步。

4．便捷性

纸质期刊由于纸的特性不方便查找，也不方便携带，只有一种静态的图文阅读感观；没有声音和视频加入，略显单调和沉闷。而数字化期刊，不会受到读者的阅读环境的影响，随时随地就可以阅读到自己想要的文章，文章的数量更可谓是无限大。在查找方面，电子刊只需要输入关键字，就可以调阅大量文章，选取阅读。与纸质相比，电子刊无论是查找速度，还是存量，都不可同日而语。

二　《东南文化》数字化电子期刊的尝试

传统纸质期刊在当前互联网技术发展的今天，《东南文化》以传统纸质期刊方式的传播效率逐渐变得低下，加之上述诸多问题，从而决定在原有纸质期刊继续发行的情况下，逐步试行数字化期刊，与纸质期刊并行发展。

介于《东南文化》期刊的特点和性质，与社会上其他期刊有所不同，其专业性较强，面对的读者群就相对较小，而且随着社会的发展，越来越多的读者对文化遗产从保护、研究、管理到继承、欣赏、展示等诸领域展现出浓厚的兴趣，他们希望从更加专业的学术性期刊中获得更多的前沿信息和成果。而这类新增加的读者都有自身特有的阅读习惯，那就是习惯了电子类的期刊，《东南文化》电子化的进程开始加快。

1. 电子期刊的设计

目前基于移动终端跨平台电子文博杂志非常少，《东南文化》是文博期刊中第一家做电子期刊的，故而需要在不断的探索实验中进行，"摸着石头过河"。《东南文化》电子期刊是以"硬件设备＋软件平台＋内容建设"三位一体的综合项目。软件的设计目标是适用于线下流行的多个操作系统，较好实现 PC 端、移动终端以及电子阅读器等多平台下阅读，不完全依赖于硬件环境的跨平台的软件。新增 MOBI 格式的版本，使得电子刊在专业电子期刊的硬件或 APP 上获得更加便捷舒适的浏览效果。在内容建设方面，经过前几年大量的准备工作，《东南文化》已经拥有了 6000 篇左右的 PDF 和 TXT 两种常见文档格式的电子文件，这两种格式各有优势，适用于不同的应用环境。电子书被设计成在适合各种屏幕尺寸的可读文本，人们也可以选择更大或更小的尺寸来适应他们的视力。当在较小的屏幕上观看电子书时所有内容都会缩小以适应页面。它同时保留复杂的布局元素。通过检测显示尺寸，然后动态生成针对每个屏幕类型优化的不同布局，而不是简单地回填或缩小单个布局，以更好地适应页面。

在 PC 端上，对原有的网页进行改良，前期通过长时间的调研和考察国内外期刊的电子网页，同时借鉴当下文博杂志的网页设计，根据《东南文化》自身的期刊特点，设计自己的网页界面，在原有的构架基础上，进行升级和优化，使得网页的界面更加的人性化。在个人移动终端上，选取了时下个人移动终端的两大主流操作系统安卓和 IOS 进行设计，并对页面进行了重新设计。由于个人移动终端的屏幕的大小有别于 PC 端，所以在设计之初就对界面进行了合理的优化和功能性的添加。在电子阅读器上，选取亚马逊的 Kindle 为主体，对原有的文章格式进行改变，将 PDF 格式的文章全部转成适应电子期刊的 MOBI 等格式。原来的 PDF 文本无法做成全文检索，且容量很大。

2. 电子期刊的制作过程

《东南文化》电子期刊制作过程大体分为架构设计、界面设计、编写代码、内容转换、流程测试：（1）架构设计。经过前期的多次商讨，确定了读者的需求并针对需求划分了电子期刊的功能模块，初步制定了电子期刊的框架，对目前《东南文化》期刊的电子资源进一步利用，把 TXT 纯文本格式、PDF 格式、JPG 格式的内容进行电子期刊的编目，再通过软件网络平台的搭建，将内容转换到移动终端。（2）界面设计。通过借鉴学习成功案例，相应地设计数套桌面端、移动端的方案，最终筛选出电子期刊移动和桌面端的软件主要界面设计。在方案设计过程中，需要不断与技术人员进行沟通，技术人员一直参与其中，根据技术人员的建议，多次修改完善设计方案，才能确认最终设计方案，目前的设计方案较好地满足了读者舒适和便捷阅读的要求。（3）编写代码与内容转换。由于移动终端的快速发展，行业内的各大博物馆都在不断探索新的网络表现形式。有的通过下载 APP 的形式，有的自动侦测浏览终端，选择适合相应终端的网页程序发布。经过近两年的跟进调查，认为 HTML5 的格式针对现行的网络浏览具有良好的适应性和扩展性；同时从电子期刊发展的角度看，现下比较流行的电子期刊格式 Epub3、KF8 都在逐步的支持 HTML5 和 CSS3 的格式。所以可利用 H5 搭建平台，并计划利用 H5 制作电子期刊内容提供更多的下载。UI 设计通过搭建网络软件平台，再进行电子期刊大批量的内容转换。在此期间制作团队进行了 TXT 纯文本转换成 Word 文本、文章图片重新排版、校对补充生僻字、查漏补缺等工作。再把 Word 版本全部转成电子期刊适应的 mobile 等格式，并做了全文任意检索功能。（4）流程测试。电子期刊内容制作完成后，软件要通过各方面多次测试来发现问题，及时修改、完善，以期得到最好的显示效果，优化转换方式方便将来的数据更新。经过多次测试后，将电子书发布在《东南文化》网站平台上提供下载，就此实现读者在 PC 端、移动终端以及电子阅读器等跨平台阅读。

3. 电子期刊的优缺点

通过《东南文化》电子期刊的上线，我们更加清楚地认识到电子期刊的优缺点。优点在于：（1）时效性强，传播快。《东南文化》电子期刊借助电子设备，通过新媒体进行传播，传播速度很快；当新的一期发行时，电子期刊能够在最短的时间内将最新文章进行上传，供读者及时阅读使用。（2）便捷环保。电子期刊可以利用移动终端存储，一个火柴盒体积大小的存储设备，便可以存有百万本的期刊，且携带方便，只需要相适应的电子阅读器既可以做到随时随地阅读，不受到空间和地域的限制。将纸质资料变成电子期刊，既可以节约纸张、保护环境，同时也方便进行信息检索和查找。

同时缺点也是显而易见的，例如：（1）需要借助电子设备。电子期刊的使用需要借助电脑或个人移动终端，若在没有网络或者没有电源等情况下，电子期刊根本无法阅读。（2）一定程度上影响视力和身体健康。任何电子产品都或多或少有辐射问题，长时间的电子阅读会对我们的眼睛产生伤害。（3）阅读习惯。电子期刊的阅读方式在于高效快捷，而这种快捷的阅读方式不利于读者的思考和专注，难以培养出良好的阅读习惯。电子期刊缺少了传统纸质期刊的书香气息，一定程度上难以使人静心品读。

三 纸质期刊与电子期刊的未来发展方向

当下新媒体迅速崛起，传统的纸质期刊的部分读者正在逐渐转向电子期刊。电子期刊逐渐成为信息传播的载体，并不意味可以完全取代传统纸质期刊的主导地位。数字化期刊已经逐渐进入到人们的阅读生活中，并呈现出越来越强劲的发展势头。电子期刊作为一种便携式的手持电子设备，专为阅读图书设计，可以从互联网上方便的购买及下载数字化的图书，并且有大容量的内存可以储存大量数字信息，特别设计的液晶显示技术可以让人舒适的长时间阅读图书。

电子期刊是传统印刷书籍的电子版本，区别于以纸张为载体的传统出版物。它流行的原因就是允许进行类似纸张书本的操作——读者可以在某页做书签、记笔记、对某一段进行反选，并且保存所选的文章；它易于检索与互动，可全文检索，作者与读者能透过网络互动；可搜寻内容，改变字体大小及字形；可随时网络下载，不受地域限制，传播速度快，省去大量时间。而纸质期刊是人类情感交流向外延伸的载体，电子期刊无论多么人性化、定制化或者个性化，也无法让读者体会到作者的情感。电子期刊本身就是以纸质期刊的形式为母本，它始终都是纸质期刊的另外一种表现形式。从某种意义上来讲，电子期刊是纸质期刊在当今互联网高速发展技术下的扩展。在未来很长的日子里电子期刊是尚不能完全取代纸质期刊主导地位的。

当下仍然有很多群体保留着阅读著作、学术杂志、教科书等习惯。纸质期刊有它特有的书香气息，能够让人静心品读，通过阅读可以安抚我们一颗日益浮躁的心，缓解身体的疲惫。长久纸质阅读习惯，利于培养人的书香气质；且印刷品的质感，延续作者的感情，读者可以边阅读边触摸着，沉醉其中。当然，纸质期刊也有需要改进的地方，纸质期刊可以逐步采用环保材料，一些发行量大的纸质期刊可以逐步减少纸质期刊的发行量，加大其电子期刊的投放。

面对电子期刊的冲击，传统纸质期刊不能自乱阵脚，无论是打擦边球还是墨守成规，都不是纸质期刊谋求生存和发展的基石。与电子期刊加强合作、彼此依存，反而能够找到新的生存之道。从长远的角度来说，传统纸质期刊有其固有的发展空间，也有不可替代的存在价值。虽然当下纸质期刊确实受到了很大的冲击，但是在经历市场经济的大浪淘沙之后，留存下来的纸质期刊自然会焕发勃勃生机。纸质期刊和电子期刊应该以各自特有的优势互相并存、取长补短、融合发展，这是未来的发展趋势和方向。

参考文献

1. 吴依霏：《多媒体融合背景下纸质期刊的媒介化生存分析》，《中国报业》2018 年第 18 期。
2. 白香玲：《浅谈新媒体环境下如何办好纸质期刊》，《新闻研究导刊》2018 年第 16 期。
3. 杨毅：《阅读方式变革与出版业格局嬗变》，《中国出版》2014 年第 23 期。

关于博物馆文创产品开发的研究和思考

——以江苏无锡博物院为例

吴菁菁

（无锡博物院　江苏无锡　214000）

内容提要： 我国博物馆的文创产品发展经历了博物馆商店、博物馆文创产品的探索和尝试及博物馆衍生品开发三个阶段。博物馆商品经营由单纯的商品交易转变为展览外延、由单纯的文物复刻转变为依托文化元素开发特色 IP、由单纯的买卖场所转变为"文化客厅"。然而，由于博物馆体制、机制不匹配，文创产品开发成本相对高昂及创意人才不足等，博物馆的产品种类较少，"文化综合体"理念较为淡薄。江苏无锡博物院依托深厚的历史底蕴、较为丰富的馆藏及居民较高的文化消费热度等，探索出符合自身发展的文创开发之路，并进一步明确文创产品展现城市文化的定位，加强与社会力量的合作等，从而推动博物馆文创产品开发的进一步发展。

关键词： 博物馆　文创衍生产品　开发和运营　无锡博物院

党的十九大提出"文化是民族的灵魂，文化自信是一个国家、一个民族最根本、最深沉的力量"。江苏省委书记娄勤俭把文化高质量发展作为全省六个高质量发展之一，对文化工作提出了更高的标准和要求。面对新时代人民群众对于美好精神文化的需求，如何深度挖掘博物馆内涵和价值，"让文物活起来"是当前博物馆工作者面临的一个重要课题。文创衍生品作为近年来博物馆推动文物资源保护利用的普遍尝试，取得成效不一。

一　我国博物馆文创产品发展历程和趋势

自 1905 年著名实业家张謇创立了我国第一座公共博物馆——南通博物苑开始，我国博物馆事业开始了发展。截至 2017 年底，据统计，全国共注册博物馆

4721 家，占文物机构的 47.5%，呈现快速发展的趋势。相对于博物馆数量的快速发展，博物馆商品的经营和管理模式发展则相对迟缓，自改革开放以来，大体可以分为三个阶段。

（一）博物馆商店阶段

20 世纪 80 年代以来，各地博物馆进行了博物馆商品的经营尝试和探索。除少量私人博物馆外，大多数博物馆为全额拨款事业单位。博物馆商店作为博物馆的内设机构，售卖的主要产品为大众旅游商品或者简单藏品复刻，价格高昂，产品种类较为单一，主要针对的销售对象以外宾和礼品为主。且在 2008 年《关于全国博物馆、纪念馆免费开放的通知》文件下发前，主流的公共博物馆需要售票进入，参观人次受到很大的局限性[1]。文物商店售卖的商品设计缺乏新意，常常是观众"过而不入"的参观盲区。

（二）博物馆文创产品的探索和尝试阶段

在国内大多数博物馆尚处于博物馆商店简单运营模式时，上海博物馆先行先试，在 1995 年新馆筹备之初，出资 200 万元成立上博艺术品公司，并采取"前店后工厂"模式，即在前方有新馆的文创商店负责经营，后台有支撑团队，承担着设计、生产、制作的任务，如裱画、立体工艺的复制及人工临摹等。在公司成立之初第一年就实现营业收入 500 万元。次年增加值 900 万元，以后逐年递增，到 2007 年时营业额达到 4000 万以上[2]。湖南省博物馆、故宫博物院、首都博物馆、中国国家博物馆、辽宁省博物馆等几家博物馆也都成立了具有独立法人资格的馆属企业，专门从事博物馆文化产品的开发。在产品设计上逐渐突出自身的特色，脱离复仿制品的形式，开发具有浓郁文化特征的纪念品、工艺品、艺术品，具有一定的实用性，与市场需求逐步对接，取得一定的成效，但与成熟市场之间仍有较大差距[3]。2009 年国家文物局对中国大陆地区的 60 家博物馆的抽样调查中，发现大部分博物馆尚未开发文创产品，有的徘徊在缺乏创意和精品意识的粗制层面，衍生品产值超过 2500 万元人民币的博物馆仅故宫博物院和上海博物馆两家[4]。

（三）博物馆衍生品开发阶段

2016 年，国务院办公厅转发了文化部、国家发改委、财政部、国家文物局等部门《关于推动文化文物单位文化创意产品开发的若干意见》，对推动博物馆、美术馆、图书馆等文化文物单位文化创意产品开发工作做出部署，开启了博物馆文创衍生品的新阶段。同期出台的《关于申报 2017 年度文化产业发展专项资金的通知》为博物馆文创衍生品开发注入了强心剂[5]。故宫博物院共计研发文化创意产品 8700 件，年销售额超 10 亿元。国家文物局分别同百度启动了"AI 博物馆计划"，与网易云课堂开展国家文化遗产系列公开课；阿里巴巴与故宫博物院进行了电商方面战略合作，开启博物院文创和特色 IP 开发的无限可能。

（四）博物馆商品经营呈现出来的趋势

虽然博物馆商品的运营历程较短，但总体上而言呈现出以下几种趋势。

1. 由单纯的商品交易向推动博物馆展览外延的转变

"文创衍生品作为博物馆展览和服务的延伸和拓展"这一理念深入人心。且从英国大英博物馆（British Museum）、美国大都会艺术博物馆（Metropolitan Museum of Art）等世界一流博物馆和当前热门的文创衍生品开发较好的博物馆来看，文创衍生品对于博物馆文化元素的承载和提炼、对于文化元素的传播所起到的作用与文物本身相比，由于更加贴近生活、更加凝练，对于文化元素的传播、扩展和推动博物馆文化元素展览提档升级起到事半功倍的作用。

2. 由单纯的文物复刻向依托文化元素开发特色 IP 的转变

博物馆商店售卖的商品从单纯的文物复刻到依托文物元素开发具有一定实用性、艺术性的生活用品，是博物馆文创品开发的最主要方式。但是随着互联网、移动互联网等信息技术的发展，新兴视频交流的兴起，博物馆的文化元素嫁接互联网呈现无限可能性，涌现出"故宫猫""朕很忙"等大 IP，这些特色 IP 通过互联网发酵，通过"C2C"的传播，极大地放大了博物馆的品牌效应，成为当前众多城市和场所营销研究的新方向。

3. 由单纯的商品场所向沉浸式、体验式、互动式"文化客厅"的转变

咖啡、轻食等餐饮逐步加入到博物馆销售体系当中，博物馆逐步从单一的商店模式向休闲、体验、餐饮等一体化的"最后一个展厅"发展。

二　我国博物馆文创产品开发和运营中存在的问题和原因

面对博物馆发展的新趋势，虽然近年来博物馆在产品开发等方面取得了一系列的突破和成效，但是相对群众日益增长的文化需求，博物馆文创在开发和运营中仍

然存在一定的差距，仍有较大的提升空间。

（一）存在的主要问题

1. 博物馆产品种类和门类较少

大多数博物馆文化创意产品大多是实物开发，且形式较为单一，根据笔者对当前几家热门博物馆的文创商店的实地调研，博物馆商品除去文物简单复刻作品外，大多以丝巾、茶具、马克杯、U盘、背包、抱枕、书签、雨伞等物品为主，"文化＋科技""文化＋互联网"等受"90后"和"00后"欢迎的新业态较为缺乏。

2. 博物馆文创产品创意不足

博物馆文创除文物复刻外，多数仍停留在将书法、绘画作品印刷其上，形式和内涵上较为单一，缺乏体系概念，只是进行单件产品的生产，未能对文化符号的内涵及运用进行有效延伸，造成元素资源的浪费。更有个别博物馆对自身馆藏缺乏深入研究，只是模仿、盲目跟风，难以形成独特的文创产品。人物形象设计上多为动漫造型，形象设计上模仿痕迹过重，与馆藏文物元素结合较少，缺少对元素的精心凝练，造成虽有创意，但标识度不足。

3. "文化综合体"理念较为淡薄

博物馆商店在整个总馆占据的区域相比仍然较小，经典的文化形式和新兴的创意理念融合，设计师、艺术家、手艺人等与博物馆对接沟通等活动较为缺乏，展厅教学、现场手艺、设计展演、艺术项目等文艺活动与博物馆缺少互动，大多数博物馆尚未通过文物售卖打造博物馆娱乐休闲一体化的"文化综合体"。

（二）原因分析

1. 体制、机制不匹配

目前，我国大部分博物馆属于公益类事业单位，单位性质、企业归属、公益性体现等问题都限制了文创产品的开发。按照现有财政制度，公益类事业单位所有的收入都应该纳入财政预算。在许多事业单位，理论上上缴财政的经营收入、支出为两条线，可实际上财政会用事业单位经营性收入抵扣来年的预算。也就是说开发和不开发文创产品对单位、对个人是没有任何奖惩措施的。单位里的所有资产都是国家的，人也归国家，创造的利益是国家的，知识产权、商标、科研成果等也是国家所有，在这样的现状下，博物馆缺乏开发文化创意产品的积极性。

2．文创产品开发成本相对高昂

第一，内部经营和混合经营模式造成文创产品开发成本高昂。博物馆文创产品开发首先需要面对多品种和大批量的问题，根据文创开发经验显示，只有当多样化的文创产品匹配大批量的消费市场时，市场才会有实力消化掉这些文创产品。一家博物馆单独做齐成系列、成规模的反映本馆特色的文创产品，往往出现过往旅游景点单独投资开发系列文创产品类似的问题，造成"开发成本高——销售成本高——销售收入低——返还研发收入少——研发规模收缩"的恶性循环。通过外包设计进行博物馆衍生品开发，往往存在设计师文化程度与设计理念不匹配、好的设计公司设计费用高昂等现实情况，造成博物馆文创产品开发难以迈出关键第一步。第二，在场地出租和承包经营模式、品牌合作与特许经营、公司运作模式等模式下，由于第三方经营对象受限于直接利益诉求，在产品开发上往往追求快速的返现，文创衍生品质量、层次与博物馆的等级和地位不甚匹配[6]。

3．创意人才不足

首先，博物馆文创产品的开发区别于一般的设计，它既要有一定的历史内涵、文化底蕴的积累，又要有独树一帜的创新性。而目前国内尚未形成独立的针对博物馆文创产品开发人才的自我培养机制和系统，人才来源主要依靠传统行业的人才资源转移。其次，在人才培养方面，教育内容缺乏新意，缺少动手和实践的机会和经验。再次，博物馆系统内部缺少针对文化创意的培训，这都导致了博物馆文创产品设计人才的不足。

三　江苏无锡博物院文创开发和运营的优势和基础

综合国内外博物馆的文创产品开发和运营的成功模式，虽然受制于体制、财力、人才及地市级馆藏、影响力等情况的制约，但无锡博物院（以下简称"锡博"）在文创产品开发和利用上仍然有较为深厚的人文和经济基础。

（一）深厚的历史底蕴是锡博文创衍生品开发的人文基础

无锡是一座拥有千年人类文明、百年工商繁华的国家历史文化名城。这里延续着3000多年的文字记载史和2200多年的建城史，是吴文化、近代民族工商业和中国乡镇企业的发祥地之一，拥有璀璨丰沛的历史文化遗产。全国第一次可移动文物普查登录可移动文物4.5万余件（套）。全市现有市级以上非遗代表性项目共196项，其中国家级 11 项、省级 51 项、市级 133 项，独有特质的丰厚文化遗产是开发锡博文化创意衍生品的深厚基础。

（二）丰富的藏品资源是锡博开发文化创意衍生品的现实条件

锡博建成于 2007 年，由原无锡革命陈列馆、无锡博物馆和无锡科普馆合并而成，有较为丰富的馆藏。根据第一次全国可移动文物普查数据显示，博物院现有馆藏文物 3 万余件，其中一级文物 76 件（套）二级文物 399 件（套）三级文物 789 件（套），书画馆藏和文物在江南地区都具有较高知名度，是未来锡博文创衍生品开发的现实条件。

（三）无锡城市经济水平和居民文化消费热度是锡博文化创意衍生品潜在的市场条件

2017 年无锡全市实现 GDP10511 亿元，跨入新一线城市行列，被评为"福布斯中国最佳商业城市"第十名，获得"全国内地最佳宜居城市"等称号，人均 GDP 达 16 万元，仅次于深圳。根据国际经验显示，人均 GDP 均超过 5000 美元，人们文化消费需求大幅度提升。根据近几年无锡文化交易博览主要平台文博会数据显示，2017 年无锡文博会现场交易额 6.678 亿元，同比增长 26%，无锡文化艺术品消费具有巨大的市场潜力和市场。

四　锡博开发文创产品的思考和建议

锡博虽然在体制、财力、人才储备、影响力等方面都存在一定的制约，但借鉴先进城市和国内外一流博物馆的成功经验，还是应当转变观念、创新模式，探索研究符合锡博自身特色的文创产品开发和运营的路径。

（一）进一步明确锡博文创产品展现城市文化的定位

锡博是无锡地市级综合馆，是无锡城市"文化客厅"。文创产品作为博物院的"最后一个展厅"，可跳出仅围绕博物院藏品的局限性，放眼全市优秀文化元素，将城市与馆藏文物元素相结合，形成特色系列 IP，实现城市 IP 与博物馆 IP 的互动和融合，真正将博物院文创打造成为城市文化和锡博的延伸。

（二）进一步梳理明确博物馆文创产品的定位

加强对博物馆文创参观和购买人群的分析，通过对参观人群的年龄层次、参观时间分布等进行分析和调查，整理汇总市场诉求，针对市场痛点开发符合市场规律、定价合理的特色文创产品。要加强网络的营销和推广，在做好馆内市场的基础上，进一步探索"博物馆＋互联网"融合发展的可能性，通过多元化营销，实现良好口碑和广泛地传播效应。

（三）进一步加强与社会力量的合作

借力江苏省"紫金奖"文化创意设计大赛、无锡市文化创意设计大赛等创意设计平台，通过资源嫁接、整合，吸引更多的设计师参与到利用无锡元素开发文创产品当中，"不为我所有，但为我所用"的思路，探索研究版权合作、股权投资、场地减免等多种合作模式，实现多方共赢。

注释

[1] 崔波：《2008 年度免费开放博物馆观众量统计分析报告》，《中国文物报》2009年 9 月 9 日。

[2] 石头：《上海博物馆文创：200 万何以运转 20 年？》，弘博网。

[3] 游云、刘中刚：《博物馆文化产业发展的现状和建议》，《博物馆研究》2012 年第3 期。

[4] 张尧：《基于博物馆资源的文化创意产品开发设计研究》，苏州大学硕士学位论文，2015 年。

[5] 张婧：《从品牌锻造到跨界融合，文创产品开发迎来新机遇》，雅昌艺术网。

[6]《一文读懂中国博物馆文创产品发展的实践和短板》，搜狐网。

生态文明背景下的博物馆建筑

陈国民

（周恩来纪念馆　江苏淮安　223200）

内容提要： 博物馆建筑要贯彻生态理念，首先要求博物馆的外部环境生态化，即环境的自然生态化和环境的人文生态化。环境的自然生态化就是通过自然环境的营造，保持固有的生态环境。环境的人文生态化或人文环境是指博物馆人文生态的营造，其中新馆要处理好与老馆的关系，与老馆相协调。博物馆不仅外部环境要生态化，内部环境也应生态化。博物馆建筑不仅环境要生态化，建筑本身也要注意生态化，造型不能千馆一面，建筑与人的心理要求应该是统一的，要重视建筑中的色彩使用。

关键词： 生态文明　博物馆建筑　人文　环境

生态文明是人类遵循人与自然、与社会和谐发展的客观规律而取得的物质及精神成果的总和，它是人与自然、人与人、人与社会和谐发展、良性循环的社会形态。它的标志就是美丽、健康、生态、和谐。21世纪是生态文明建设的世纪。在博物馆领域，我们可以讲，生态博物馆建设的高潮让博物馆建设越来越重视生态理念，博物馆建筑也在其中。十多年前，苏东海先生就指出要把生态理念作为指导性理念，在博物馆建筑、室内功能、环境等各个方面都要贯彻之。在国际上，很多著名建筑师都对博物馆建筑生态理念进行了论述。现代著名建筑大师赖特早年主张"建筑的有机性"，他的设计方法为处理建筑与环境的关系提供了实际案例，他认为作为大自然是和谐的，博物馆建筑应依附于环境，就像庄稼从地里长出似的。生态建筑的经典"流水别墅"是他的惊世之作。它共有三层，瀑布从整个建筑下穿过，二层的巨大平台像是两个大型托盘，凭借钢混结构的力量向外伸延。平台洁白滑糯，后面是暗黑、粗糙的石墙，它同平台相互穿插。处于不同角度的人们能感到质感、色彩与方向上的对比，感受到凹与凸、粗糙与细腻等所形成的美妙迷人，使人有融入大自然之感[1]。

国内近年来一些建筑师也提出包含生态理念的"环境整体观"，认为建筑创作要遵循"自然性、社会性、建构性、生活性"这四种最基本的属性，即以整体的视角看待建筑的自然、技术、人文环境。我国进入新时代中国特色社会主义快速发展时期，在人民日益增长的对美好生活的需求背景下，生态理念的提出符合人类的这种发展趋势。

所谓博物馆建筑要贯穿生态理念，是说博物馆要重视建筑与周围环境的和谐融洽。规划初期，要对多个馆址进行考察比较选择，周围的地形是平地、洼地还是丘陵，这个地方是千年古都还是民族地区的地方文化环境，只有经过综合分析，并尽量减弱环境中不利因素，借用有利因素，才能创造新的环境。博物馆建筑在形体、格调、色彩、体量、尺度、气氛等方面与环境相得益彰，同时又以人为本，满足博物馆业务功能要求，那么博物馆就会成为让观众流连忘返的城市多功能文化中心。

博物馆建筑要贯彻生态理念，首先要求博物馆的外部环境生态化，即环境的自然生态化和环境的人文生态化。

营造自然环境来保持固有的生态环境就是自然生态化。江苏省淮安市周恩来纪念馆是人物类纪念馆，它坐落在周恩来家乡，这块土地是周恩来出生的土地，他在这里长大，有许多童年时代的东西值得人们去怀念。周恩来为人民耗尽了最后的鲜血，魂归大地，回归到桃花垠。在总体规划中，建筑大师齐康将周恩来纪念馆建造在水城淮安，宁静的水、蓝色的天，水平面上长出一座岛，岛上又长出一座建筑——大地、天、水、建筑交互相应。广东孙中山故居纪念馆也非常重视经营文物环境。广东与香港邻近的地理位置，经济发展迅速，对这个不起眼的二层小楼——孙中山故居的发展提出了挑战，2万平方米的博物馆周围是高度现代化的农村。他们购买有联系的体现人文特色的民居，购买邻近的名人故居，又从村里租置了一些土地，使纪念馆与特色村寨融合。具体说，当时价格每年6万元租了60亩地，投资100多万元把这些地改建成农业耕作区，其中2亩6分是孙中山父辈曾耕种过的。收购的民居被建成百粤民居展示区，保留孙中山小时候成长的生活环境。还收购被孙中山誉为"为共和革命牺牲者之第一人"的陆皓东故居和杨殷故居产权。这样，该馆面积扩大到120000平方米。孙中山纪念馆对田埂上的草都非常注意，他们选育的一种原始状态的阔叶草成为最为普通的纪念性元素。这种环境给青少年一代了解孙中山时代的农村、农业、农民以及了解孙中山家乡社会状况大有裨益。最终达到了在保护文物存续环境的同时丰富陈列展览内容的目的。

环境的人文生态化是指博物馆人文生态的营造。《东海杂谈》中说到，走进莎士比亚（William Shakespeare）家乡，整个小镇自然而然地具有纪念氛围。他的故居小镇完整地保留了 16 世纪时的风貌，旅馆、街道、剧院几乎旧如当初，只是名字变化了，变成了莎士比亚著作中的人物名或者是根据故事而命名。比利时滑铁卢纪念馆（Waterloo Memorial）复原了 18 世纪的古战场，狮子山是古战场的最高点，站在上面向下俯视，方圆几十里尽收眼底，石头小房是当年的拿破仑（Napoléon Bonaparte）司令部，农舍是当年临时作为联军野战医院而用，古堡是英军统帅威灵顿（Arthur Wellesley）的司令部，特别是他们将极其普通的小农舍也进行保留，做成了微型电影馆。这样一来，1815 年美英联军在滑铁卢与拿破仑大战的历史环境被完整地保护、复原 [2]。

博物馆建筑与环境关系中的博物馆新馆与老馆的关系问题几乎让所有要进行改造的博物馆头疼。一些纪念馆老建筑建造时就与周围环境十分融洽，形成相当和谐的氛围。其建筑形象已经广为大众所熟知、喜爱。新馆要与老馆协调，继续和老馆一起共同做好对四周环境的处理。新的扩建设计在面临理论发展、流派纷呈、技术更新、材料进步的局面下，要处理好新老建筑的关系其难度是可想而知的。为了符合上述思想，周恩来纪念馆二期工程的仿中南海西花厅在形体尺度上与一期工程的主馆、辅馆相当。设计当初，为保持一二期工程的风格一致，周恩来纪念馆仍邀请了东南大学的齐康院士作为设计者。在一二期高度关系处理上，齐康院士最后为了让仿中南海西花厅与主馆之间保持有利的视角——平视，将仿中南海西花厅有意垫高了一层，并特地在仿西花厅东西两侧建了景墙，使仿西花厅这种传统建筑与主馆的现代性建筑风格的不和谐性被有效削弱，人们几乎全无视觉上的差异感 [3]。

获得美国建筑设计 A/A 金奖的华盛顿国家美术馆东馆（East Building, National Gallery of Art），其东边是国会大厦（Congress building），西边是白宫（The White House）。摆在东馆设计者面前有两个问题要处理好，一是处理好与美术馆西馆（作为新古典主义形式代表作）的关系，二是处理好与南侧广场周围的建筑风格关系，处理好广场轴线对东馆设计的影响。设计者充分地考察了美国国家美术馆建筑周边的地形地貌，把东馆建筑平面设计成两个三角形，展览大厅呈一个等腰三角形，艺术研究中心则是一个直角三角形。位于旧馆东西轴线的延长线就是等腰三角形的中垂线。新馆、老馆方位关系就这样确定了。在新旧馆之间建一个小广场并设有喷泉，还有宝石样的采光天窗把新老馆有机相连。在造型上，东馆由两个巨大的棱柱体组成，外饰的田纳西大理石是浅桃红色的，而这种颜色也是旧馆和对面航天博物馆所用的颜色，这样用色彩让它们之间取得了整体的协调 [4]。

除了外部环境要生态化，博物馆内部环境也要生态化。如何减轻所谓"博物馆疲劳"是所有博物馆建筑设计者必须考虑的。观众视觉和精神由于在室内长时间地参观而相对紧张，展厅内部的色彩、灯光、地面的弹性等结构要有变化地进行设计，以减缓这种疲劳。让室内、外空间相结合，还可以从空调送风方式上来考虑，改变空调工况，回风采用比例的确定要根据各个展览区段来变化，让观众始终能享用到一定比例的新风。同时，设有方便的休息空间，恰到好处地利用自然光、自然风、绿植。

美国国家美术馆东馆的设计者贝聿铭为了让观众得到一种愉快感，就把它当作马戏团般来设计，设计时先就顾及群众。东馆的四层陈列厅由自动化扶梯及天桥相联系。根据展品外形尺寸，布展者可以相应变动展出空间。参观者在整个参观过程中对于如此富于变化的陈列大厅都保持着较高兴致。中央大厅的上空随气流而轻轻摆动的巨大挂饰，是由著名雕塑家卡尔德（Alexander Calde）的作品。阳光从大面积的玻璃天窗似泻而下，使大厅氛围生动、活泼。在这种情况下，阳光似乎也成了建筑材料。站在东馆的观景平台上可俯视前面林荫广场的美景，可以在休息大厅、顶层花园游玩。

通过玻璃窗把观众视线引向庭院的风景，甚至使展厅、庭院相通，也能减轻了观众视觉疲劳。现代庭院式博物馆就是把陈列展厅建筑与庭院相结合，自然环境与人工环境通过具体的民族形式进行较好地结合。广西桂林市花桥展览馆把外廊作为参观路线。在外廊之间设计了一个敞厅，供观众休息。庭院、敞厅、平台都面朝风景秀美的七里岩，与自然风光融为一体。观众经外廊时既能够观赏庭院，又能够眺望山色。这使休息的观众仍能感到兴趣盎然。现代博物馆建筑要充分借鉴传统民族建筑的借景形式，借景最大的特点是自然感强，用"时、空"反映大自然环境在建筑中的丰富多彩的变幻，在博物馆建筑上通过架空、门洞、连廊、镂空、阳台、窗等将外部环境纳入建筑景观，让大自然的浓郁生机成为博物馆建筑不可或缺的一部分。

博物馆界对自然采光和人工照明的使用虽然各有不同看法，但在一个展厅中完全或大部分使用人工照明基本是业内反对的。自然光不需外加人工设备，能节能，同时轻风而入，让人沁入心脾，是符合生态理念要求的光源。但若为了克服紫外线对展品特别是丝绸（由多种构型蛋白质分子组成，紫外线会加速蛋白质大分子的降解过程）、纤维素类等展品的损害，我们可以将照具用防紫外线涂料处理，同时通过部分遮光、补光来调节局部照度。

美国纽约古根海姆博物馆（Guggenheim Museum）采用"天井向上逐层扩大，构建沿周边环形台阶式立面"从而达到顶光采光。建筑主体上大下小呈螺旋形体，高约 30 米，里面是筒形空间，沿圆筒外侧是盘旋而上的螺旋环形道，光线从天窗、条形高窗而进入。坡道边的墙壁上陈列美术品，上楼、下楼过程中观众一直处于欣赏状态，疲劳感基本消除,同时由于空间效果上的丰富有趣,人们感到很有人情味[5]。

博物馆建筑不仅环境要生态化，建筑本身也要努力生态化，体现人与自然的和谐和协调。

博物馆建筑的造型不能千馆一面，要有个性特色。我国的博物馆有一段时期内，不管类型特点大兴仿古式建筑。有的为体现民族化的古代庄重，只要是檐口就贴黄、绿琉璃，有时把一些古代的建筑构件用错了地方都不知道。有的博物馆为体现包豪斯风格（Bauhaus style）而建了好多盒子状的建筑，却不知道这种风格在当时是用于工业厂房的。还有的博物馆想学习古根海姆博物馆的外形却没成功，反而成了碉堡状封闭建筑。博物馆建筑要体现后现代设计多元化的特点，防止建筑设计上的功能主义与形式主义，尽力争取表现同一内容（功能）的形式（设计）多元化。以周恩来纪念馆为例，主馆的馆立面由四根 11 米高的石柱支撑，寓意是纪念周恩来1954～1975 年四次在重大国事活动中提出实行"四个现代化"的宏伟设想。四坡形屋顶会让人很快联想起古老江淮大地上提水灌溉良田的牛水车棚，寓含着周恩来有着一生为人民服务的牛的精神，他为了党、祖国及人民，一辈子不停地"拉车"。这一朴素的造型还很像江苏苏北下河地区的待渡亭。建立周恩来纪念馆的目的就是要在他的家乡建设能宣传他为人民服务精神的建筑，上述的建筑形式较好地达到了这一目的。我们从中可以体会到建筑形式与具体纪念人物、地方性、民族性的关系。周恩来纪念馆临时展厅有人造泉水从展厅地下而过。展厅边栽植了一定数量的并莲花，莲花的品格既与周恩来的清廉相映衬，而且并蒂莲也寓意周恩来与邓颖超革命爱情。这样不仅是起到借景作用，从某种程度上可以说，连绿植也成了陈列的一部分。

博物馆建筑要照顾到观众的心理感受，不要给观众造成不良心理。传统陵墓类纪念性建筑让人情感处于压抑状态，而现代城市景观讲究轻松氛围。南京中山陵设计者把两类不同的气氛完美融合，为陵墓类纪念性建筑的规划提供宝贵经验。设计者不仅赋予它纪念意义，同时赋予它居民的休闲功能，周围的音乐台、喷水池、艺术馆、纪念塔等，改变了陵园的功能，扩大了传统陵园的纪念意义，形成了局部肃穆、整体休闲的独特氛围。反观日本筑波博览会上的住友馆，一个悬空六面体框架蹲在建筑上，尽管这个框架实体只有 2/3，其余是用光学原理产生出来的，使观众产生它随时都会坠下来的惶恐感超过了新奇感。再如北京天文馆，天象厅、陈列廊、门厅和电影厅、展览厅有机地结合在一起，它们之间通过各自体量间的和谐和半球形体、环形体、长方体的对比、照应，使建筑物的外观极富变化。又如澳大利亚悉尼歌剧院（Sydney Opera House），两组壳体状屋顶根本打破了屋顶的传统，传统的屋顶呈平面或者是三角形,外观像风帆、像贝壳,是所在港湾中的几片船帆。这对于科技、自然类博物馆是很有启示的,因为它们更需要用有趣的建筑外形去吸引观众特别是青少年人。

另外,应充分重视色彩在博物馆建筑中的使用。色彩能从某种程度上弥补或改变建筑结构的一些不足,也能给人提供愉快的环境。如四川自贡彩灯博物馆,建筑造型中灯是其基本元素,基调为乳白色,门、窗也呈灯型,加上附带的灯型亭阁,形成了"灯"的艺术建筑群。主体建筑的墙面上在墙洞里"挂"着十多盏通红的灯笼,其氛围的营造效果与该馆功能非常统一。

我们要提倡生态理念,弥补工业文明所带来的不足,让博物馆建筑成为能吸引观众、让观众愿在其中流连忘返的景观。

注释

[1] 李润生:《美术欣赏》,教育科学出版社,1992 年。

[2] 苏东海:《东海杂谈》,《中国文物报》2001 年 4 月 4 日。

[3] 陈国民:《纪念馆改扩建应注意三个问题》,《中国纪念馆研究》2015 年第 2 期。

[4] 乔迁:《现代建筑与雕塑的结合——以华盛顿国家美术馆东馆为例》,《中国建筑装饰装修》2015 年第 7 期。

[5] 熊庠楠:《古根海姆博物馆:建筑造型、展览空间和抽象艺术的融合》,《装饰》2018 年第 8 期。

让策展为博物馆展览插上灵动的翅膀

沈君芳

（茅山新四军纪念馆　江苏镇江　212446）

内容提要： 新时代的博物馆正通过各种各样的媒介联系着广泛的观众，但最终还是要有扎实有料的展览来吸引观众。当前，博物馆展览普遍存在陈列方式肤浅，展览内容缺乏内在和本质的挖掘，观众互动参与度低等问题，因而博物馆可通过培养策展人来改变展览现状。策展人的培养需要国家重视，社会认识；强化培养，开阔视野；另外，博物馆可以适当给策展人充分的话语权，不拘一格选人才，加强馆际交流与合作。

关键词： 博物馆　策展　展览　观众

众所周知，博物馆观众是博物馆的服务对象，是博物馆生存和发展的社会基础，随着网络连接的全球性、现代媒介技术的深化演进，社会沟通媒介呈现多元性、融合性，人、物间互联互通更新颖、更快速、更宽泛，新时代的博物馆也正通过各种各样的媒介联系着广泛的观众。不过，并不是所有联系都诞生于科技，要赢得观众青睐，博物馆完全可以通过打造观众喜闻乐见的精品展览，来吸引观众。展览是博物馆功能的重要表征，观展本身就是博物馆与公众的对话，"故宫跑""上博队"就生动地反映出观众对博物馆的需求、对优秀展览的热衷。近年来兴起的策展人制度更是给博物馆展览带来了变革，策展让展览引发观众如潮，备受观众点赞，如南京博物院的"法老·王——古埃及文明和中国汉代文明的故事""帝国盛世——沙俄与大清的黄金时代展"，广东省博物馆的"青花瓷：科技 文化 贸易"，江苏苏州博物馆的"'石田大穰'之沈周特展""'衡山仰止'之文徵明特展""'六如真如'之唐寅特展"等，让观众耳目一新、印象深刻。

一　博物馆需要策展人来改变展览现状

20 世纪 60 年代，国外开始出现策展人。20 世纪 80 年代，国内在艺术领域尤其是美术领域开始出现策展人实践的萌芽，近十来年国内博物馆界兴起了策展人。当下博物馆展览良莠不齐，展陈现状普遍存在一系列问题，策展人所具备的素能对提升博物馆展览现状起着十分重要的作用。

（一）陈列方式肤浅，展览或静态罗列、单一刻板，或过分装饰、花里胡哨

大量传统的博物馆展览一般都是由负责展览的部门具体负责，其他藏品、宣教、文创等部门一般不会积极主动参与展览。因此，集一个部门几人之力进行内容的收集和形式的设计，往往只能是单纯的内容与陈列设计的叠加、罗列，少了智慧的创意，缺乏突破，中规中矩，这样的展览必定是单一、静态、缺乏温度的。

有的博物馆由于展陈策划能力不足，特别是中小型博物馆更是缺乏展陈策划设计人员，常常是将展览委托给社会设计公司。设计公司往往是内容的"门外汉"，博物馆展陈倾向装饰化，一味要求形式的精致和华美，并加入许多所谓的多媒体、高科技，致使展览显得"花里胡哨"，甚至体现不了博物馆特点和展览的特点。

（二）轻视内容，缺乏对展览内容内在本质的挖掘

一些博物馆由于学术研究能力薄弱，对展览内容、展品没有精深的研究与挖掘，缺乏从新的视角与切入点、新的社会需求与理念进行解读与阐释，在宏观视野上缺少历史厚重感，在细节描写上缺少饱满血肉，从而造成陈列内容单薄苍白、知识单一、结构孤立，很难让观众看到多维度的、有内涵的展览。

（三）互动参与度低，公众对博物馆展览难产生真正意义上的兴趣

对于国内大多数博物馆而言，当前所谓的展览陈列，只是一种单纯的展示加简单的互动，只是霸道地"我展什么，你看什么"，没有换位考虑观众的感受，没有真正意义上的互动参与性。针对这些没有从广大观众出发的展览，观众无法从中获取理想的知识信息。"参观"就成了简单的"观看"，就会对博物馆展览产生无趣之感，观众走进博物馆也是出于赶时髦、凑热闹，大大削弱了博物馆的社会功能。

二 博物馆策展人能够提升展览质量

根据现代策展理念，一个展览从观众调查、构思主题、甄选文物、撰写大纲、完善方案到现场施工、布展开放的各环节中，人员调配、财务预算、媒介宣传、观众接待、教育互动、文创产品等方方面面构成了一个烦琐的业务体系。博物馆策展人是这个业务体系中复杂的角色、是高素质的复合型人才，所具备的优秀素质与能力对于博物馆展览的形成和运营发展非常重要。

策展人是杂而精的学者。2016 年南京博物院大展"法老·王——古埃及文明和中国汉代文明的故事"（以下简称"'法老·王'展"）备受好评，它的展览项目策展人陈刚在社会服务部工作，之前有八年考古工作背景，既熟悉博物馆的运营规律，又对文物有足够深入的了解和研究，并思考和研究学术文化问题，熟悉与展览主题和内容有关的专业知识。作为一名博物馆策展人，他和他的团队必定拥有多方面知识的积累，有自身学术支撑与文化涵养，在策展过程中可以将散落的、看似无关的展览内容及藏品紧密联系起来，形成内在逻辑，找准主题，让物与物之间、史与史之间的故事透过策展人及其团队的解读和表述，直观生动地走到观众面前来。

策展人是眼光独到的美术鉴赏大师。生活中处处离不开美学，博物馆也不例外。博物馆策展人同时是艺术学家、艺术评论家，掌握着艺术、美学和现代化科技表现的手段和方法，策展时能从内容选择到形式设计，从色彩对比到整体布局，给人全新的艺术冲击力和文化想象空间，懂得如何从观众兴趣出发，去全面展现展览的美，来吸引观众驻足停留、念念不忘。

策展人是活力四射的组织活动家。首都博物馆副馆长杨文英在《博物馆陈列展览策划与创新》的讲座中曾说，"展览是一项系统工程……博物馆推出的任何一项展览……都是一个团队合作下精益求精的复杂过程"。策展人就是这个复杂过程中统筹兼顾无数事务的人，他具备有一定组织能力、沟通表达能力、社会活动能力和总体协调能力，甚至有的还拥有丰厚的人脉资源、资金资源，策展时他能游刃有余地与各方面沟通，联络开展公众座谈、文化考察、馆际沟通等各项工作，让展览及其配套活动顺利如期地呈现。

策展人是精明锐利的情报员。"巧妇难为无米之炊"，很多时候一些展览仅靠一馆之力难以呈现精彩，常常需要多家博物馆的支持与配合，引进外展时更需要国外博物馆的资源配合。如"法老·王"展就是将来自加拿大皇家安大略博物馆（Royal Ontario Museum, ROM）的 110 件（套）古埃及精品文物与南京、徐州、扬州三地博物馆藏的 140 件（套）汉代文物共同展出。所以，策展人也是一个精明能干的情报员，有着强大的"搜索引擎"，能够全面及时掌握所需展品的信息，对信息内容挖掘创新度极高。

三　博物馆策展人的培养成长

人才是第一资源，博物馆如果缺乏高水平的策展人才，必将给发展带来诸多不便和困难。而人才的培养又不是一蹴而就，是长期的学习与锻炼积累造就的。为了促进博物馆展览事业更好更快的发展，除了策展人自身更需要虚怀若谷、厚积薄发外，在社会上还应被"高看一眼""高度富养"。

（一）国家重视，社会认识

在政策层面，国家以文件的形式提出博物馆要建立并实行策展人制度：2011年国家文物局颁布《博物馆事业中长期发展规划纲要（2011-2020年）》，提出"建立策展人制度"；2012年颁布《关于加强博物馆陈列展工作的意见》，再次明确指出要"探索实行策展人制度"。国家重视策展人，社会公众逐渐认可策展人，都大大有利于推动策展人及策展人制度的建立、完善、发展。

（二）强化培养，开阔视野

国家对策展人的高度重视，引发各级机构大力加强对策展人的高层次培训。自2013年起，国家文物局广泛征集国有博物馆陈展人员，委托中国文物交流中心组织策展专家进行培训，由国内具备丰富策展经验的老博物馆人和国外文博机构如美国大都会艺术博物馆（Metropolitan Museum of Art）的专业策展人授课，不仅学习理念，也学习翔实的操作案例。2017年12月，来自江苏省各大博物馆、美术馆的17位策展业务骨干赴英国参加省文化系统策展人才培训班，在伦敦维多利亚和阿尔伯特（Victoria and Albert Museum）博物馆学习策展理念和具体案例，在泰特美术馆（The Tate Gallery）、大英博物馆（British Museum）参观展览，深入了解英国的策展长处。各种高层次培训、参观给国内展览人员带来强烈的观念更新，开阔视野，激发灵感，中西融合，为策展所用。

（三）博物馆应该怎么做

目前国内大多数博物馆是政府财政供养的事业单位，虽然当下博物馆都认识到自身的社会功能所在，但功能定位高度不高、不清晰。博物馆是展览功能的主体，那么它在策展人发展的道路上已经或者应该能做些什么呢？

1. 变理念，设立策展人制度

2018 年"5·18 国际博物馆日"的主题为"超级连接的博物馆：新方法，新观众"（Hyperconnected museums: New approaches, new publics），旨在促使博物馆开创藏品阐释与展示的新方法吸引新观众。一些博物馆经过有效实践，策展的展览往往更受观众青睐与瞩目。因此，为了能让策展给博物馆展览插上灵动的翅膀，首先应设立专业化、职业化的策展人制度，在制度上保障策展人这个总指挥的"权威"，改变博物馆展览任务落在"部门"而不是"人"上的原状，让全馆上下共同参与到展览工作中。

2. 放开手，给策展人充分的话语权

在欧美，博物馆的策展人"权力"比较大，拥有一定范围内的人权、财权、物权。在国内，往往馆长或更高层的领导是一个展览的策划者或统筹者，在这种情况下负责展览的部门或人的话语权就相对较弱，最终导致展览难以呈现最佳效果。推行策展人及策展人制度，就是要打破原来的人事、财务管理制度，放开手让策展人在主题、内容、规模、经费、宣传、互动、文创等展览的整个链条上有充足的话语权、决定权。广东省博物馆在策展馆藏青花瓷特展时就明确表态，展览的一切事宜都由来自中山大学人类学系的策展人朱铁权主导，馆方给予全力配合，最终让一场精美绝伦的展览按期呈现给了观众。

3. 破壁垒，加强馆际交流与合作

俗话说"一个好汉十个帮"，一个博物馆无论它的级别再高，馆藏再丰富，都不可能囊括天下，一些新颖独到的展览常常需要合多馆之力来完成。但是，文物的借用移动需经审批，有的博物馆主要负责人怕担责任、怕多事，或者有的博物馆就把文物看作"私产"，使得馆际互借和资源共享变得十分困难。2012 年国家文物局在《关于加强博物馆陈列展览工作的意见》也明确指出要"促进馆际交流与合作，积极推动打破管理体制上的壁垒"；2016 年国家文物局、国家发改委等五部门联合编制印发的《"互联网＋中华文明"三年行动计划》中，"主要任务"的第一条就是"推进文物信息资源开放共享"。文物是全民财产，博物馆应该在实现对其有效保护的基础上，通过各种形式进行最大化的利用，充分展示传统文化的风采与魅力。

4. 选人才，不拘一格、任贤用能

博物馆馆长是博物馆的领航员，他所具备的品行、学识、操守关联着博物馆营

运成功与否。因此，在推行策展人及策展人制度中，位于权力中心的馆长作为强有力的后盾，用一颗海纳百川的心、一双善于发现的眼、一对能听八方的耳，开放式地吸纳人才，让诚实肯干、冒险进取、思维独特、视野开阔的人脱颖而出，成为优秀的策展人。

新时代给博物馆带来了新的机遇与发展，当下博物馆事业正全方位、多角度地快速发展，数字、技术、跨界、文创等最终还是要有扎实有料的展览。就让策展为展览插上灵动的翅膀，幻化成精美绝伦的精灵，吸引更多的观众走进博物馆，走进历史和艺术的世界，领略逝去的时光以及远方的世界。

参考文献

1. 沈辰、毛颖：《西方博物馆展览策划的理念与实践：从策展人（Curator）谈起——以皇家安大略博物馆为例专访沈辰先生》，《东南文化》2017 年第 2 期。
2. 姝雯：《当前博物馆展览陈列的改进路径探析》，《文物鉴定与鉴赏》2015 年第 12 期。
3. 张红兵：《博物馆策展人制度及策展人才培养》，《中国文物报》2015 年 4 月 27 日。
4. 王立元：《策展时代，中国博物馆还缺什么》，《中国文化报》2013 年 1 月 22 日。
5. 宋向光：《当代我国博物馆展陈发展现状及趋势》，《中国博物馆》2015 年第 3 期。
6. 龙霄飞：《中国博物馆策展人的喜与愁》，《文物天地》2015 年第 10 期。
7. 洪州：《策展人对当代博物馆的重要性》，《文艺生活·文艺理论》2013 年第 10 期。
8. 《博物馆如何借助外在策展人焕发新活力》，《"九·一八"事变纪念馆馆刊》，2017 年第 2 期。
9. 张海艳：《中国博物馆的"策展人时代"》，《"九·一八"历史博物馆馆刊》2017 年第 2 期。
10. 王娟：《我国博物馆观众初步研究——以数据分析为基础》，吉林大学硕士学位论文，2005 年。

地市级博物馆策划临时展览的思考与探索

——以江苏镇江博物馆临时展览为例

黄佳丽

（镇江博物馆　江苏镇江　212000）

内容提要： 地市级博物馆承担着传播地方历史文化的重任。博物馆的临时展览在地市级博物馆展览中发挥着补充基本陈列，增加社会吸引力；丰富展览内容，增强社教职能；共享藏品资源，增进馆际交流等作用。镇江博物馆就充分利用馆藏资源策划原创展览，依托馆际交流引进精品展览，并联合其他博物馆举办特色展览。因此，地市级博物馆在策划临时展览时，要挖掘地方文化特色，策划原创展览；借助合作模式，优化交流展览；探索表现形式，丰富展览类型；配合展览宣传，提升观展感受，从而树立博物馆形象，扩大博物馆影响力和吸引力，实现文化惠民。

关键词： 临时展览　展览策划　镇江博物馆

一　临时展览在地市级博物馆展览中的优势和作用

长期以来，与基本陈列相比，临时展览由于展期短、规模小等因素不受博物馆和公众的重视和关注。近年来，随着公众素质和文化需求的不断提升，长期稳定不变的基本陈列已不足以吸引公众追求新鲜特色的眼光，而常看常新的临时展览反而成了公众追捧的热点。临时展览作为博物馆展览的有机组成部分，具有选题灵活广泛、展品组合自由、内容新颖独特、形式变化多样、周期性更换等特点，能够持续吸引着社会公众走进博物馆，正是由于临时展览具有这些优势使得其作用得以凸显。

1. 补充基本陈列，增加社会吸引力

地市级博物馆的基本陈列是博物馆展览的灵魂，有着极强的地域特征，体现了本馆的性质和馆藏特色，一般内容丰富、布局科学、结构严谨、制作精良，很多年

都不会有大的变动，是外地观众了解该馆的最佳途径。但是频繁走进博物馆的多为当地观众，他们对于基本陈列的热衷会随着时间的推移而逐渐失去兴趣，因此，临时展览带来的新内容、新形式会给博物馆展览注入新鲜血液，临时展览的较高频率的换展会让博物馆的展览历久弥新。

2．丰富展览内容，增强社教职能

博物馆是传播科学文化知识、提高社会公众思想道德水平和科学文化素质的重要阵地。展览是博物馆进行社会教育的主要宣传手段，结合临时展的特点和公众需求，博物馆可以开展形式多样的社会教育活动。临时展览涉及社会生活与自然界的各个领域、各个学科，有满足公众兴趣爱好的、有科普学生自然知识的、有弘扬社会文化和民族精神的，满足了各种层次观众的需求，也可以反映时代感较强的、有针对性的社会热点，更好地实现博物馆的社会教育职能。

3．共享藏品资源，增进馆际交流

馆际合作交流展览是指通过不同资源在博物馆间流动与共享，从而合多馆之力推出的展览，主要包括联展、巡展、借展、互展四种模式。联展指两家或多家博物馆就某一内容共同举办展览；巡展指一家或多家举办的展览在不同的博物馆之间巡回展出；互展指两家或多家博物馆相互交换同一类型或者不同类型的展览；借展指引进其他博物馆的展览进行短期或长期展出。相较于省级大馆而言，地市级博物馆的藏品相对缺乏，馆际之间合作办展可以促进博物馆之间的文化交流，共享藏品资源，提高展览的质量，从而提升博物馆的文化服务能力。

二　镇江博物馆举办临时展览的概况

近年来，各地博物馆都提高了对临时展览的重视度，积极整合区域的文化特色、藏品资源来策划优秀的临时展览，旨在树立博物馆的社会形象，吸引更多的观众走进博物馆。镇江博物馆作为地市级的博物馆，多年来致力于挖掘与利用各方资源举办各种类型的临时展览，主要包括利用馆藏资源策划的原创展览、依托馆际交流引进的精品展览和联合其他博物馆举办的特色展览，在这些展览的策划过程中逐渐形成了自己的办展特色，使得更多的观众因临时展览的吸引力而走进博物馆。

1．利用馆藏资源，策划原创展览

镇江博物馆现有藏品两万余件，以西周及春秋时期吴国青铜器、六朝青瓷器、唐代金银器、宋代丝绸服饰、明清书画、清代宫廷瓷器为馆藏特色，在国内外享有盛名。近年来，镇江博物馆充分利用馆藏资源，策划了"古吴神韵——镇江出土吴文化青铜器精品展""古韵茶香——镇江博物馆藏历代茶具精品展""墨醉淋漓——镇江博物馆藏京江画派书画展""中国画之传神术——镇江博物馆藏人物画精粹展""汉字之美——镇江博物馆藏历代名碑名帖展"五个精品文物类的原创展览；此外还利用镇江的考古发掘成果策划了"古国·古城·古墓——镇江近年考古新发现""名城地下的名城——镇江城市考古成果展""通古达今文明之道——镇江近年交通考古成果展""印记与重塑——镇江博物馆'十二五'考古新发现"四个考古成果展；作为爱国主义教育基地，策划了"光辉的历程——庆祝中华人民共和国60华诞""镇江人民革命斗争史""镇江沦陷记"等具有教育意义的展览。"古吴神韵——镇江出土吴文化青铜器精品"撷取的镇江博物馆藏56件（套）吴国青铜器精品，均出土自镇江的土墩墓及窖藏，年代范围为西周至春秋，其制作工艺和艺术风格代表了吴地青铜器制作水平和特色，突出展示了镇江地区独特的历史文化内涵。"古韵茶香——镇江博物馆藏历代茶具精品展"展出了镇江博物馆藏历代精品茶具文物85（件）套，展示了江南地区历代茶具的具体情况和艺术成就，有着时代跨度范围大、品类多样的突出特点；展品年代上至新石器时代，下至清代晚期；器物类别有陶器、瓷器、紫砂器、漆器、玉器、玛瑙、金银器等。在展览过程中，既能看到富丽堂皇的唐代金银器，又能欣赏到温润典雅的明清玉器，还能领略到清三代清宫官窑珍瓷的迷人风采。这两个展览除了在本馆展出外，还在全国数十家博物馆进行了馆际交流和巡回展览，受到了接展方和参观观众的一致好评。

2. 依托馆际交流，引进精品展览

镇江博物馆作为一个地市级博物馆，要想举办更多更高质量的临时展览必须依托馆际交流展。在过去的几年里，镇江博物馆引进了台湾奇美博物馆的"两岸情一家亲艺术中的儿童形象——奇美博物馆珍藏展"、吉林故宫博物院的"风流清逸萧疏奔放——吉林省博物院藏'南张北溥'书画特展"等精品文物类展览。此外，结合社会教育的需要，镇江博物馆引进了适合青少年的科普类展览，如"舞动的天使——世界精品蝴蝶展""天高任鸟飞——世界珍奇鸟类展""小贝壳大世界——中外珍奇海贝展"等，通过实物展示和现场讲解给青少年学生和热爱自然科学的观众上了一堂生动的科普课。随着社会发展，单纯的文物类展览已经不能满足人们对于博物馆展览的需求，艺术类展览在博物馆慢慢占据了一席之地，镇江博物馆围绕社会艺术的热点举办艺术展览，尤其是与当地名人、文化有关的，具有很高欣赏价值的，如"李岚清书法篆刻艺术作品展""动静等观——中国当代名家书法展""鹤鸣雁回——曾熙书法艺术展"等十余个艺术展览。这些展览均丰富了镇江市民的文化生活，给镇江博物馆带来了巨大的社会效益。

3. 联合其他博物馆，举办特色展览

策划一个好的主题展览有时候仅仅依靠一个博物馆的馆藏是远远不够的，所以与其他博物馆联合办展成为近年来的一个趋势。2009年南京博物院、镇江博物馆、扬州博物馆举办了"金玉满堂——宁、镇、扬馆藏金银器、玉器联展"，并在三地博物馆都进行了展出；2018年，三馆再度携手举办了"铲释三城——宁镇扬三地考古成果展"；2013年，西安博物馆、陕西历史博物馆、新疆博物馆、镇江博物馆、扬州博物馆联合举办了"丰腴之美——唐代仕女生活展"，并在全国数个博物馆进行巡展。

三　地市级博物馆策划临时展览的要点

镇江博物馆每年举办的临时展览约 10～12 场。在这些临时展览中，有独具魅力的原创展览，有异彩纷呈的交流展览，有别具一格的艺术展览。无论是哪一类展览，从展览的主题、展览的形式、辅助的展品到展览配套的活动策划，每一个环节的策划都关系到展览的整体效果。

1. 挖掘地方文化特色，策划原创展览

作为收藏人类文化的殿堂，博物馆是城市的文化名片，是一个城市的文化标志和文明形象，也是民族精神和优秀文化的代表。博物馆的展览既要能够表现本地区的人文情怀，引起本地人的共鸣；也要为外地观众了解本地区的文化提供平台。镇江博物馆每年接待的观众中近半数是镇江本地人，他们对于当地的文化和文物的展览更有认同感。作为一个地市级的博物馆，如何在日渐同质化的博物馆展览中寻求自己的办展特色，策划更多优质的原创展览是最有效的途径。展览的主题关乎着展览的方向，是展览策划的首要任务。因此，展览主题要深入挖掘当地的文化特色，以当地的历史文化背景、社会艺术环境、博物馆的特性、馆藏文物的特色等为依据。选题既要有文化特色，也要"贴近社会、贴近生活、贴近观众"。我们要学习苏州博物馆的成功经验，根据自身的地域特色和办馆使命策划展览，让本地观众在博物馆中找到了与其亲近的地缘文化，也让众多外地观众在博物馆中感受到了当地的文化脉络和别具韵味的文人传统。

2．借助合作模式，优化交流展览

我国博物馆的藏品资源大多集中在国家级和省级大馆，地市级和县级博物馆的藏品资源保有量与大馆存在着明显的差异。近年来，博物馆之间的馆际合作办展已成趋势，各种合作展精彩纷呈，每个博物馆都在寻求适合自身的合作模式。对于藏品严重缺乏的地市级博物馆，引进省文物局组织的巡回展和借其他博物馆的展览来举办临时展览都是很好的选择。而对于藏品资源有限的博物馆来说，与地域相近或者内涵相通的博物馆之间进行联合办展并在其他博物馆进行巡展，既能弥补藏品资源不足的缺陷，又能给自己的藏品一个好的展示平台。当然，无论哪种馆际合作的办展模式，若要策划一个高质量的展览，首先，需要有一个专门的工作团队，这个团队负责策划合作办展的各方面内容，对展览项目进行企业化管理，协调成本、落实责任、保证效率和展览的质量；其次，需要有一个学术交流的平台支撑，致力于特定区域或者专题下的博物馆在文物、科研、展览上进行更广泛、更深层次的交流合作，在共同进行学术研究的基础上推出的精品展览就更具有鲜活的灵魂。

地市级博物馆在借助大馆的优势资源进行馆际合作时，要重点解决馆藏不足、人才缺乏和经验匮乏等客观问题，要根据自身的历史和人文特色来确立展览主题，以文物来烘托文化，实现馆际之间不通要素的良性对接和互动，不能在主题和内容上完全的"拿来主义"。

3．探索表现形式，丰富展览类型

《博物馆展览策划：理念与实务》中将博物馆展览按传播的目的和构造分类为"审美型陈列展览"和"叙事型展览"。前者就是我们长期以来博物馆一直围绕着馆藏文物策划的文物精品展，展示的是文物的历史和艺术；后者注重阐释的是展品与展品之间的关系，将原本单一的文物通过逻辑性的故事链条串联起来，反映文物之间的相互联系和文物背后的文化背景。这两种展览是目前博物馆临时展览中最常见的类型。

在过去的十年中，审美型陈列展览——文物精品展是镇江博物馆的临时展览类型里最多的一种，在展示形式上强调展示展品的美学价值，关注的焦点是文物的外观——造型、装饰、颜色、质感等，旨在给人以美的感受。这样的展览以展品本身为中心，一般将足够数量的展品按照年代、用途或者器形划分为几个部分来进行展示，对内容的逻辑结构和层次安排没有过高的要求。但随着人类审美水平的不断提高，观众已经不再满足于文物本身的工艺和蕴含的美，他们更希望通过文物去了解其背后的一个人、一个故事或者一种文化，这就是叙事型展览——大型专题展和文化对比展。叙事类展览的策展重点在于展示展品之间的相互关系。在国内博物馆中，南京博物院做这一类展览比较有经验。如其大型专题展"温·婉——中国古代女性文物大展"通过选取与女性容貌、才艺、生活及男性眼中的女性有关的多组展品，体现传统的、有一定知识层次的女性的内心世界；文化对比展"法老·王——古埃及文明和中国汉代文明的故事"，以遥远的古埃及文明和中国的汉代文明作比较的方式，让观众在思维碰撞中加深对本地文明的认识，同时又了解了新的文明，达到了"用已知求未知的效果"。

4. 配合展览宣传，提升观展感受

展览的公众服务就要让观众有所收获，主要体现在提供优质的展览、开展丰富多彩的社会教育活动、设计营销合适的文创衍生产品三个方面。

展览和社教活动之间密切关联，共同承担着博物馆教育与文化传播的任务。首先，展览是社会教育活动创意的主要来源。教育活动的内容要以展品为立足点，基于展览有针对性地开展。高质量的展览可以为教育活动的开展创造有利的条件，帮助教育活动更好地抓住藏品所承载的深层文化价值，有效地促进教育活动的开展与创新。其次，社会教育活动又是展览的补充。通过教育活动中的交流和沟通，引导观众把握展览的主旨和关键，调动观众的情绪，尤其是青少年儿童的求知欲，配合知识讲座的广泛宣传作用更好地促进展览文化的传播。

博物馆的文创产品设计开发的素材一般来源于博物馆的藏品和建筑，由某项展览所提供的素材来开发的文创产品就这个展览的文化衍生品。展览的文创衍生品是展览生命线的延续，只有将展览的文化元素和精神价值"提炼"设计成新的载体，才能"让文物活起来"，融入人们的生活；并在展览结束之后，展览的社会影响力减弱时延续展览的生命力，实现让观众"把博物馆带回家"的美好愿景。

随着博物馆事业的不断发展，临时展览的不断进步，地市级博物馆临时展览的工作也面临着更多新的挑战，如从追求举办展览的数量到注重展览的参观人数、逗留的时间、好评度等整体效能的评价。最大限度促进展览在特定空间内丰满、鲜活、灵动，是临时展览走向精品的成功之道。

由"博物馆怀疑论"探讨策展工作中的情境链接问题

陈 端

（苏州戏曲博物馆 江苏苏州 215005）

内容提要： 博物馆怀疑论者认为博物馆将艺术品从其历史语境中脱离出来将其收藏展示，而使之成为四散的个体。然而博物馆怀疑论者的主要观点在历史语境、历史连贯性、历史延续性三方面存在问题。这三个方向为博物馆陈列的方式、方法提供了新思路。博物馆重新思考展品的个体历史意义，并应关注其在不同历史语境下的变化。博物馆的展览可通过场景复原、"造境"甚至梳理出各个维度的透视线使展览序列连贯。博物馆展览通过情境链接构成自然而然的历史沉思之旅。

关键词： 博物馆 怀疑论 陈列 策展 场景架构

法国哲学家勒内·笛卡尔（Rene Descarte）在《第一哲学沉思录》（*Meditationes de prima philo-sophia*）一开始就讨论了认识论怀疑论者，即认识论怀疑主义者，他们质疑于所有似乎看到的东西的可能性，这一纯粹形而上的论调却继而成为博物馆怀疑论者反复讨论的观点来源。博物馆怀疑论者并非质疑博物馆中藏品的真实性，而是认定博物馆中一切古老的艺术品都并非它们所呈现的样子，认为人类将古代的艺术作品从历史的语境中挪移出来，就已经毁灭了作品的意义。部分博物馆怀疑论者并不否定博物馆的自身功能，但也依旧不认同艺术可以在博物馆中重获生命，甚至认为这是人类恣意妄为的力量压倒了自然法则。"艺术从其产生和最初得以欣赏的地方分离出来就无法生存了"。"博物馆的艺术、艺术品从原初确定的地方向某一博物馆的转移，都意味着打断那种总是存在于天才的创造与社会、艺术与风俗、艺术与宗教，以及艺术与生活之间的联系"[1]。由此可看出，博物馆怀疑论者认为博物馆将艺术品从其历史语境中脱离出来，就毁了艺术，艺术品也将等同于玻璃后面的物品，无涉周遭的生活。当一件艺术品的存在始于博物馆之中，便与艺术与社会分道扬镳了，成为四散于世的零零碎碎的个体幸存，而无法汇聚于心，也无法重获新生。

　　针对这样的博物馆怀疑论点，经过来自各个国家、各种领域的怀疑论者的论述，已逐步汇聚成为意识洪流。但经仔细推敲，可以总结得出以下三个方面的问题所在。

　　第一点源自于文化背景的缺失，也可以理解为历史的语境，艺术品的创作意图源于何处，正如希腊雕塑是为神殿雕刻的，波斯地毯是为清真寺的仪式而编织的，文艺复兴时期的宗教绘画则是为祭坛而创作。这些艺术品都是作为当时生活的一部分，而一旦脱离这样的文化背景，没有人可以在丝毫不了解希腊宗教、伊斯兰文化以及基督教的情况下完全理解这些艺术品。因此，这些艺术品被认为在脱离了当初相关联的生活方式之后就已经失去了大部分功能属性。

　　第二点则讨论了博物馆中艺术品个体之间的联系，意即历史的连贯性。有博物馆怀疑论者认为，"博物馆强加了一种看古老艺术品的方式"[2]。在博物馆中，依照年代顺序展览各种各样的艺术品或历史遗存，无关乎其出土时间或保存形式，也无关乎其艺术风格，有时将古代艺术品与现代及当代的艺术放在一起，或者根据展示的专题将被称为某个时代文化的文物集中，然后与这个时代文化的方方面面联系在一起，以偏概全地作为这个时代文化的载体，这是博物馆意图讲述这种艺术在所有文化中的历程。然而博物馆怀疑论者认为这仅仅是一个加工过的对象，并非真实的历史序列，真正的历史远比艺术在博物馆中的组织状态更为复杂。

　　第三点则是在前两种观点的基础上提出了博物馆的历史延续性问题。怀疑论者声称博物馆本质上是荒谬的，因为它们既要保护关于过去的历史记录，又意在时间之外。这一观点直指博物馆作为自身个体存在的意义所在。历史遗迹是通过历史而存在于历史之外的对象，但它代表了历史且有着历史的精神，它已不再内在的属于历史，而博物馆的存在就更加悖论地与历史相分离。按照如今博物馆履行社会教育的身份来看，以教育公众作为出发点而聚集起来的物品变成了情感的载体和对历史更迭并永续传承失败的确认。博物馆很难将自身从这样的双重个性中解放，也很难在这样的双重个性中将历史重现。

　　博物馆怀疑论者似乎提出了一系列难以否定的论题，但也并非难以回答。站在博物馆陈列策展的角度，本文试以展陈策划的方式与手段作为讨论的重点，针对怀疑论者的三方面观点探讨解决方案。换言之，怀疑论者对于博物馆的这三个方向的怀疑观点为陈列策展的方式、方法提供了新思路。

一　历史的语境

在展览的策划过程中，内容设计先行。在这个过程中，博物馆策展人会挑选艺术品，为其加上框架，或者象征性地加上框架。如设定一个展览的主题并为其匹配展品，很可能会剥离了地域的、历史的及世俗的根源，甚至是人的根源。这样的展陈手段导致的直接结果就是仅仅将艺术品的视觉审美特性保留了下来，但是，一旦只把视觉艺术看作艺术，就会将其与更大的历史背景相隔离。怀疑论者的这一观点提醒我们重新思考展品的个体历史意义，并且关注其在不同历史语境下的变化。作为博物馆的展览，呈现的艺术品不可避免地具有"当下性"，但也不能忽略它作为真实历史的对象以及它所完成的对于历史长河的投射。

博物馆策展人的职责，莫过于让一件件被遗忘、默默无语的展品，找回自己荡气回肠的说服力。将藏品合理地整合利用，辅以深入浅出的展陈手法，试图为观众带来一场流连忘返的想象之旅。而每一次的展览都是在大体量馆藏空间中搜寻整合的过程，在关于展览主题的珍贵史料展现的过程中，关于主题各个维度的故事也逐渐完整。于是，以观众的视角来构思展览，以深入浅出的叙事方式来策划展览，以雅俗共赏的立脚点来实现展览，应逐渐成为策展的命题立意方向。在内容设计的过程当中，历史语境可以被最大限度地嵌入，也可以为整个展览提供最大程度的"代入感"。

展览文本与展览文物的对接，意味着如何使脱离了原来生存语境的文物为观众所认可和接受。尽管文物与最初的创造者、使用者毫无关联，但在策展人的匠心独运下，依然可以给予受众持续存在的历史体验。"历史与艺术并重加深了历史与艺术的融合，以相得益彰的内在关联，使历史类的展览加强了艺术的表达，使艺术类的展览添加了历史的厚重"[3]。

二　历史连贯性

博物馆怀疑论者指出，博物馆通过展览把一种新异的历史框架强加在其展示的艺术上，观众通过一系列的展厅在博物馆建筑当中顺着走入相关联的每一个空间，展线既定如同一个叙述的轨迹，每一章节就是对应的展厅，通过这些章节了解一个博物馆的主旨。正如博物馆怀疑论者们所认为的"现在我们对艺术博物馆的观感确实是零零碎碎的，因为艺术本身就只是残片，一种往昔的遗迹"。

博物馆中每一件展品都是极具代表性的，但是一件展品也或多或少地会影响另一件展品。散点的陈列极易断开展品的自然序列，也很难复原整体的故事性与连贯性。于是在每次展览当中，策展人针对整体内容首先运用场景复原的表现形式，通过场景的营造点明整个展览的重心，也将全部展品在形式上串联起来，给观众整体的观感。当前更加深入的链接方式则是将"造境"引入展示空间，打造了一场视觉、触觉、嗅觉、感觉的体验空间，营造让观众流连其间的"精神场"。

"疏能跑马，密不透风"在绘画中表示讲求空间利用的变化，陈列设计同理，需要适当的空间"喘息"，不仅有条不紊，还要有张有弛。策展人可以通过道具的借用，让展品与道具产生"互文"的效果，造出"历史感"的理想之境。展览中甚至可以梳理出各个维度的透视线，不仅连贯展览序列，也起到引导观众向前的作用。在透视线中，并列排比的个体展品构成节奏整齐的平行线，使观众的注意力集中；而集中规整的成套展品则构成近小远大的放射线，使人的思维和情感得以展开。

三　历史延续性

博物馆的首要职能是名副其实地将完美无缺的秩序和无懈可击的阐述提供给公众，所有细节适得其所，且展示出每件展品的最佳面貌，没有拥挤也没有冗余。艺术品是通过影响着观众的感性认识，来输入受众的世界观。正是在一种世界范围的秩序里，博物馆尝试着一以贯之地将整个世界的历史予以复活，成为一个无墙博物馆。那些构成这一遗产的艺术品经历了一种奇特而微妙的转型。意即，博物馆展览通过情境链接构成自然而然的历史沉思之旅，即"道法自然"的历史延续。

一场展览能让观众可观，谓之佳境；让观众可感，谓之妙境；而让观众可游，则谓之化境。所谓化境，往往非人力所及，而是"佳作本天成，妙手偶得之"，"境非独谓景物也，喜怒哀乐，亦人心中之一境界。故能写真景物，真感情者，谓之有境界。否则谓之无境界"[4]。同理，在展览当中，境界也并非景物、甚至不是展品，而是写境、甚至是造境。写境即为写实之境，以真实的场景给予观众时空穿越的既视感；造境即为创造出来的理想之境，以辅助的氛围给予观众灵魂深处的共鸣。

北宋苏轼曾有诗道："论画以形似，见与儿童邻，作诗必此诗，定知非诗人。"意即作画要有象外之象、意外之韵，作诗要有味外之味、境外之境。在策展过程中，展览的境外延伸也追求同样的境地，即"神似"，意即境外之境。不求处处实，也非处处虚，而是虚实结合；不仅需要具象，也常常需要抽象。展陈工作即遵循这样的原理，在整个内容设计过渡到形式设计，关注于关键元素的整合搭建之外，更注重意在言外、一咏三叹的余韵效果。

注释

[1]［美］大卫·卡里尔（David Carrier）著、丁宁译：《博物馆怀疑论》，江苏美术出版社，
　　2014 年。

[2]［美］大卫·卡里尔（David Carrier）著、丁宁译：《博物馆怀疑论》，江苏美术出版社，
　　2014 年。

[3] 中国博物馆协会博物馆专业委员会、上海博物馆编：《智造展览·博物馆馆长讲博
　　物馆》，北京大学出版社，2014 年。

[4] 王国维：《人间词话》，上海古籍出版社，2008 年。

浅析县级博物馆陈列展览能力的提升

刘　琳

（盐城市大丰区博物馆　江苏盐城　224100）

内容提要： 当前县级博物馆由于存在着藏品少、资金缺乏以及管理不完善等问题，博物馆的陈列布展能力受到很多因素的制约，无法有效激发观众的参观热情，从而制约了县级博物馆在宣传地方历史文化以及满足群众的精神文化需求等方面发挥的重要作用。多媒体技术的应用成为博物馆发展的新动向，对博物馆的发展有着很好的促进作用。因此，面对发展新趋势，县级博物馆应精心策划，突出地方特色；注重多媒体技术与藏品的结合，提高观众的参与意识；加强人才队伍建设。

关键词： 博物馆　陈列展览　多媒体技术　历史文化

习近平总书记提出："让收藏在博物馆里的文物，陈列在广阔大地上的遗产，书写在古籍里的文字都活起来。"近几年随着国家对县级博物馆的日益重视，县级博物馆也得到了快速发展。但是，我们也应该看到，当前县级博物馆存在藏品少、资金缺乏以及管理不完善等问题，博物馆的陈列布展能力受到很多因素的制约，无法有效激发观众的参观热情，从而制约了县级博物馆在宣传地方历史文化以及满足群众的精神文化需求等方面发挥的重要作用。因此，如何提升县级博物馆的陈列布展能力，已经成为提升博物馆整体质量的重要课题。

一　县级博物馆陈列展览现状与问题

县级博物馆作为地方宣传历史文化的窗口，在推动地方文化事业的发展方面有十分重要的作用。但随着人们的生活水平日益提高，以及高新技术的不断更新，县级博物馆越来越难以满足人们精神层面的需求，尤其是陈列布展尚不能与新技术相结合，过于传统，主要表现在以下几方面。

1．展览内容与主题

由于受布展空间的限制，县级博物馆一方面所能展示的展品数量有限，另一方面展示的展品很多只有少量信息，无法详细介绍。这种"通柜、实物加说明牌"的陈列展览手段显然已无法满足观众需求，而运用多媒体技术可以很好地解决这方面的难题。通过运用声音、图形、图像、视频、动画和文字等多种方式，充分挖掘展品背后的历史，再现展品真实的场景，从而丰富展览的内容。同时在陈列布展的过程中，可以选择一些可以代表地方特色，本地群众耳熟能详的民谣、方言等作为背景音乐，以展示地方特色文化，突出重点，烘托陈列布展主题，更好地展现当地文化特色，加强对当地文化的宣传。

2．观众获取的信息

传统博物馆的布展形式往往较为深奥，给人一种高高在上的感觉，传播的是枯燥的、专业的知识，没有照顾广大观众的实际感受和要求，也就难以引起观众的关注和兴趣。观众需要的是在轻松的环境中获取知识。多媒体技术的应用正好解决了这一难题，通过声、光、电的组合，采用虚拟的环境和背景，产生虚拟的影像，还原人类的历史和自然风貌。同时将展品中所蕴含的知识融入情节中、影像中，用讲故事的方式展现展品的内容，让早已消逝或难得一见的历史再次显现，增强展览的趣味性，在娱乐中传播了展品的历史、文化等知识。多媒体技术的应用使博物馆贴近了观众，也启发了观众的好奇心和探索欲，激发了学习兴趣，更方便了观众对知识的获取。

3．社会教育功能

长期以来，由于博物馆陈列展览的模式过于固定，很多展品的展示常年保持不变，这在一定程度上限制了观众的兴趣和思考的积极性，也制约了博物馆教育功能的发挥。而通过多媒体动画、视频等形式的应用，辅助以现代化的投影放映技术，给观众带来了形式新颖、内容生动、互动性强的效果，让观众在参观的过程中有身临其境的感觉，调动了观众的观展热情，能最大限度地参与进去，主动地将展品所反映出的客观、真实的历史信息深深记住；同时博物馆也进一步传播了文化信息，发挥出其社会教育功能。

二　运用多媒体技术提升陈列展览质量

近年来多媒体技术在博物馆陈列展览中得到了越来越广泛的应用，对博物馆展品展示起到了重要的作用，不但能更好地展示展品所蕴藏的历史文化，还能让观众生动形象的获取知识和信息,对博物馆的能力提升也起到了很大的作用。多媒体技术的应用成为博物馆发展的新动向,对博物馆的发展有着很好的促进作用。因此,面对发展新趋势,我们应加强以下几方面的建设。

1.精心策划,突出地方特色

藏品是博物馆陈列布展的主要内容,因此县级博物馆要充分利用现有资源,通过向人们讲述每一个展品背后所蕴藏的历史故事,使观众在参观展览的过程中能准确理解本地历史发展的脉络。因此,布展前的策划工作就很重要。这就需要我们要深入细致地开展调查研究,高度重视对藏品的探索,通过实地考察,查阅资料等方式,有效整合各种资源,精心策划展览主题,选择并展示最能代表地方特色的藏品,同时归纳总结出本地的政治、经济以及文化发展状况,凸显本地的历史地位及特色文化优势,增强观众的文化认同感。

2.注重多媒体技术与藏品的结合,提高观众的参与意识

博物馆要确定好陈列布展的主题和展品,要全面准确反映地方特色文化。借助于现代多媒体技术手段,通过三维成像立体图及动画的形式展示给观众,如通过大型屏幕,将文本、图形、图像、动画和声音等形式的信息结合在一起,利用计算机网络进行综合处理和控制,再通过播放器的播放,完整地展现出展品的历史原貌。随着现代科学技术的迅速发展,博物馆的陈列展览可以较大程度地运用多媒体视频技术、网络技术以及虚拟图像技术等现代技术手段来传达展览的主题与内容,并根据陈列展览的内容,制作出不同主题、不同展品的影像视频。通过多媒体设备的应用,可以更直观地增加与观众的互动性,让他们有兴趣参与到对文物知识的了解中来,以达到博物馆展览的传播历史的目的。

3.加强人才队伍建设

博物馆陈列布展专业人员的业务水平高低决定着博物馆能否有效传播本地悠久的历史文化,增强历史认同感。但在一些县级博物馆,由于专业人员的缺乏,已经严重制约了陈列布展能力的提高。特别是如何运用多媒体等现代技术更好地展示馆藏品,这就需要我们要加强信息技术人才的引进与培养,培养一支既精通文物研究、又熟悉信息技术的综合型人才队伍,以提高自身的业务能力,增强博物馆陈列活动的竞争力。同时也要加强对现有人员的业务培训,特别是参观、学习先进博物馆在多媒体技术等现代科学技术对陈列展览的提升作用。

随着社会的不断发展,人们生活水平不断提高,人们对精神文化的要求越来越

高，博物馆在传播历史文化、展示地方历史特色方面有巨大意义，这些都离不开精心策划的陈列展览。因此，博物馆的陈列展览应充分应用新技术、新方法，创新形式，明确主题，丰富内容，深挖藏品历史，增强与观众的互动与交流。通过场景的再现，使观众了解藏品背后的故事，让他们获得直观的感受，达到文化传播的效果，为传播展示地方特色历史文化方面做出贡献。

参考文献

1. 黄玉亭：《多媒体技术在博物馆展览中的作用》，《现代企业文化》2008 年第 23 期。
2. 王操年：《县级博物馆陈列布展能力提升路径思考》，《文艺生活·文艺理论》2016 年第 1 期。

试论陈列展览设计中的细节

刘思勤

（南通博物苑　江苏南通　226001）

内容提要： 博物馆的陈列工作是一项集收藏、研究和教育等业务的综合系统工程，博物馆使用陈列展览作为与观众沟通的语言。因此，博物馆应注重内容设计的细节，要突显展览主题、彰显个性，将不同门类的展品群体通过有机组合，使展品表达更加形象和场景化；把握单元主题，注重运用文字细节，准确表达展品信息。要注重形式设计的细节，丰富陈展主题的阐述和展陈内涵，因地制宜、别具匠心，营造独特的展示环境；科学规划空间、合理设计展线；大胆创新，借助先进研究成果和场景创设形象表达展陈专题单元；精心设计辅助展品，为展陈画龙点睛。注重陈列现场的安装与布置细节，保障展品安全、提升观众体验感。

关键词： 博物馆　陈列设计　展品　细节

博物馆的陈列工作是一项集收藏、研究和教育等业务的综合系统工程，主要包括总体陈展框架设计、展示艺术形式设计，陈展内容设计、设备设计与辅助展品的制作，以及现场的施工和布置等方面；每方面又是由许多细节构成的。本文结合笔者的工作实践，浅谈对陈展工作的看法。

一　注重内容设计的细节，突显展览主题、彰显个性

《中国博物馆学基础》定义了陈展本质上是"展品群体"，配以适当的辅助展品，按照一定的主题和艺术形式向观众提供审美欣赏，并传播文化和展品知识。这就要求陈展内容设计人员要根据展品群体的特点，在撰写文本和陈展时，要结合文物和标本展品的实际情况，巧妙处理其中的主题表现、艺术编排和许多细节问题，这对突显主题、突出个性等具有举足轻重的作用。内容编撰中的细节主要体现在如下几方面。

1. 将不同门类的展品群体通过有机组合，使展品表达更加形象和场景化

展品是陈列展览的核心，是内容设计的重要部分。陈列展品通过精心设计的巧妙组合，不仅可以解决专题展品数量种类不足的问题，而且能准确反映主题。

近年来地方文化史陈列逐渐成为各地方新馆展陈建设重点。地方文化史作为地域及地方特色，往往是由地方的各个历史阶段的文化现象组合而成。如何通过展品表达复杂而抽象的文化史，对陈列展览设计人员来说具有很大的挑战。精心挑选的文物展品，以及注重构建陈列展览的细节，往往能取得很好的效果。

以江苏南通博物苑的基本陈列展"江海古韵——南通古代文明陈列"为例，其中的"杼织东疆"单元主要展示的是南通地方纺织在近代的发展历史。展览讲述从棉花耕种到纺纱，在展示棉花种植工具的同时营造古人种植棉花的场景，并通过纺车等纺织设备及布匹、服装等展品进行展示。为了丰富展示视觉效果，策展人精心选取了诸如纺纱人物图案的瓷片展示作为展览的补充，让观众能更直观地从陶瓷工艺品上欣赏到当年纺织的情景；并且设计了棉纱布交易场景模型，让展示更加生动，观众理解更为深刻。这样，一方面使不同品类的展品互相应证，打破了博物馆传统的依靠纺织机械及纺织产品来反映纺织发展的展示方式；另一方面，观众也可以通过更多的展品了解到纺织对于当时文化艺术的影响。

通过巧妙的展品组合，孤立的展品之间形成一定的情节，这样可以有效且形象地表达陈展主题。在自然专题陈列中，这种处理方法的使用显得尤其重要。如在对标本展示中，通常会利用相关的鸟类、爬行类和哺乳类动物与植物标本进行组合，形成一个个专题。通过拟态、食物链等小专题的景观布置，在普及观众生物学知识、对生态学知识形象表达的同时，也让观众更形象地了解生物和人类的关系，不仅能向观众普及生物学知识，也能使观众形成环境保护意识。

2. 把握单元主题，注重运用文字细节，准确表达展品信息

文字内容的撰写是展陈内容设计的重要部分，好的文字资料对于突出展览主题起到至关重要的作用。同一个展品在不同的主题中可能会表达出不同的含义，这就要求内容撰写者根据主题突出展品内容细节，设计好展示说明，界定好展品在不同主题单元中所表达的不同含义。这样不仅利于陈展主题的充分阐述和表达，也有利于展品内在含义和个性的充分表达。

如南通博物苑"巨鲸天韵——江海鲸类生物资源专题陈列"展出了在水生物中有着"活化石"之称的中华鲟标本。中华鲟是一种现存于长江的十分珍贵的洄游性鱼类，在洄游时经位于长江中下游的南通市南部长江的水域，并在南通市东部海域天然育成。展览在讲述"地方物种"与"地方珍稀保护物种"两个单元时，都对它进行了展示。为了避免观众产生疑惑和审美疲劳，内容设计人员从不同角度给中华鲟编配了说明文字，使观众在观展过程中获得更丰富的知识。

二　注重形式设计的细节，丰富陈展主题的阐述和展陈内涵

通过运用不同的空间规划、平面布置、灯光和色彩配置等手段，有计划、有目的、合乎逻辑地将展示内容展现给观众，并力求在不同主题、不同类型的展陈的总体及局部设计中；通过着意安排形式设计的细节，可以充分体现展品细节，扩展和丰富展示内涵，深化主题，营造一个富有艺术感染力和个性的展示环境。形式设计中的细节主要体现在如下几方面。

1. 因地制宜、别具匠心，营造独特的展示环境

陈列展示通常会利用色彩、灯光、背景音乐和空间布局等方法准确反映陈展主题。注重空间氛围细节的营造，在揭示主题的同时，加强了展示的节奏和韵律，从而使整个展示亮点得以突出。

如英国伦敦维多利亚和阿尔伯特博物馆（V&A Museum）在2017年举办的特展"小熊维尼：探索经典之作"（Winnie-the-Pooh：Exploring a Classic）。小熊维尼是一个深受儿童喜爱的卡通形象，已经风靡全球90多年，设计者以动画故事为背景，在展厅营造出小熊维尼的生活场景，进入展厅仿佛是进入了动画世界。展览还特别展出了曾为伊丽莎白公主特别定制的小熊维尼茶具，与来自插画家谢帕德·费瑞（Shepard Fairey）的珍贵手稿、草图、照片和书信等，共同增加了展览的看点。所有展品的摆放和说明牌都根据适合儿童观看的高度而设计，文字说明也是儿童容易阅读和理解的。设计者别具匠心，展厅中搭建了动画里的经典小桥，并运用多媒体技术营造出桥下细流潺潺碧波荡漾的意境。展厅内设有一个神秘的洞穴，在这里小朋友们可以仰头观看介绍维尼熊的短片，犹如仰望星空之感。设计者还设计了多处儿童互动区，可以模仿维尼熊躲藏在"树洞"里思考人生，也可以拿起纸笔绘画写作。设计者为观众营造出了魔幻、温情而令人感到愉悦的世界，这种氛围的营造既有利于突出展品，又令人印象深刻。

2. 科学规划空间、合理设计展线

展览形式设计的第一步是空间设计的合理划分，规划展线。设计人员在理解展陈主题和内容的前提下，要划分各个单元在展厅内的具体位置。合理的展线规划不

仅可以提高空间利用率，还能使文物展品之间的联系更加紧凑和连贯。

此外，设计者在有限的空间内尽可能多地安排展示，可以向观众传达更多信息；或者说在较大的空间范围内，如何使观众不走回头路，这都是形式设计人员要着意考虑的细节。

如香港历史博物馆常设展览"香港故事"的开端是"自然生态环境"展区。进入展馆迎面是一个大型地球仪，观众可以迅速了解香港的位置；继续向前行则是一条由假石块铺砌而成的时光隧道，观众仿佛回到4亿年前的香港。展区内岩石及化石标本阐释香港四亿年来的地质变化，同时设有小影院播放香港地质演变的影片，并加入特别的熔岩效果，让观众有身临其境之感。从狭窄的"时光隧道"走出来，引入观众眼帘的是一个高于18米的树林，树林里放置了多种鸟类、爬行类及哺乳类动物标本，并配有虫鸟的鸣声和动物的吼叫声，让观众仿佛置身于大自然之中。不同于将标本摆放在展柜中的展示方式，这样的展示方式更加生动、也更受观众的喜爱。为了向观众普及更多生物知识，展区内配备了多台互动多媒体作为内容的补充。

为让观众更好地参观展览又尽量不走回头路，设计人员巧妙设计路线，通过展览自然生态环境、史前时期的香港、历代发展、香港的民俗、鸦片战争及香港的割让、香港开埠及早年发展、日战时期、现代都市及香港回归八个部分，抓住每个时期的特征，通过文字说明、立体造景、多媒体剧场，配以声光效果，生动地向观众介绍了香港自然生态、民间风俗及历史发展。

3．大胆创新，借助先进研究成果和场景创设形象表达展陈专题单元

场景展示成为博物馆重要的展示手段之一。场景的展示是展览内容与艺术形式统一的表现，是把书面的抽象文字内容转化为形象立体的直观形象。陈列设计人员可以依托场景，通过各类细节的设置，将图片、文字无法说明的事情以故事的形式娓娓道来，观众也可以从场景中深入体会展品内涵。

如维多利亚和阿尔伯特博物馆在2017年举办了特展"歌剧：激情，权力与政治"（Opera: Passion, Power and Politics），展览讲述了西方歌剧400年的发展历史。展览设计者将歌剧带入博物馆，将歌剧演出变成歌剧展出，非常富有挑战性。设计者通过多样化的展示方式，从展品设置、灯光和音乐体验等方面打造了一出精彩而浅显易懂的"歌剧与城市"大戏。观众在展览入场处要戴上耳机，在进入展厅时在视觉上便沉入一片黑暗，唯有展品周围打下的微光与视频光源，而此时观众的听觉便能被充分调动起来；展览开端以较为温和的咏叹调开头，音乐在耳畔浅吟低唱，

一步步调动观众的情绪。音乐伴随着整个展览，观众能够一边观展一边感受戏剧的力量。这种大胆创新的场景设计将视觉效果和听觉效果有机结合，不但可以加深观众对展览的印象，也丰富了观众的体验感和获得感。

4．精心设计辅助展品，为展陈画龙点睛

辅助展品是博物馆陈列展示的重要媒介，主要包括灯箱、沙盘、场景、多媒体、声光电、虚拟现实等。一方面辅助展品能够补充展品阐述的不足，另一方面又增强了展览的观赏性和趣味性。

说明牌是展览必不可少的辅助展品，也是传递展品信息的媒介，它直接面对观众。说明牌的制作包含了许多细节，如说明牌的尺寸、形式、色彩、质地、字体大小等，都对展陈的效果起着较大影响。任何一方面的疏忽都会影响展陈效果。

此外，对于博物馆的一般观众，来博物馆参观的主要目的是欣赏学习、参观娱乐和放松身心。设计者还需从观众角度出发，考虑到一般观众的非专业性。如果文字内容涉及生僻字的，需要用拼音标注；不方便观众理解的文言文，可用白话文加以注释等。这样才能有利于不同年龄层次、不同文化水平。不同参观目的的观众都能各取所需，真正实现博物馆"以人为本"的服务理念。

三　注重陈列现场的安装与布置细节，保障展品安全、提升观众体验感

博物馆的安全对于博物馆来说是"万无一失，一失万无"。博物馆历来都非常注意对安全事故的防范，随着科技的进步与发展，博物馆也在不断提升安全防范设施。在展陈制作中，设计者也需要考虑对展品的保护。

一般说来，展品的危害主要指盗抢和自然损毁两方面。一个好的博物馆安全防范系统，首先要解决的是实体防范，包括、通道、围墙、门、窗、展柜等。技术防范是必不可少的辅助手段，如在展厅内多处安装监控摄像以及红外感应等设施进行监控，在展厨展柜内安装无线报警系统等。这些监控设备需要陈展设计者安装在较为隐蔽的地方，以减少对展陈的视觉干扰，且不影响其发挥作用。

博物馆对于展橱、展柜有着很高的要求。合理的展橱设计既能与展览艺术整体相互促进，又能对文物展品起到保护作用。这需要设计者充分思考展橱的制作细节。

博物馆展陈需使用大量的灯光，在玻璃上很容易形成炫光，对观众的观赏视线造成干扰。部分观众喜欢在参观时拍照，展柜玻璃有反光很难拍好照片，这就造成

观众的观展体验感下降。博物馆可使用玻璃透光率高、反光率低的玻璃展柜，使观众在观赏文物时不会看到自己的倒影，能够"零间隔"地欣赏文物，提高观众观展的视觉体验。

文物中比较娇贵的丝绸、书画对光线、温湿度的要求就会比较高。不合适的光照会使丝绸和书画泛黄、褪色，不合适的温湿度也会对文物造成破坏。设计人员在制作展览时应选用适合文物展品的照明设备，并安装恒温恒湿系统。如2015年南通博物苑交流展"梦绕梅花楼——南通博物苑藏李方膺作品展"赴山西晋祠傅山纪念馆展出，由于当地气候比较干燥，展馆内也没有采用恒温、恒湿的展柜，展出1个月后书画便出现了起皱干裂的现象，对作品造成了一定程度的损害。

另外，环保材料的运用也对展陈和展品安全方面起到很大的作用。如果使用了低劣材料制作的展柜，其释放的甲醛等有害气体大量聚集在展柜中也会对文物造成严重损害。

博物馆对丰富大众的精神文化生活发挥着越来越重要的影响，其寓教于乐的功能也表现得愈加明显。为了吸引更多观众走进博物馆，博物馆需要更加注重展览设计中"人文关怀"等方面的细节。如在展览大厅设置残疾人专用通道、升降电梯，照顾更多的弱势群体；为减轻参观疲劳而合理设置休息椅，让观展的同时得到休息；设计儿童体验区，方便带孩子的观众等。设计者应把展陈形式与人文关怀设施统一起来加以考虑，并让这些设施也成为展陈的和谐组成部分。

展品陈列细节的设计不仅是艺术创造的过程，也是在体现"以人为本"的理念，让文化消费者满意。当下，让博物馆应更加与时俱进，利用先进的展陈技术，充分利用艺术成果，在保持博物馆特有的科学性、专业性和展品安全的同时，让展陈变得更加新颖和独特，并提高其可看性和可观赏性，从而使观众获得丰富而生动的观览体验，同时也获得展览所要表达的文化和艺术价值。

浅谈博物馆陈列展览中的灯光应用

成 伟

（建湖县博物馆 江苏盐城 320900）

内容提要：博物馆展陈灯光应用不仅关系到文物的安全状况，还关系到展览效果、环境舒适，我们必须谨慎考虑到灯光运用的每一个环节、细节，在运用过程中应注意文物安全的防护、展览效果的呈现和观众视觉的舒适。博物馆要做好灯光应用，应减少文物曝光时间、选择合适灯具、合理设计和布置灯光、恰当调试控制灯光。随着科学技术的进步，灯光应用理念不断更新和发展，灯光技术与博物馆展陈将实现高度融合，从而使博物馆的展品更真实、丰富、充满活力，更好地满足人们参观的需求。

关键词：博物馆 陈列展览 灯光应用

随着我国博物馆事业蓬勃发展，博物馆的展陈水平显著提升，展示辅助技术手段推陈出新，其中灯光技术扮演着越来越重要的角色。合理的灯光应用能烘托展厅氛围，渲染展厅环境，使场景更有代入感；辅助文物展示，全面传递其细节、质感等重要信息；满足观众对空间的识别和感受，引导观众沿展线顺利行进通过。

一 灯光应用的相关注意事项

博物馆展陈灯光应用不仅关系到文物的安全状况，还关系到展览效果、环境舒适，我们必须谨慎考虑到灯光运用的每一个环节、细节，在运用过程中应注意以下几点。

1. 文物安全的防护

引起大多数文物和艺术品损害的最常见的因素包括：光照、相对湿度、污染、人为因素、虫害等，其中，光照会对文物造成严重的、不可挽回的损害。人工光源的光辐射主要以光化学反应和光的热效应所引发或加速对文物的老化损坏。红外辐射一方面引起局部热效应，使得辐照物体附近相对温度发生变化，从而导致文物的收缩、变形或开裂；另一方面引起相对湿度变化，间接对文物造成影响。紫外辐射作用于文物材料分子结构，使文物外观发生变化（褪色、变色、龟裂、变形等），并会造成文物强度下降。有机质类文物对光照较为敏感，其中古籍、书画、纺织品等更是特别敏感，需要在满足参观需求的同时采取一些防护措施减少光照危害。

2. 展览效果的呈现

博物馆展览陈列作为特殊的视觉传达的载体，要鲜明地表达展览主题和思想内容，最大限度地向观众传达知识和信息。要达到最佳的展示效果，离不开照明技术的合理运用。不同类型博物馆，其陈列形式类型、展示主题定位也不同，照明运用需要量体裁衣，进行针对性的环境氛围营造。地方综合类博物馆的展陈（基本陈列）主要为了展示地方的历史文化底蕴，提升市民对地方历史文化的认同感和自豪感，也可使外地游客对当地有一个初步、概观式的了解，因此灯光要显得安静和谐、端庄大气。艺术类博物馆的展陈主要为了使观众多样化、多角度地看待艺术品，提高民众对视觉艺术的欣赏水平、提升美学的认识水平。考虑到艺术品色彩都比较丰富，照明基调是高色温、高照度，营造出自然、明亮的观展氛围。

3. 观众视觉的舒适

人眼的舒适度一般在1000勒克斯左右（勒克斯为照度单位）。博物馆灯光照度超过这个数值，容易使观众产生不适感；反之，如果博物馆灯光过暗，会影响观众的观看，容易造成感官疲劳，甚至会产生一系列的安全隐患。另外，由灯具引起视野中进入过强的光，或者过强的光经反射进入眼睛都会造成眩光，博物馆灯光应用须考虑到观众接受环境的能力，清晰辨别展线道路以及顺利通过展线的需要。

二　如何做好灯光应用

虽然光具有破坏力，存在不利于文物的因素，但光又是必不可少的元素，是视觉沟通的主要手段之一。如何恰当、有效地运用"光"，利用国内外现有成型的博物馆照明灯具，以达到最佳的展陈效果、满足空间环境的照明需求，已经成为一门科学及艺术工程。

1. 减少文物曝光时间

考虑光辐射对文物破坏存在累积效应，辐照时间累计越长，文物受到的危害越大。各类文物的年曝光量推荐限值相对固定，由于年曝光量以照度与年曝光时间乘积计算，在照度确定的情况下，减少曝光时间，可以有效降低年曝光量。对于展厅文物附近的局部照明，采用人体感应开关式，有观众参观时处于开灯状态，没有观众参观时让文物处于黑暗环境。此外，采用文物有限展出或者使用复制品的方式，在一定程度上也可以减少光对文物的损害，但牺牲了观赏性和观众的观赏需求。

2. 选择合适灯具

当前，我国博物馆展陈中采用的人工照明灯具有卤钨灯、无紫荧光灯、白炽灯、LED 灯等。无紫荧光灯发热低，且经过了防紫外线处理；白炽灯虽然紫外线少，但发热量高；卤钨灯是在泡体内充入的惰性气体中含有碘、溴、氟等卤族元素和卤化合物的白炽灯，相对于普通白炽灯，因其特殊的工作原理，钨会吸附到钨丝上，卤素继续参与循环，不会产生灯泡发黑现象，显色性好，寿命较长，但会产生一定的红外辐射；LED 灯低能耗并且具有极低的紫外和红外成分，不但可以满足博物馆照明的功能性要求，即通过照明正确地表现展览品的形状、色彩、质感，同时控制眩光、阴影等，防止展品受到热辐射和紫外辐射的伤害，而且 LED 的调光功能使得光照度的控制也相对容易。

3. 灯光设计布置

在博物馆照明设计中，照度值应与色温相匹配，照度较高时选用高色温光源，照度较低时宜选用低色温光源，博物馆灯光色温一般在 2700 ～ 3300K 范围内。同时色温的选择也要满足观众的视觉生理需要，对不同材质展品应有不同的色温。照明一定要能够很好地再现展品的颜色，不同的显色性是指它们的相关色温差异，显色性因同时考虑滤去紫外线和红外线后所显示的物体真实色彩，要极力避免物体在光照下产生色彩畸变。博物馆展陈中，对绘画、彩色织物等辨色要求高的文物，灯光显色指数必须在 90 以上，对辨色要求不高的，显色指数也要在 80 以上，对于不同尺寸、不同形式的文物还有特殊的布光要求。

博物馆照明方式多样化，单纯的一般照明没有主次明暗之分，照明效果不理想，因而常作为展示空间的基础照明，而一些展品展陈方式设计不同，展陈照明的手法也多样。立体类展品进行展示时，除一般照明外，还应有突出表现展品的形状、纹理、色调、质感等特征的优美照明。

场外模拟试验是灯光设计布置非常重要的一个环节。通过场外试验，了解灯光照明的效果，及时发现问题，与设计人员沟通后改进问题。从而保证灯光照明的效果与设计和要求相符合，并且与博物馆陈列的效果更好的结合。

4．灯光调试控制

良好的灯光环境除了选择合适的灯具、合理的灯光设计外，更重要的还需要调试。展柜是博物馆最重要的部分，几乎所有的博物馆都离不开展柜，展柜一般占展示的一半以上。

通柜一般会采用点、面光源相结合的照明方式。面光源一般在顶棚使用，通过漫反射的方式打亮展柜，起到柜内基础照明作用。在通柜中可作较多调试的是点光源，作为移动灯具，点光源的位置相对固定。在调试时应将点光源往柜内重点展品中照射，并调试好相应的变焦角度。

独立柜存在柜内、柜外布灯两种情形。独立柜的布灯和调试首先是要分清楚展品形态和体积大小。展品属于小体积或者平面展品，可直接在柜顶直接安装灯具，以直接打光的方式进行调试即可；立体展品体积较大，则需要在柜外左右两边或三到四面布灯，灯光需要采用交叉互打方式。在调试时应该注意灯具交叉对打时的眩光影响，要做好双重防眩，可在灯具上安装蜂窝防眩网和遮光眼罩、遮光筒或四叶遮光挡板等防眩配件满足防眩要求。

展板在博物馆展陈中占了很大比例，其多数属于印刷品或复制品，起到说明展示的作用。展板灯光调试，要遵照博物馆照明规范中对平面展板均匀度的要求。对于尺寸合适的正方形或者长方形展板，以"一灯一板"的方式即可，如果均匀度和柔和度不够，可在灯具上添加柔光配件，布纹玻璃则是一种常用的柔光配件。对于竖向或者横向的长条形展板，需要使用各种不同角度的拉伸配件。根据不同的长条展板尺寸使用相对应拉伸角度的镜片，结合现场情况进行调试，根据确定的位置选择不同角度的配件。

场景是博物馆常见的布展形态，更直接地将展览主题简单明了的加以体现。场景灯光调试相对于其他部位要复杂多样。场景灯光要适当处理光照阴影，采用多处灯光照射取缔单一使用灯光效果消除或减少阴影，辅以多角度照明，营造丰富的艺术效果。

三　展望

现代博物馆的灯光应用已不仅仅停留于照明这个基本功能，其专业性、科技性日趋突出，在博物馆展陈设计过程中逐渐形成系统化、规范化运作体系。随着科学技术的进步，灯光应用理念不断更新和发展，灯光技术与博物馆展陈将实现高度融合，从而使博物馆的展品更真实、丰富、充满活力，更好地满足人们参观的需求。

参考文献

1. 张远：《博物馆陈列展览中灯光的运用》，《大众文艺》2017 年第 19 期。
2. 张晖：《浅谈博物馆照明设计中的文物防光问题》，《视觉空间设计研究》2010 年第 2 期。
3. 王海：《浅谈博物馆陈列中灯光的使用》，《中国民族文博》2011 年第 4 期。

浅析考古工作在大遗址保护展示中的价值

——以江苏无锡鸿山遗址为例

王　卿

（无锡鸿山遗址博物馆　江苏无锡　214000）

内容提要：考古工作是大遗址保护展示的科学依据和基础。以江苏无锡鸿山遗址为例，成果资料通过鸿山遗址博物馆历史文化展示、遗址地原生环境展示、遗址现场展示、数字化网络展示等方式，使遗址公园在空间上实现"点、线、面"的有机结合，全方位展示遗址与环境，多角度揭示其历史信息，是国家考古遗址公园展陈体系建设的重要方式，能够使社会公众进一步的零距离接触大遗址，感受历史文化。

关键词：考古　大遗址保护　展示　遗址博物馆　鸿山遗址

一　考古工作是大遗址保护展示的科学依据和基础

大遗址是古代文明的高度凝聚体，是历史传承最直接、最主要的见证。《大遗址考古工作要求》强调了"大遗址考古是大遗址保护工作的重要内容，是开展大遗址保护、展示、利用的科学依据和基础"[1]，明确了"大遗址考古的主要目的是支撑遗址保护，促进有序利用；服务遗址管理和展示，支持考古遗址公园建设"[2]。同时，又强调"考古工作应贯穿遗址保护规划、保护和展示工程、考古遗址公园建设和管理的始终"[3]。

江苏鸿山遗址位于无锡市新吴区鸿山街道，是春秋战国时期长江下游吴越地区的墓葬类遗址，分布范围约 7.5 平方公里。由于其所具有重大的文物和考古研究价值，先后入选"2004 年度全国十大考古新发现"、第六批全国重点文物保护单位和"十一五"期间全国重点保护大遗址。2010 年 10 月，被国家文物局列入首批国家考古遗址公园。

自 2003 年发现以来，鸿山遗址积极开展考古工作，科学编制考古工作计划、持续开展考古勘探研究，加强科研合作，取得了较为丰富的考古科研成果，为鸿山遗址的保护展示提供了科学依据和基础资料。

二 鸿山遗址保护展示项目主要案例分析

鸿山国家考古遗址公园认真贯彻国家文物局关于考古遗址公园建设与运营的工作方针，坚持"考古先行、全程参与、科研为主、保护第一"的原则，将鸿山遗址考古工作的成果应用于遗址博物馆的出土文物展示、建筑展示、历史文化展示，遗址地原生环境展示，遗址现场展示，以及遗址的数字化网络展示等鸿山遗址保护展示项目之中。同时，进一步坚持"考古工作应贯穿遗址保护规划、保护和展示工程、考古遗址公园建设和管理的始终"[4]的理念，在大遗址保护展示和遗址公园建设中做出了一番探索和实践。

（一）鸿山遗址博物馆的历史文化展示

2008年4月，鸿山遗址保护展示的核心载体——鸿山遗址博物馆落成并向社会开放。

1. 鸿山遗址博物馆的建筑展示

鸿山遗址博物馆奇特大型战国贵族墓——邱承墩而建，博物馆建筑由中国建筑设计研究院崔恺工作室规划设计，总建筑面积9139平方米，展厅面积3431平方米，于2008年4月落成。建筑总高度12米，呈东西走向，具有鲜明的时代性和地域性。

第一，博物馆墙体为仿先秦时期的古城墙建筑，表面采用日本进口原料喷砂技术涂层，选用与江南农田肌理相同的颜色，与周围农田色彩融为一体。屋面均选用特制的经氧化处理的铜瓦，与古代青铜颜色一致，与鸿山遗址的历史年代相吻合，具有鲜明的时代性。

第二，博物馆融入了大量的江南自然生态和民居建筑元素。将博物馆入口部位和中央大厅屋面全部采用双斜坡顶的设计，入口部位和中央大厅之间的庭院地面则用青砖铺设，具有浓郁的地域性。

第三，博物馆倚特大型战国贵族墓——邱承墩而建，整体建筑以邱承墩原址保护大棚、中央大厅、入口部位一线为中轴，因此，博物馆整体角度与邱承墩贵族墓的方向一致。建筑整体布局呈东西走向、南北分布的形态。从空中俯瞰，整个建筑犹如一把"弓箭"，揭示着吴越争霸的风云历史，具有强烈的历史性。

2．鸿山遗址博物馆的基本陈列展示

鸿山遗址博物馆的基本陈列展览由鸿山遗址及其出土文物展示、吴地历史文化主题展示，以及邱承墩贵族墓原址展示三部分组成。

第一，鸿山遗址及其出土文物展示是鸿山遗址考古发现及出土文物的展示，分为"古墓惊现""等级之尊""奢华生活""贵族玉礼""乐库华章"和"千古之谜"六大版块，叙述了鸿山遗址发现、发掘和保护的过程，着重通过陶瓷器、玉器、琉璃器等珍贵文物展示了战国时期贵族的精致奢华生活以及当时的埋葬习俗、等级制度和礼乐制度，反映了春秋战国时期吴越地区在陶瓷、玉器制作工艺以及音乐艺术等领域的辉煌成就。

第二，吴地历史文化主题展是国内首个吴地文化主题展览，包括"先吴文化"和"吴文化"两大版块。一方面自成一体、独立完整展示吴地历史文化的发展脉络和特色，另一方面为鸿山遗址展示提供全方位的历史人文背景。"先吴文化"版块展示了从马家浜、崧泽、良渚到马桥文化时期的无锡地区已发现的文化遗址和出土遗物。"吴文化"版块讲述了商末太伯奔吴、数代吴王励精图治，中原文明与土著文明涤荡碰撞、交汇融合，开创并缔造了绚丽多彩的吴文化。

第三，邱承墩贵族墓原址展示是依考古原址而建，以考古资料为依据，对邱承墩战国贵族墓坑做了全面复原展示，并辅之以墓葬原貌结构、发掘过程、出土文物的图片和视频，如实重现考古现场，最大限度地传递各种原始信息，全面展示了战国时期越国高等级贵族的墓葬形制和规格体系。

（二）遗址地原生环境展示

根据中国科学院南京地质古生物研究所对考古文化地层中采集孢粉的分析研究[5]、现有研究成果、遗址环境现状等因素，《鸿山墓群保护总体规划》将遗址地原生环境定义为湿地生态环境[6]，并专门规划了湿地生态展示区，旨在维持当地生态系统的稳定性、解决文物保护区划内生态破坏问题，进一步再现江南湿地特色的自然景观，开展科普教育。2011年11月，湿地生态展示区（即梁鸿湿地公园）被国家林业局评为国家湿地公园。

目前，鸿山国家考古遗址公园湿地生态展示区（即梁鸿湿地公园）通过合理的湿地保护与恢复措施，有效地控制了点源和面源污染，区域内水质逐步提高；同时，通过科学修复和合理利用，以湿地保育区为主的湿地生态系统及其功能得以逐步恢复，保育区功能基本恢复到自然状况，湿地野生动物基本不受人类活动干扰。

总体上说，鸿山遗址的遗址地原生环境展示，以考古为依据，使用生态技术和生物工程,通过园林绿化和植物群落重建,对遗址公园内生态湿地系统进行修复和重建,再现干扰前湿地生态系统的结构和功能,为鸿山遗址展示提供了良好的背景生态环境。同时,鸿山国家考古遗址公园的生物多样性对改善水质、涵养水源、调节区域气候、保护和美化环境起到积极作用,发挥了巨大的生态效益。

鸿山遗址在遗址地原生环境展示的经验表明,考古先行、以考古为前提,开展遗址地原生环境的生态保护和修复工作,对于大遗址整体保护和城市发展是极为重要的。

(三)遗址现场展示

根据《鸿山墓群保护总体规划》,鸿山国家考古遗址公园展陈体系主要通过遗址公园和遗址博物馆的建设来实现。其中,遗址现场展示是遗址公园主要展示方式之一。

2013 年 8 月,根据中国建筑设计研究院编制的《无锡鸿山墓群本体保护展示工程设计方案》和国家文物局《关于鸿山墓群本体保护展示工程设计方案的批复》(文物保函〔2012〕1417 号),分别由江苏无锡市考古研究所开展鸿山遗址本体保护二期项目的土墩勘探工作,南京博物院编制《鸿山墓群本体保护展示工程施工设计方案》,进一步启动实施鸿山遗址本体保护展示二期工程。其中,无锡市考古研究所勘探发现万家坟、杜家坟等春秋战国时期土墩周边存在有环壕。这一重要新发现弥补了以往对鸿山越墓墓葬结构、布局的认识,也为墓墩本体的展示提供了新亮点。

鸿山遗址本体保护展示二期工程以最新考古成果为依据,遵循文物保护的真实性、完整性;遵循文物展示设施的可逆性、可读性、可达性。坚持最小干预原则,做到以现状维持为主,加强对文物及周边环境的整体保护,重点突显墓群的整体布局和环境风貌。2016 年,鸿山遗址本体保护展示二期工程——鸿山遗址獴墩、秆稞墩本体保护展示工程施工基本完成。秆稞墩考古勘探并未探出明确历史界限范围,也无壕沟存在。其展示方式以现状保持为主,对土墩树木整治,去除根系过深影响土墩牢固性的杂树,四周铺设与周边相同形式的田埂,使土墩以原始自然的状态存在于总体环境中。獴墩的考古勘探明确了土墩的历史范围,壕沟位置和尺寸。其展示方式以对比展示为主要方式。在土墩本体展示方面,对土墩原有树木进行清理,并将土墩本体的历史边界以夯土抬高 0.3 米为表现手法,在超出现有土墩范围处就产生了清晰的位置关系对比,直观地呈现历史形态。在壕沟展示方面,从已与地表持平的原壕沟位置向下挖掘深度为 0.6 米的沟渠(壕沟实际深 0.9 米),内引农田水渠水使壕沟保持水分，壕中种植芦苇等原生两栖植物，在展示壕沟的同时产生景观美化效果。同时，借用原有田埂绕行墓墩四面，实现游客参观的通达性，在田埂上铺设自然石板，并从道路入口到达墓墩前的田埂内设置说明牌。

鸿山遗址本体保护展示二期工程是鸿山国家考古遗址公园遗址现场展示的试点。此次项目中，除遗址展示和景观展示设计外，南京博物院还专题开展了鸿山遗址土样检测分析、病害调查评估和保护材料实验等，并指导监督项目实施，确保了本体保护与植被展示的效果。无锡市考古研究所除了开展项目前期的考古勘探外，还全程参与项目实施，担任考古监理，确保了项目实施的科学性。

从《无锡鸿山墓群本体保护展示工程设计方案》到《鸿山墓群本体保护展示工程施工设计方案》，再到二期项目的实施完成，鸿山遗址的遗址现场展示项目的实践表明，遵循文物保护的真实性、完整性，以遗址现状维护和展示为主，坚持考古先行并贯穿项目始终的原则，依据考古研究资料，恢复土墩历史原貌，注重遗址本体与植被、壕沟、水系、环境、道路等周边各方的关系处理，加强对文物及周边环境的整体保护，是国家考古遗址公园展陈体系建设的重要方式，能够使社会公众进一步的零距离接触大遗址，感受历史文化。

（四）数字化网络展示

2018 年 8 月，全新的鸿山遗址博物馆数字化精品网站（www.hsyzbwg.com）正式上线运行。作为国家文物局批准的博物馆数字化国家级试点项目——"鸿山遗址精品陈列展览及文物保护数字化项目"的重要成果之一，网站不同于一般的博物馆网站，充分汲取现有考古学研究成果，加强文物信息数据采集，强调大遗址考古、保护与展示利用的关系。

网站通过项目前期的精品文物数字化信息采集、三维数据模型制作和遗址区航拍等基础工作，实现了 118 件馆藏精品文物和万家坟等部分鸿山遗址土墩的在线展示。此外，结合考古资料，进一步制作提供了邱承墩贵族墓原址墓坑的全景展示，打破了游客现场参观墓坑时的空间限制，可以实现墓坑内部的参观视觉。同时，还可以实现遗址墓坑内出土文物的原始位置的虚拟再现，形成虚实结合的参观体验。

三 总 结

无论是遗址规划之前的考古发掘、调查勘探，还是公园建设运营时期的持续性考古勘探，鸿山遗址的考古工作都为鸿山遗址的保护展示提供了科学的基础。

从鸿山遗址的考古工作中，我们了解到鸿山遗址的年代、地域特点、历史文化内涵，以及出土文物的类别、特征乃至原生环境、历史边界等科学信息。这些成果资料进一步通过鸿山遗址博物馆历史文化展示、遗址地原生环境展示、遗址现场展示、数字化网络展示等方式，使遗址公园在空间上实现"点、线、面"的有机结合，全方位展示遗址与环境，多角度揭示其历史信息。同时，注重成果转换，开展持续性考古，将考古工作贯穿公园建设运营始终的方式，又为鸿山国家考古遗址公园的建设运营提供了持久而科学的动力与活力，从而不断提高公众对文物的兴趣，进一步弘扬民族传统文化。

鸿山遗址的实践表明，考古工作在大遗址保护展示中的价值是巨大的，影响是全方位的。全面坚持"考古先行、全程参与、科研为主、保护第一"的原则，将考古工作贯穿于大遗址保护与考古遗址公园建设始终，这一工作思路是非常正确的。同时，积极发挥考古工作的基础性作用，重视并加强考古研究和成果转化，是大遗址保护利用工作的重要原则和方式，有效促进了传统文化的传承与创新。

注释

[1] 国家文物局：《大遗址考古工作要求》，国家文物局《关于加强基本建设工程中考古工作的指导意见》（文物保发〔2006〕42号）。

[2] 国家文物局：《大遗址考古工作要求》，国家文物局《关于加强基本建设工程中考古工作的指导意见》（文物保发〔2006〕42号）。

[3] 国家文物局：《大遗址考古工作要求》，国家文物局《关于加强基本建设工程中考古工作的指导意见》（文物保发〔2006〕42号）。

[4] 国家文物局：《大遗址考古工作要求》，国家文物局《关于加强基本建设工程中考古工作的指导意见》（文物保发〔2006〕42号）。

[5] 中国科学院南京地质古生物研究所：《无锡市文管委送测7个样品的孢粉分析结果》，中国建筑设计研究院建筑历史研究所《鸿山墓群保护总体规划·基础资料汇编》。

[6] 中国建筑设计研究院建筑历史研究所：《鸿山墓群保护总体规划·规划说明》。

博物馆展览让非物质文化遗产融入现代生活

——从"妙手削轻筠——白士风白雪飞父女留青竹刻艺术展"谈起

惠露佳

（常州博物馆　江苏常州　213000）

内容提要： 我国的留青竹刻技艺起源于唐代，而与书画艺术结缘则始于明代常州府的张希黄。自明代以来，竹刻经过几百年的传承，各种刻法均有长足发展。直至清末，江苏常州的留青竹刻独占鳌头。作为非物质文化遗产的常州留青竹刻"曲高和寡"，因此常州博物馆从白氏留青竹刻入手，举办了"妙手削轻筠——白士风白雪飞父女留青竹刻艺术展"，将叙事与阐释并重、交流与互促并行、今日与未来并举，使留青竹刻变得浅近可及，更好地进入大众视野，融入现代生活。

关键词： 非物质文化遗产　留青竹刻　博物馆展览　社会生活

当今，博物馆扮演着广泛的社会角色，它的功能不再局限于文物保护、藏品展示、教育活动等范畴，博物馆参与着现代社会的不同层面，历久弥新。然而，非物质文化遗产却随着时间的推移、文娱的冲击，加之非遗传承人囿于原状的保守态度而停滞不前或日渐消亡。在这种背景下，博物馆应当承担起让非物质文化遗产"古法换新颜"的社会责任，在非物质文化遗产和观众间搭架桥梁，让非物质文化遗产逐渐融入现代生活。江苏常州博物馆于 2018 年 6～10 月举办的"妙手削轻筠——白士风白雪飞父女留青竹刻艺术展"（以下简称"'妙手削轻筠'展"）就是让非物质文化遗产"活起来"的一次有益尝试。

自古以来，以竹为基材进行的艺术创作就盛行不衰。国人利用竹材雕刻，肇始于唐代；若定格为一种艺术门类，则发端于明代。近几十年内，被海内外公认为开宗立派的竹刻大家都诞生于常州。他们传承自明代杰出竹刻家张希黄一脉，在秉承传统竹刻技法、兼收多类艺术精华的基础之上，常州竹人精进技艺、推陈出新，促使常州竹刻不断发展，奠定了全国留青竹刻的中心地位。2007 年常州留青竹刻入选江苏省"第一批省级非物质文化遗产名录"，2008 年入选"第二批国家级非物质文化遗产名录"。此外，常州留青竹刻更位列"第一批国家传统工艺振兴目录"，成为常州唯一入选该目录的非物质文化遗产保护项目。"妙手削轻筠"展遴选了常州近现代留青竹刻大师白士风及其女白雪飞的竹刻精品47件（套），作品用刀错落犀利、刻画细腻传神，展现了常州竹刻艺术家匠心独运的艺术构思和精湛高超的雕刻技法，具有颇高的观赏性和珍藏价值。

以非物质文化遗产为主题的传统展览常常从历史的角度铺陈开来，或关注作品本身，或强调发展沿革。"妙手削轻筠"展则从传承与创新的角度切入，叙事与阐释并重、交流与互促并行、今日与未来并举。正如美国史密森博物学院（Smithsonian Institution）第一任助理秘书长乔治·布朗·古德（George Brown Goode）所言："博物馆不是古物的坟墓，而是新思想的策源地。"

一　重叙事亦重阐释

毋庸置疑，博物馆对文物、艺术、历史遗迹的保护和保存是其存在的根本。然而，过度放大藏品的不可取代性却不是现今博物馆存在的意义。戴维·默里（David Murie）在20世纪初就将博物馆做出"现代"和"前现代"的区分——"现代博物馆陈列的目的是揭示某种具有真理意义的发展规律或过程。前现代的珍品收藏与这种真理使命无关，它给人带来的是意外的惊喜和好奇，'新''奇''特'是它吸引人的地方"[1]。"妙手削轻筠"展即从两方面进行叙事，揭示了非物质文化遗产留青竹刻的发展过程，讲述了白氏留青竹刻的传承与创新；并从三方面进行阐释，旨在让留青竹刻通过"现代化"的博物馆展示"活起来"。

第一层叙事结构讲述何为留青竹刻。首先，从艺术分类的角度来看，竹刻艺术分为立体圆雕和平面镌刻两大类。平面镌刻又分阴刻与阳刻。留青竹刻艺术属平面镌刻之阳刻，即保留绘制于竹青之上的创作图案，其余部分用全留、多留、少留、微留、不留的技艺精心刻除，露出竹肌。其次，从艺术再创作的视角出发，留青竹刻讲求笔墨底蕴，是书画与雕刻相结合的独特形式，也是书画在竹皮上的再创造。最后，从收藏角度分析，竹青色浅，年久呈微黄；竹肌年愈久、色愈深，如琥珀。随着时间的推移，留青竹刻竹皮与竹肌的色差营造出明暗浓淡的丰富层次，抚玩摩挲，为案头雅事。一般情况下，很多展览的策划仅限于藏品本身，采用传统器物型展览的叙事方式，如此定位的展览"强调展品的个别属性，每一件展品就是一个独立的审美与认知对象"[2]，观众难以寻找展品间的联系并感知展品背后的故事。而本展如何将这些留青竹刻展品串联并寻找内在关联，则借助了第二层叙事结构。

第二层叙事结构为白氏留青竹刻的传承与发展。叙述的重点在于白士风、白雪飞各有传承、创新之处。以白士风（1923～1997年）为首的常州"白氏"留青竹刻最大的特色是"实"，白士风将留青竹刻与文人画相结合，开创了别样的艺术境界。白士风在精进技艺的同时，也注重创新，把留青竹刻常见的臂搁、扇骨、笔筒、镇纸等形式，发展为用红木镶框的台屏、扇形挂件、多角形笔筒等多种表现形式。特别是20世纪70年代完成的9.2米的留青竹刻巨作——竹简式《孙子兵法十三篇》，不仅更新了留青竹刻的创作形式，更为后辈发掘留青竹刻的观赏性和实用性指明了方向。白雪飞（1955年～）深得其父真传，潜心竹刻艺术，继承了留青竹刻这门高超的技艺。除师承其父擅长的竹刻形式外，白雪飞更注重创新，运用红木框架配合竹片拼装，制作大型竹刻作品，形式如镜框挂件、四条屏、大插屏等，将文人雅士的把玩小件发展成正堂装饰，适应了现代人的审美情趣和生活需求。

阐释方式则分为三层，层层递进。第一层阐释方式为借助竹子原料、创稿图、刻竹工具如四棱尖刀、木锉、圆凿、砂纸等辅助展品，使留青竹刻的制作流程变得直观。第二层方式为艺术家现场导赏，白雪飞在开展期间亲力亲为进行了两次现场导览，除了介绍留青竹刻的发展历史、制作工艺、经典作品、传承与创新之处等，还与现场观众进行问答与交流。第三层方式为留青竹刻工艺师的现场制作。本展充分调动了观众的嗅觉、触觉、视觉、听觉等多感官，观众可以闻竹香、触竹肌、观刻竹、听解说，全方位进入留青竹刻的艺术世界。观众对艺术作品不再依凭单一的感官去感知，而是充分调动多感官进入艺术世界，达到全身心的融入、沉浸和情感交流，不乏为现代休闲生活的新体验。

二　重交流亦重互促

今日的博物馆以观众为核心，提供完美的"服务"成为现代博物馆的新愿景。观众除了在博物馆中享受直观的服务外，展览的衍生活动能否吸引观众也成为现代社会考量博物馆优劣的新标准之一。同时，馆际交流、馆校合作、异业结盟也是推动博物馆服务日臻完善的重要因素。"妙手削轻筠"展以非物质文化遗产与艺术家为媒介，激发观众与博物馆的交流、促进国有博物馆与非国有博物馆间的合作，将非物质文化遗产的新貌更好渗透到博物馆活动与当代社会之中。

一方面，由展览衍生的社教活动激发了人与人、人与物的交流。2018年6月，为配合展览，常州博物馆特开展"匠心相传留青竹刻工艺体验活动"。活动邀请了白雪飞担任体验活动导师，除了从理论角度给观众普及了留青竹刻的发展历史、刻竹工具、雕刻技艺等，还让观众体验了一把刻竹雅事。观众参与博物馆活动，在人与物的交流、人与人的互动中，博物馆为非物质文化遗产的传承和发扬提供了良好的平台。史蒂芬妮·诺比（Stephanie Nobby）认为"比起征集珍贵的物品，博物馆参观在教育方面的价值更为重要……甚至重要物品的复制品往往比次要物品的原件更能满足教育的需要……博物馆的物品只是一种工具，其目标是为了加深参观者对世界的了解"[3]。对观众而言，博物馆的体验活动不仅加深了他们对特定藏品的了解，更丰富了自己的人生经验。

另一方面，展品的组织促进了国有博物馆与非国有博物馆的合作。"妙手削轻筠"展的展品有两大来源，一是常州博物馆馆藏，二是白氏留青竹刻博物馆馆藏。白雪飞于2010年自筹资金创立白氏留青竹刻博物馆，2013年博物馆正式向公众开放。本次展览是常州博物馆与白氏留青竹刻博物馆的首次合作，但并非为国有博物馆与非国有博物馆联合办展的开创之举。2015年，常州博物馆与常州瀚霆古典艺术博物馆合作推出了"海韵幽蓝——瀚霆博物馆藏明代海捞瓷展"，2017年，常州博物馆与常州横山博物馆合作举办了"生活·情趣·愿景——晚清民国瓷特展"。此次的留青竹刻展整合了常州博物馆与白氏留青竹刻博物馆的资源，既让非国有博物馆的藏品成为展览的有益补充，也激发了非物质文化遗产的社会活力。"国有博物馆可以通过原创性临时展览的策划，帮扶非国有博物馆，盘活文化遗产……而非国有博物馆藏品的补充，既弥补了国有博物馆展品结构与范围的短板，也提高了文化资源合理利用的效率，从而为国有博物馆探索非物质文化遗产的当代影响提供新基础"[4]。国有博物馆与非国有博物馆的合作可相互促进，在两者合作下的非物质文化遗产也被注入了新生机。

三　重今日更重未来

博物馆可持续性发展的关注点并不能局限于博物馆体量的增长或数量的增加，而更应注重质量与深度。博物馆既要注重自身的可持续发展，也应清醒认识到博物馆是现代社会发展的驱动力。2015年，时任国家文物局局长励小捷指出："博物馆收藏历史的见证物，这些不可复制的珍贵遗产，既属于我们这一代人，同样也属于我们的子孙后代，每一个人都有权利公平地欣赏、研究和接受教益。"[5]"妙手削轻筠"展从三个方面实践并创新着博物馆的可持续发展理念，即为明天而收藏、为教育之延续、为女性价值的弘扬。

为明天而收藏。作为博物馆的收藏品在基于原环境的语境下是一种"物证"，在策展人的手中又可能获得新的展览价值。博物馆不仅要收藏过去，也要收藏当下，因为"收藏品之所以至关重要，在某种程度上是因为它们历经沧桑，会逐渐获得令人难以预料且称奇的意义与内涵"[6]。2018年6月9日，在"妙手削轻筠"展开幕仪式上，白雪飞向常州博物馆捐赠了一件亲手刻画的留青竹刻台屏。基于为明天收藏的理念，今日之举，未来可期。正如英国维多利亚及阿尔伯特博物馆（Victoria and Albert Museum）也在逐渐改变其收藏理念——"过去，博物馆选择引进一件藏品的依据是看它是否在设计史上有足够的价值和影响力，但需要长时间沉淀才能被确认，而如何衡量，就看他们在多少本历史书籍中被引用和提及，或曾经在哪些展览中被使用过。但快速反应战略可以让博物馆更快地应对一些当代热门问题，即使它们还没来得及出现在历史书籍中"[7]。作为非物质文化遗产的留青竹刻，其未来的绝对价值虽无法预测，但其蕴含的文化价值必然无法估量。

为教育之延续。常州留青竹刻人才辈出，且多以家族为单位进行传承。留青竹刻群体重基本功，也重创新；重传统技艺，也重现世学习；重师承关系，更重人才培养。书法艺术大师启功曾题诗赞曰："四百年来论竹人，三朱二沈记犹新。于今奕世传精诣，喜见毗陵步后尘。"白氏留青竹刻依托白氏留青竹刻博物馆，为了推动传统工艺美术持续健康发展，与各高校展开合作，开设了留青竹刻培训班，传承竹刻技艺，发扬竹刻艺术，更好地为民众服务、为社会服务。这是博物馆展览的后续影响力，也是博物馆教育的延续，更是非物质文化遗产的社会传承。

为女性价值的弘扬。近年来，常州博物馆注重展览的原创性，也注重以"女性"为主题的展览开发。2017年3～5月举办的"壶阁传芳——常州画派女画家精品展"从叙事性角度出发，分为"江南双绝""书香世家""金兰之谊""珠联璧合""灼灼风华"五个部分，旨在通过清代常州画派女画家的经典画作弘扬女性画家的力量。"妙手削轻筠"展明线为艺术的传承与创新，暗线则为对如白雪飞一般的女性艺术家在现代生活中扮演重要角色的揭示，对未来传统博物馆关注女性文化身份、彰显女性文化价值有一定的影响。

四　结语

留青竹刻从一个相对小众的文房雅玩发展到举世瞩目的艺术门类，殊为不易。竹为永恒，刻刀也旧有模样，唯有无数竹人孜孜以求、紧跟历史发展的洪流，在传承先贤的基础上求新求变，方能保持独立特性，又得以兼善共美。如若博物馆以非物质文化遗产为主角的展览仍停留在基于古器物学的研究成果，长此以往"'古器物'化成了'古玩'，'题跋'代替了'考订'，'欣赏'掩饰了'了解'"[8]，无法展现非物质文化遗产的当代价值，更无法影响年轻一代对珍贵遗产的重视、保护与传承。精心策划的博物馆展览、活动和其传递出的理念也许能让非物质文化遗产变得更加通俗与浅近，为非物质文化遗产走进大众视野、融入现代生活做出些许贡献。

注释

[1] 严建强：《博物馆与记忆》，《国际博物馆》2011 年第 3 期。

[2] 严建强：《博物馆与记忆》，《国际博物馆》2011 年第 3 期。

[3] ［美］史蒂芬妮·诺比著、萧凯茵译：《从物品的墓地到思想的摇篮——从古德到数字化时代史密森博物院的教育理念与实践》，《中国博物馆》2015 年第 1 期。

[4] 李威、肖宇：《让收藏在博物馆中"活"起来——从晚清民国瓷特展的策划谈起》，《中国文物报》2017 年 2 月 14 日。

[5] 李韵：《博物馆：社会可持续发展的文化驱动力——访国家文物局局长励小捷》，《光明日报》2015 年 5 月 18 日。

[6] ［美］爱德华·P. 亚历山大、玛丽·亚历山大著，陈双双译，陈建明主编：《博物馆变迁——博物馆历史与功能读本》，译林出版社，2014 年。

[7] 姚芳沁：《再不改，博物馆就被收进博物馆了》，《好奇心日报》2014 年第 5 期。

[8] 蔡琴：《物与记忆：论博物馆的器物研究》，《国际博物馆》2011 年第 3 期。

浅析博物馆社会教育的高质量发展

——以江苏镇江博物馆为例

施　琳

（镇江博物馆　江苏镇江　212000）

内容提要：博物馆在社会教育中发挥着越来越重要的作用。它是对广大群众进行爱国主义教育、思想品德教育的基地，是学校的第二课堂，是民众自我学习、文化休闲的场所。充分发挥博物馆的社会教育功能，是现代博物馆发展的一个方向，如何提升博物馆的社会教育发展，让博物馆更受公众喜爱，这是今后一个阶段的新目标和新愿景。

关键词：博物馆　社会服务　社会教育　社教活动　镇江博物馆

习近平总书记指出，博物馆建设不要"千馆一面"，不要追求形式上的大而全，展出的内容要突出特色。博物馆往往是一个国家、一个地区、一个城市历史的保存者和记录者，不同国家和不同地区都有各自精彩独特的历史和文化。作为承载、展示地域历史文化的博物馆也就应有各自不同的特色、体现不同地域历史文化。因此，博物馆既是文化的象征，也是历史的浓缩。

博物馆是征集、典藏、陈列和研究代表自然和人类文化遗产的实物的场所，并对那些有科学性、历史性或者艺术价值的物品进行分类，为公众提供知识、教育和欣赏的文化教育机构、建筑物或者社会公共机构。博物馆教育更强调"人"的教育，即培养一个"全面的人""合格的人"的教育。

一　社教服务是博物馆发挥影响力的重要内容

今天，博物馆作为重要的社会信息资源，是一个城市的名片，体现城市文化，展示城市形象，成为一所自然的社会教育场所。但客观地说，目前博物馆在城市发展中发挥的影响力还十分有限。1753 年，英国大英博物馆建馆，公共博物馆的历史也由此开始。18 世纪末，法国将卢浮宫变为共和国艺术博物馆，向社会开放。此后，博物馆成为社会服务机构，其教育职能也逐渐发展起来。1869 年，美国出现了普及科学知识的科技博物馆，并兴起利用博物馆普及科学知识的风气 [1]。如何发挥博物馆社会教育、社会大课堂的积极作用，是值得深入思考的。从受众的角度来说，我们不但需要具有地域特色、体现地域坐标文化的博物馆建筑，更需要博物馆专业人才和体现地域风土人情、历史文化、民族特色的馆藏珍品。良好的环境、专业的管理、丰富而具有价值的馆藏才是人们心中理想的学习和受教育场所。

笔者将社教服务定义为五个部分：一是讲解，二是讲座，三是教育课程，四是教育地点，五是教育人员所具备的技能。

1. 博物馆讲解

博物馆讲解是博物馆公共教育基础的教育形式，教学地点在展厅。讲解内容要围绕展览主题，依托重要展品，针对不同观众，诠释策展思路。在辅助观众有效（有序）参观的同时，实现博物馆教育职能，满足观众求知和求学的愿望，适合的观众群体最为广泛。

以镇江博物馆名人故居部讲解为例。"2017 中国镇江赛珍珠国际学术研讨会"会议期间，隶属于镇江博物馆的省级文保单位赛珍珠故居接待了 160 多位来自中外的专家、学者、作家及喜爱赛珍珠作品的各界人士。镇江博物馆招募的旗袍沙龙志愿者们经过三次讲解培训之后闪亮登场，为广大市民进行了一次精彩的义务讲解，并根据不同的受众群体开展不同的讲解。他们的惊艳出场和精彩讲解得到了前来参观观众的一致好评。印象深刻的是八十多高龄的徐波尔女士，她身着金黄旗袍、长及脚踝，以此纪念赛珍珠的中国旗袍情结；讲解亲切自然，成为这一次接待的亮点。

2. 博物馆讲座

博物馆讲座是博物馆公共教育重要的教育形式，教学地点在教室、会议室、报告厅等专属场所。博物馆讲座最鲜明的特点是在阐释观点时必须要借助展品，展示学术成果时要系统全面，适合具有一定专业基础的观众群体。现代社会，国外具有影响力的大博物馆如美国大都会艺术博物馆已将举办公益学术讲座、普及相关历史文化知识作为一种经常性、行之有效的宣传教育方法在实行，并且取得了良好的社会效益 [2]。镇江博物馆也借鉴这种方式，充分利用现有藏品和学术研究成果，在纪念反法西斯胜利 70 周年日，举办了"赛珍珠与抗战""陆小波与抗战"等公益性学术讲座，使广大观众在参观展览的同时，聆听、学习专业知识，增进对展览的理解，增长知识。除此之外，博物馆为一些个别群体量身打造了专业性极强的讲座，如镇江博物馆在赛珍珠诞辰 123 周年之际，为市区党员举办"赛珍珠与镇江"的专题讲座；著名碑帖研究专家施安昌先生在镇江博物馆举办"石墨因缘——碑帖善本的赏鉴"，为镇江书法爱好者提供了学习交流的机会。

3. 博物馆教育课程

博物馆教育课程是博物馆公共教育与学校教育、家庭教育、社区四者融合发展的教育形式。以镇江博物馆为例，除了基本的送展览、送讲座进学校、社区外，我们更强调以最"时髦"的方式实现二者的有机结合，使观众走进博物馆，亲近博物馆。从 2013 年开始，镇江博物馆利用自身的名人故居资源，与全市最大的社区文化网民群体镇江文旅网进行合作，连续五年共同举办了"看名人优胜、怀名人情结、学名人品格、红镇江文化"徒步活动，以这样的参与性强的方式，将文化传播与最"时髦"的健身方式进行了有效结合，吸引社区公众和特殊个人积极参与到博物馆的活动中来。全民阅读是当前最"时髦"的文化热词，也是当前社区重点推进的文化建设项目。镇江博物馆瞄准社区的迫切需求，找准结合点，在"世界读书日"到来之际，联合梦溪社区开展以"书香京口 品味梦溪 圆梦健康"为主题的系列活动；携手红旗小学举办第十四届读书节"牵手图书馆 书香满校园"的征文活动；在"重阳节"举办诗歌朗诵比赛等等。借助各类阅读文化活动的开展，打造书香社区，引领全社区居民从自身做起，从点滴做起，培养浓厚的读书兴趣，养成良好的读书习惯，营造浓厚的文化氛围，同时通过设立梦溪讲堂等方式，也让名人故居等文物单位成为社区居民开展阅读文化活动的场所。如今，通过走进社区文化舞台，在社区居民心中，博物馆已经不再是一个高高在上、触不可及的奢侈品，而已经成为她们日常文化生活实实在在的一部分 [3]。

4. 教学地点

镇江博物馆实行"博物馆 + 学校 + 家庭""博物馆教师 + 学校教师 + 学生家长"和"知识教育 + 技能教育 + 情感教育"的融合模式。有句格言说得很好：我听到的我忘记了，我看到的我记住了，我做到的我理解了 [4]。这就是为什么西方主流博物馆都设置动手教育环节的原因。镇江博物馆名人故居管理部也开始开展了这样的活动。如"小讲解员职业素质体验营"活动以"玩中学 学中玩"为理念，孩子们既能在这里展示自我、挑战自我，也能实现从"文化传承人"到"文化传播人"的华丽蜕变。学生教育不仅是学校教育，更多的家庭已经认识并公认博物馆也是社会公共教育的重要场所。

5.博物馆教育人员所具备的技能

博物馆教育人员需要具备一定的历史学、艺术史学、考古学、文物学、博物馆学、传播学、教育学和教育心理学等相关学科知识。同时还应努力培养自己的观察力、专注力、亲和力和倡导力，提升自己在语言表达、沟通技巧、情绪控制和项目管理等方面的基本技能。

二　博物馆的社会教育在于社教

社教部作为博物馆传统业务部门之一，长期以来一直在一线发挥着重要的窗口作用。然而，与保管部和陈列部相比，社教部的工作方式和成果的呈现方式确有着较大区别。社教部门的工作更多的是面对公众提供文化增值服务，因而其成果形式也更多地体现在应用层面[5]。博物馆花大量资金及精力制作的反映本土历史发展的基本陈列展，服务于社会，被观众看懂及理解，可着重发展如下三方面：一是讲解，二是针对青少年开展形式多样的社教活动，三是志愿者。博物馆的讲解要求讲解员熟悉讲解技巧，培养现场感觉。讲解员在基本陈列设计人员的指导下编写讲解词，让讲解员了解展览的设计理念及展示内容及方式进行讲解。

博物馆是青少年的第二课堂。镇江博物馆依托自身的优势，组织开展形式多样化的社会教育活动。实现"知识教育＋技能教育＋情感教育"融合发展模式，从而提升他们的核心素养，共同促进青少年综合素质的提升。镇江博物馆举办了"快乐讲解、黑白墨韵——博物馆里学古技""巧手成饰——神奇胶片变形记""文化引领、播撒阳光——关爱留守儿童博物馆之旅""一叶知秋——百变植物画 DIY"等主题鲜明的活动，丰富了青少年儿童的业余生活，让青少年既动手、又动脑，在学习中找到乐趣，增加学生对学习知识的兴趣。这些活动得到家长和学校大力支持。博物馆教育对于青少年而言是"实践教育"的一种补充。随着教育手段的进步，学习已经不仅仅是书本式的教学，实践教学在教育中的地位不断提高。

动员和组织社会力量招募志愿者，使博物馆社教工作办得更圆满、更完善。志愿者利用他们普通观众的身份，更容易和市民沟通，这样不仅能够缓解配备博物馆人员的紧张，而且更能拉近与群众的距离，使社教活动进行的更顺利。如2018年9月，镇江博物馆名人故居部第二次招募志愿者。这次的招募活动为"志愿无倦——镇博需要你"，通过发放宣传海报、网上宣传扩大影响、联系学校、社区，走进隶属于镇江博物馆的三个故居（赛珍珠故居、梦溪园沈括故居、陆小波故居）现场开展招募工作。通过讲解故居内的房屋建构特色、物品摆设、人物和态势礼仪培训等活动环节，给志愿者们提供一个展示自我、战胜自我的舞台，从而实现从"文化传承人"到"文传传播者"的华丽蜕变。镇江博物馆名人故居部也通过公众最大限度地参与与认可，各取所需，更好地为镇江市民服务。

三 博物馆的社会教育活动精彩纷呈

博物馆教育活动是博物馆公共教育参与体验式的教育形式，教学地点是"展厅＋课堂"。博物馆围绕自身特点充分发挥资源优势，帮助观众运用观察、聆听、触摸、嗅闻、品尝、扮演、制作等参与体验方式深入了解与博物馆资源相关的主题内容，使其获得更为愉悦的参观体验。镇江博物馆先后举办了"全民艺术普及，精彩与你同行——张志强师生琵琶音乐会""纸上传情——古法造纸体验""海上月夜明，欢乐一家亲志愿者中秋联欢会""中外一家亲，共话月圆情——海外留学生专场中秋活动""萌娃当家，助爱起航——首届教育基金义卖"等活动。教育活动的参与度高，内容繁杂多样，单次活动精彩纷呈。如开展的"梦溪学堂"走进校园，为大学生讲国学，为小学生讲故居历史；为幼儿园的孩子们开展"大手拉小手，历史文化从娃娃抓起"的主题活动；开展"沈括杯——我是小小发明家"的主题活动让孩子们大胆创新，充分发挥想象力，积极动手。与江苏省司法警官高等职业学校等单位联合举办的"憧警2018迎新晚会"，积极地宣传了镇江的历史文化名人，有效地加强了博物馆与警官学校、江苏大学等单位的友好合作关系，较好地落实了"文心绽放，全民共享"的理念。

博物馆的社会教育需求引领博物馆事业的健康发展，关键是服务，核心是教育。为了更好地服务公众，博物馆首先要成为教育者、服务者和传播者。博物馆的社会教育效果，主要体现在博物馆内观众的数量与观众对博物馆的认可度、满意度。从社会教育到社会服务，寓教育于服务之中，博物馆还有很长的路要走。希冀更多的观众走进博物馆以后，在博物馆所提供的服务中看懂展览、理解文明、认知传统、爱上博物馆。

注释

[1] 姜毅：《发挥博物馆的社会教育功能的探讨》，《环球人文地理》2014年第22期。

[2] 李萍：《博物馆教育功能浅析》，宁波博物馆编：《博物馆的发展现状和未来使命学术研讨会论文集》，科学出版社，2015年。

[3] 苏东海：《博物馆服务社区的思想由来》，《中国文物报》2001年4月25日。

[4] 罗胜添：《博物馆社会教育功能理念的新探索》，《大众文艺》2012年第18期。

[5] 钟小苑：《浅谈如何发挥博物馆的社会教育功能》，《大众文艺》2014年第5期。

文旅融合视野下的博物馆社会教育

——以江苏镇江博物馆为例

刘　钰

（镇江博物馆　江苏镇江　212000）

内容提要： 文化是旅游的灵魂，旅游是文化发展的重要途径。随着文旅融合形势的发展，博物馆也迫切需要调整发展策略，将传统的以"物"为中心的博物馆参观转变为以博物馆文化及其文化衍生物为对象的博物馆旅游，以此助力我国文化产业长久的繁荣与发展。

关键词： 博物馆教育　旅游　文化　体验

博物馆是社会公共教育服务场所，在 1974 年国际博物馆协会（ICOM）第十届大会通过的《国际博物馆协会章程》（*ICOM Statutes*）中，对博物馆进行了如下定义：博物馆是一个不追求盈利，为社会和社会发展服务的、公开的、永久性机构。对人类和人类环境见证物进行研究、采集、保存、传播，特别是为研究、教育和游览提供展览。随着我国文博事业的蒸蒸日上，文化业与旅游业结合得越来越紧密，博物馆作为文化事业的重要组成部分，也必须适应时代的发展需求，综合自身发展特色，充分发挥其研究、展览与教育之目的，助力于中华文化的传承创新及对外传播。

一　旅游视野下的博物馆

2018 年的"国际博物馆日"的主题确定为"超级连接的博物馆：新方法、新公众"（Hyperconnected museums: New approaches, new publics）。这一主题也与我国当前的文化旅游发展形势不谋而合。2018 年两会期间，国务院办公厅印发《关于促进全域旅游发展的指导意见》，就加快推动旅游业转型升级、提质增效，全面优化旅游发展环境，走全域旅游发展的新路子作出部署。而在此前新组建的文化和旅游部召开大会上，雒树刚部长在会上强调，要强化团结协作，树立文化、旅游"一盘棋"的观念。

新的时代向文化遗产工作者提出新的要求，习近平总书记此前就曾在巴黎联合国教科文组织（UNESCO）总部发表演讲指出，要"推动中华文明创造性转化和创新型发展，激活其生命力，把跨越时空、超越国度、富有永恒魅力、具有当代价值的文化精神弘扬起来"。

文化业与旅游业有许多共通相似之处，要想正确掌握"一盘棋"全局下的博物馆发展方向，必须全面了解两个行业的发展态势，在文物保护和利用之间找到新的平衡，进而为社会提供更加完善的公共文化服务，在深刻调查分析博物馆观众群体的基础上统筹发展，开拓新视野，树立全局意识。

1. 观众构成

客观上看，凡参加过博物馆陈列展览或巡回展览、参加过博物馆各种教育服务活动的社会公众都是博物馆观众[1]。按参观的目的，博物馆的观众构成可分为学习型、科研型及观光休闲型。而不同类型博物馆观众的构成通常与博物馆所在地区及其具体位置有关，如处在旅游景区范围内的地方性综合博物馆的观众中，游客的比例则会偏高。

江苏镇江博物馆是一座历史综合艺术博物馆，为国家 AAAA 级风景旅游区，其本身又包含了英国领事馆旧址，紧邻西津渡古街。为了系统、全面地了解博物馆面向社会的服务情况，进一步推进博物馆的社会教育工作，提高服务水平，2017年镇江博物馆着重从博物馆的观众群体、业务工作（展览、社会教育）、服务设施等方面进行了问卷调查，掌握了最新的博物馆服务环境，提高服务水平。

调查采取的方式是对服务对象进行分群抽样调查，其中展厅观众 600 份（有用573 份）。在本次受调查的 573 名观众中，有近 70% 为外地游客，较往年比例有所提高；结果呈现出青少年观众与 40 岁以下观众占主要部分；在随机采访中很多游客表示来博物馆参观的目的是了解地方历史文化，领略异地风情。

2. 教育活动

教育服务是博物馆的重要社会职能，其中互动性、趣味性又是其两大特色。与展览相比，博物馆的社会教育服务发展稍晚，随着博物馆服务公众形式的不断丰富与完善，近年来博物馆的社会教育活动开始呈现出百花齐放的态势。在入围 2016年江苏省博物馆青少年教育优秀项目案例中，202 个项目涵盖了省内共计 32 家文博场馆，独立的活动空间、配套的活动设施、品牌式的活动项目成为各个博物馆的

"标配"，青少年成为博物馆教育的主流。调查中发现，观众对于社会教育活动的了解度与参与度偏低：参与调查的普通观众中，2/3 的观众表示没有参加过博物馆的任何教育活动；青少年的社会教育活动参与度明显要高于普通观众。究其原因，很大程度上与游客群体自身特点及博物馆的活动设置有关系。

调查中还发现，不同群体有着不同的教育活动需求。青少年的兴趣往往集中在节日主题活动及手工活动上，而成年观众则更加倾向于知识性较强的专业讲座与特色展览。

3. 便民服务

随着时代的发展，观众对文化场馆的便民服务期待值在不断增加。博物馆不仅承担着传承文化遗产的、传播社会文明的职责，还身兼服务观众的责任。对于很大一部分观众来说，博物馆不仅是学习知识、开阔视野的地方，同时也是提供休闲娱乐的重要场所。旅游服务在博物馆的服务体系中越来越重要。怎样吸引观众走进博物馆，除了展览和社会教育服务，惠民便民的旅游服务也是吸引和留住观众的重要手段。

二　"博物馆＋"的教育服务

新的时代背景下，博物馆需要与其他产业相结合，借鉴旅游等行业发展的新思路，将博物馆发展成为文化产业中的中坚力量，在此笔者用"博物馆＋"予以所指。

2018 年两会上，国际博物馆协会副主席安来顺指出，博物馆是中华民族赖以生存的物质文化、追求生活品质的健康文化、共同遵守的社会政治文化、追求精神愉悦的审美文化最直接、最现实的载体。要想让博物馆走出"象牙塔"，成为开放包容的文化空间，必须让博物馆变得更加接地气、更加有温度，通过展览、教育项目等，将保护和利用、保护和传承有机结合，帮助今天的人们建立对自身文化的归属感、认同感和自豪感。

在具体的博物馆社会教育实践中，更要适应时代的发展需求，借助多方之力，讲好中国故事、讲好地方故事，创新工作方法，让中国文化真正地走进人民的心里。

1. 丰富博物馆产品内涵

广义的博物馆产品应该包括博物馆推出的一切向社会开放的，有文化传承意义的作品，而这种作品可以是有形的，也可以是无形的。

近年来，随着大众对文化消费需求的不断提高以及博物馆自身的不断发展，为了提高在文化市场中的竞争力，博物馆也引入"产业"的概念，深挖地方特色，积极开发各类文创产品并进行市场推广。就博物馆有形的文化创意产品而言，其本身是以自身的文化为基础提炼出文化符号，并将之运用在产品的设计环节，最终推向市场的一系列过程。然而目前绝大多数博物馆的产品形式单一，鲜有匠心独运的产品[2]。这些产品虽创意十足，但受众对其所蕴含的文化意义却体会不深，在文化产品开发过程中，几乎没有从事专业博物馆教育的人员参与，因而其所发挥的教育功能较弱，受众的互动性与参与性也较低。

随着博物馆功能的日益完善，中华民族传统文化的魅力日益显现，对于很多观众而言，去博物馆不仅仅是看展览，参加各类形式有趣、内涵丰富的社会教育活动也不失为丰富精神生活的一项享受。博物馆也应针对不同观众的文化需求，推出"教育产品"。对于地方综合博物馆而言，社会教育活动可以基于馆藏，基于展览陈列，也可以基于地方历史文化。每年各博物馆都会推出具有地方特色的、形式多样的社会教育活动。以镇江博物馆为例，每年都会面向社会推出 100 余场社会教育活动，这些活动既有基于馆藏文物的"走进家乡文物"系列教育活动，也有基于地方文化风韵的"乐享传统节""走进镇江三千年"等项目，吸引了大批观众的参与。

丰富博物馆产品的内涵不仅要学会设计适应当下旅游经济环境的教育项目，也可以在保留特色项目的基础上加以调整、提升。如"研学"式教育活动正成为当下博物馆向外地观众推出的形式新颖、内容有趣的新产品。镇江博物馆就以博物馆资源为基础，以地方旅游线路为纽带，将博物馆经典教育案例进行针对性提升，将具有研学特色的教育项目嵌入到旅游线路中，推出"烟雨清明探米芾"系列游学活动，以将博物馆与南山、米芾书法公园等景区纳入游学景点，并设计一系列拓片、临摹、绘画等博物馆特色的手工活动，让孩子们在旅游中体验、在体验中学习，让旅游有了"文化线"。

2. 加强"分众化"社会教育

近年来，对不同类型观众的研究开始进入文博工作者的视野，博物馆在策划展览和社会活动时，慢慢将注意力从文物和活动的本身转移到观看、参加活动的"人"的身上。因此，对于不同类型观众的研究也成为博物馆教育工作者的重点之一。

而随着时代的发展、博物馆观众类型的多样化，博物馆迫切需要在对不同类型观众进行充分研究的基础上建立起"分众化"的教育体系，让各行各业、各个年龄段的观众在博物馆里都能找到归属感，创造出符合不同人群的学习、休闲、娱乐的空间，更加高效地传递中华文明、宣传地方历史文化。

在对观众的问卷调查中我们发现，青少年更加喜欢手工类趣味性、动手性比较强的活动，而中年和老年观众则更喜欢知识性较强的讲座、专题展览。值得关注的是，"家庭式"参观的观众占比正日益增多，这就对博物馆的活动空间的设计提出了较高的要求，既要针对不同年龄的观众设计不同类别的活动区，同时这些活动区又不可分隔太远。

3. 重视"体验"与"获得"

文化遗产是中华传统文化的基因，需要代代传承，开发博物馆旅游新体验，让记忆可以带走已经成为当下文化产业发展的一大亮点。

博物馆作为公共场所，为观众提供一个舒适的、以愉悦精神为目的的空间是未来一段时间内需要着重考虑的问题。与展览相比，博物馆的社会教育活动的一大优势就是其无可替代的人与人之间的亲密互动及看得见、带得走的体验成果，因此在很多博物馆内，均设置有不同主题的互动体验区。

镇江历史悠久，手工业发达，厚重的文化底蕴一直深植于这座城市的每根血管。一直以来，镇江博物馆在组织社会教育活动中不断创新，注重观众的体验和参与，帮助观众更好地学，真正让文化遗产"活"出自己的精彩。博物馆策划"彩虹手工坊"项目，开设"击拓传千——感受拓片的魅力""多彩古韵——感受版画的魅力""小裁缝养成记——巧手做汉服""可爱的'泥'鸳鸯——我和姐姐学捏塑"等活动体验，通过内容丰富、形式活泼的手工活动与小讲座，以"在玩中学、在学中玩"为宗旨，让观众在动眼、动手、动脑中感受到传统文化的魅力。美国波士顿儿童博物馆（Boston Children's Museum）曾有句形象的广告语"我听了，我忘了；我看了，我记住了；我做了，于是我明白了"。在每一项手工活动的设计中，我们均秉持"体验"加"获得"的模式，让每一位体验的观众都能有一件自己亲手制作的，带得走的体验作品，并通过它们建立起人与传统记忆、人与博物馆之间的沟通与联系。

值得强调的是，作为文化传播、教育场所，公益性是博物馆社会教育活动需要秉持的一大原则。同时，为了减轻国家财政负担，博物馆推出的社会教育活动中可以在不以盈利为目的的前提下适当收取材料费、讲座费等费用，借助旅游的浪潮，通过"众筹"的形式将博物馆的社会教育活动推向市场，并逐步形式相应的教育研究、设计、施行及推广的团队，推动博物馆社会教育的可持续发展。

三　总　结

文化是旅游的灵魂，旅游是文化发展的重要途径。博物馆的公众正由核心群体慢慢向大众转变，文旅融合的新形势对博物馆自身的发展也提出了新要求。如何将传统的以"物"为中心的博物馆参观转变为以博物馆文化及其文化衍生物为对象的博物馆旅游，成为博物馆需要重点考虑的问题。具体到博物馆社会教育中，就是要深挖馆藏文物、地方历史文化资源，充分利用科技的力量，最大限度地发挥人的创造力，创造出吸引观众参观游览、假日休闲、学习、提高自身文化素质为目的的各种教育体验，留住观众，让"难以具体描述"的文化转变成一种实实在在的体验。与此同时，旅游人才的引入也成为博物馆发展中不可忽视的问题，传统的博物馆是以研究型、教育型人才占主要比重，博物馆还需要将旅游人才队伍建设纳入人才建设体系中，使之成为博物馆旅游发展的重要动力。

注释

[1] 王宏钧主编：《中国博物馆学基础》，上海古籍出版社，2001 年。

[2] 金青梅、张鑫：《博物馆文创产品开发研究》，《西安建筑科技大学学报（社会科学版）》2016 年第 6 期。

非物质文化遗产的社会教育功能分析

王致韬

（南京市博物总馆 江苏南京 210004）

内容提要： 非物质文化遗产是历史发展的见证，其概念可以从民族、非物质、文化、遗产、保护、名录六个方面来进行概述。博物馆进行非物质文化遗产展出，在文化传播、陈列展览、社会教育等方面发挥着重要作用。其中非物质文化遗产的社会教育功能包括精神生产、文化传承、民族与文化认同等方面。高科技手段的运用为非物质文化遗产发挥其社会教育功能提供了更多的途径和方法，也保障了非物质文化遗产社会教育功能的效果。

关键词： 非物质文化遗产 社会教育功能

非物质文化遗产是人类发展历史的一种传承，更是人类意识形态的重要组成部分。非物质文化遗产中包含着一个国家和民族的社会变迁、精神变迁，包含着属于这个文明的文学、艺术、传统、节日、生活等，讲述着民族文化的传统精神、价值理念、思想思维、伦理道德和审美情趣。作为四大文明古国之一，中国的历史之悠久、文化之丰富，仅仅依靠只言片语是无法被完好地保存下来的，这些非物质文化遗产的存在，不仅证明着过去的辉煌，更传承着一代代中华儿女的精神和文明，具有重要的社会教育功能。

一 非物质文化遗产的含义和概述

1. 非物质文化遗产的含义

根据联合国教科文组织的《保护非物质文化遗产公约》定义，非物质文化遗产指被各群体、团体、有时为个人所视为其文化遗产的各种实践、表演、表现形式、知识体系和技能及其有关的工具、实物、工艺品和文化场所。简单来说，非物质文化遗产包括六类：口头传统和表现形式，包括作为非物质文化遗产媒介的语言；表演艺术；社会实践、仪式、节庆活动；有关自然界和宇宙的知识和实践；传统手工艺。国务院发布的《关于加强文化遗产保护的通知》将非物质文化遗产保护体系分为国家、省、市、县共四个级别，对我国的非物质文化遗产分级分类的进行了整理和保护。

2. 非物质文化遗产的概述

非物质文化遗产的概念可以从民族、非物质、文化、遗产、保护、名录六个方面来进行概述。

民族指的是非物质文化遗产的归属。非物质文化遗产往往比较注重个别少数民族，尤其是人口基数较小的少数民族的文化遗产。我国民族众多，保护好民族的文化和历史，就是在保护国家的文化和历史；失去了民族文化，也就失去了这个国家历史文化中的个性和特色，因此非物质文化遗产的归属应该是属于民族的。

非物质指的是非物质文化遗产的特征。非物质文化遗产是指各种以非物质形态存在的与群众生活密切相关、世代相承的传统文化表现形式。这些形式可以说是一种活态的文化遗产，是不依赖于物质形式而存在的。在非物质文化遗产中，比起其存在的物质形态来说，更重要的是其中所变现出来的精神品质和文化体现。

文化指的是非物质文化遗产的性质。非物质文化遗产中有着浓厚的以文化人的礼乐作用，大多是先辈们在日常生活中产生的对自然、社会、精神的一种追求，文化精神才是非物质文化遗产中最需要被体现出来的，与经济利益和功利目的都没有联系。

遗产是非物质文化遗产的渊源。非物质文化遗产主要是对过去的历史发展演变过程中的文化和精神文明的一种表现和传承，是追溯过去、了解历史的一个参考和工具。如果被现代性同化，也就失去了非物质文化遗产的特性和作用，因此一定要保留非物质文化遗产的自然状态和真实性。

保护是对非物质文化遗产的态度。随着社会经济的不断发展，人们生产生活的节奏在不断加快，很多非物质文化遗产中传承下来的手艺或者仪式已不再为现代社会运作发展所需要。在这样的情况下，非物质文化遗产就很有可能被时代所淘汰从而消亡，这对于我们来说是一个巨大的损失，因此对非物质文化遗产进行应有的保护是很有必要的。

名录是对非物质文化遗产的价值认同。"非物质文化遗产名录"不仅仅是为了将非物质文化遗产记录下来，更是对非物质文化遗产价值的认同和肯定，对非物质文化遗产的保存和发展有着极为重要的意义。

二　博物馆进行非物质文化遗产展出的作用

1. 文化传播

非物质文化遗产本身就是对历史文明的传承和见证，因此非物质文化遗产最基本的社会教育功能就是文化传播。如梅花篆字是经历了商、汉、唐、宋、元、明、清诸朝的书法，不仅见证了风雨沉浮，更是古代智慧与才华的结晶。通过篆字，可以了解到我国古代的书法字体，也能体会古人的审美情操。又如中华刺绣是古代制衣过程中不可缺少的一个工序，通过这些刺绣可以了解当朝当地的风土人情和人文审美，更能够感受到古代人民的勤劳和智慧。这种文化传播不需要咬文嚼字、也不需要乏味解说，通过一笔一画、一针一线就能够被观赏者感受到，是通过文字无法实现的。

2. 陈列展览

非物质文化遗产虽然属性是"非物质"的，但是体现形式和载体总是需要的。这些文字、书画、工艺、仪式等以不同的方式被记录了下来，陈列在博物馆中，不仅是给人以美的享受，更是通过实物向人们传递这勤劳、勇敢、热情、友爱的民族精神。

除此之外，如雕刻、曲艺、刺绣等技艺类的非物质文化遗产还可以通过现场演示的方法向人们进行展览，不仅丰富了博物馆展出非物质文化遗产的形式和内容，引起了人们对非物质文化遗产的兴趣，更是将非物质文化遗产切切实实地带到了人们的身边，为非物质文化遗产未来的发展提供了方向。

3. 社会教育

社会教育功能也是非物质文化遗产非常重要的一个部分。非物质文化遗产是古代优秀精神文明和人文品质的外在体现，这些精神品质和人文礼仪其实有很多在现代社会中已经被丢失了。如日常生活中语言、饮食、洒扫、应酬中的礼仪，婚丧嫁娶中的礼仪，与节气、节日相关的祭祀仪式等。这些仪式文化也许已经不适用于当今社会，但是其中所包含的人文精神却仍值得学习。

如活字印刷术。虽然在如今的机械化工业时代，活字印刷术的用武之地已经不大，但是通过对活字印刷术的展示，依旧能够让人们体会到古人的勤劳智慧和钻研精神。

再如赫哲族伊玛堪说唱。这是赫哲族特有的一种表演形式，表演者采用叶韵和散文体的语言，无乐器伴奏，说唱结合地进行叙述。这种表演形式在口耳相传中将赫哲族的历史、文化、传统、民俗都记录了下来。通过这种表演，我们可以了解到赫哲族的过去、起源与传说，对于民族间的相互了解和融合起着至关重要的作用。

三　非物质文化遗产对社会教育的积极意义

1．非物质文化遗产的价值影响

非物质文化遗产是我国先辈劳动和智慧的结晶，能够充分体现出中华民族的传统美德。通过非物质文化遗产的展示，不仅能够让当代人们了解到中华民族文化发展的历史轨迹，更能够让人们在文化遗产中体会到中华民族智慧、勇敢、勤劳、善良等精神品质，对引导人们树立积极向上的人生观、价值观和世界观有着非常重大的影响。如刺绣工艺中就饱含着古代劳动人民的生活智慧，而名扬海外的中华瓷器就凝聚着我国古代的审美变换。这些非物质文化遗产能够增强当代人民对于国家文化和精神的自豪感和认同感，同时能够体会到勤劳简朴的民族精神。在非物质文化遗产中，不仅有着传统文化和思想精神的印记，更能够帮助人们传承和树立积极向上的生活态度和精神品质。

同时，非物质文化遗产还能够提升大众的艺术审美意识和审美能力。非物质文化遗产中包含着传统的表演形式、民俗活动等，这些都拥有着非常浓厚的艺术价值，是人们在长期的实践过程中积累而成的，极具艺术性和欣赏性。这一类的非物质文化遗产能够丰富人们的社会生活，让人们在了解文化的过程中，接受美的熏陶，从而对具有一定的艺术审美能力，对美有一定的追求和向往。

此外，非物质文化遗产的多样性和丰富性也为现代社会的文化创新和行业发展提供了思路和源泉。如现代中成药就是将传统中医和现代西医结合起来的产物，而大众传媒的鼻祖就是皮影戏。这些文化表现技艺和形式也许已经随着社会经济的不断建设发展而逐渐被人们的日常生活淘汰，但是其艺术价值依旧是非常高的。通过研究非物质文化遗产能够为当代的文化创新和艺术创作提供灵感，将传统的非物质文化遗产和现代文化结合起来，能够激发人们的创造力，使当代的文化创新上到一个新台阶。

2．非物质文化遗产的化人意义

文化与人的关系是相互的，人类通过对外部世界的改造来创造出多姿多彩的文明，而文化也通过自身的发展和成熟影响着人类，文化的产生具有"化人"和"人化"的双重作用。

非物质文化遗产具有多种多样、精彩纷呈的传播形式，这些形式将非物质文化遗产中的精神、文化、审美等等融入到了人们的生产生活中，并在人们的社会心理中产生了烙印，这些烙印会体现在人们的思维方式、情感模式和行为习惯中。如曲艺这一类口头艺术就是通过口耳相传的形式将民俗文化、传说故事等内容传递给了听众，听众在日常生活中就会依照这些民俗仪式对节日、节气等进行纪念、庆祝，传说故事中所表达的情感、体现的精神也会影响到人们的行为方式，一传十、十传百，最后这些行为方式和民俗习惯就会成为一种社会风气，体现了非物质文化遗产的化人意义。

四　非物质文化遗产的社会教育功能

1. 非物质文化遗产是一种精神生产

非物质文化遗产是某一群体在日常生产、生活中的精神文明和意识形态的现实化表现，传统工艺、表演艺术、祭祀仪式等都是其表现形式。非物质文化遗产中包含着一个民族的文化和精神，反映着民族文化的传统精神、价值理念、伦理纲常、思维方式；它在展示民族辉煌灿烂的过去的同时，也在向现代的人们传播着这些精神和理念。这是一种精神生产，通过丰富多彩的表现形式在现实生产、生活的基础上让人们对民族精神有所了解和传承。

2. 非物质文化遗产是一种传统文化的传承

非物质文化遗产是一种活态遗产，可以说每一项非物质文化遗产都包含着从过去到现在的历史与传统，是传承传统文明最全面、最有效的一种形式。

首先，非物质文化遗产最常见的就是口耳相传，昆曲、新疆维吾尔木卡姆、京剧等都是这一类的非物质文化遗产。在这些曲艺中，包含着传说、民俗、仪式等多方面的内容，并且通过唱、念、做、打等表现形式流传了下来，这些曲目和技艺就是对传统文化的传承、保护和延续。

其次，非物质文化遗产体现了技术传承。非物质文化遗产的很大一部分都是根据当时人们生产、生活所需而发展壮大起来的技术，如刺绣、雕刻等。这些技术会根据人们需求的变化而不断演变和改进，这些技术中不仅包含着当时的社会审美、生活状态，甚至还记录着当时的政治形势、国家状况。对这些技术的传承，其实传承下来的是传统的文化、历史的发展甚至整个社会形态的演变过程。

再次，符号传承也是非物质文化遗产中非常重要的部分。符号演变的过程其实就是一种文化传承演变的过程。符号中承载着的信息是人类认识世界、了解过去的媒介。书法字体、说话方式、文字运用等的演变都记载着一种文明或者文化发展的过程，而文化历史的记录中也包含着与文明相关的符号文字的演变过程。因此将符号、语言、文字传承下来，其实就是对于传统文化的一种传承。

3．非物质文化遗产是一种对民族与文化的认同

文化认同是人的社会属性的重要表现形式，并且是构成族群认同和国家认同的中介形式，非物质文化遗产能够激发起人的爱国精神，增加人的民族自豪感和对国家的认同感，从而实现人们对民族与文化的认同。

非物质文化遗产是中华民族精神的重要载体，体现着中华民族最本源、最优秀的民族精神。传承民族精神，有利于人们对国家的文化和精神产生自豪感和认同感。与物质文化遗产不同的是，非物质文化遗产是随着社会生活形态的变化而不停变化的。这种变化使得非物质文化遗产能够更贴近群众的生活，其中的民族精神也就更容易被大众接受。同时，比起有实质形态的文化遗产来说，非物质文化遗产是民族文化积淀的产物、是民族的集体记忆，这种共同经历而产生的情感、理想、信仰更容易被人们理解和接受，也就更容易产生对民俗和文化的认同感。这种认同感能够激发起强烈的民族自豪感，对提升弥足自信心、增强民族凝聚力有着至关重要的作用。

五 结 语

随着社会科技的不断进度，对非物质文化遗产的传承、保存和展示也运用了很多高科技的手段。如通过多媒体手段对传统技术进行演示，通过影像对传统曲艺进行存储，建立数字模型复原已经失传的文化遗产等，这些技术为非物质文化遗产发挥其社会教育功能提供了更多的途径和方法，也保障了非物质文化遗产社会教育功能的效果。

参考文献

1. 彭东辉：《非物质文化遗产社会教育路径研究》，《安阳师范学院学报》2018 年第 4 期。
2. 王莉、贺能坤：《近十年我国非物质文化遗产教育研究进展》，《重庆文理学院学报》（社会科学版）2016 年第 3 期。
3. 王水维：《文化传承与非物质文化遗产社会教育路径探究》，《思想理论教育》2015 年第 12 期。
4. 杨颉慧：《论我国实施文化遗产教育的必要性与途径》，《人民论坛》2015 年第 17 期。
5. 程世岳、叶飞霞：《我国少数民族非物质文化遗产社区教育传承研究》，《广西民族研究》2014 年第 1 期。

博物馆的社会服务来源于公众需求

赵 旭

（连云港市博物馆　江苏连云港　222006）

内容提要： 博物馆的社会服务从本质上讲就是对公众的服务。因此，博物馆要提供好的服务，首先要了解公众需求。公众在审美、文化知识、学术交流、猎奇心态、社会交往、娱乐互动等方面各有不同，博物馆的各项业务活动应尽量涵盖不同的需求，以满足不同的人群。同时，博物馆还要保持自身的文化独立性，避免陷入"低俗化"的趋势，如此博物馆才能真正实现"高质量发展"。

关键词： 人本思想　博物馆　公众　社会服务　公众需求

当前，我国博物馆正步入重要的转型时期。尤其是进入 21 世纪的第二个十年后，各博物馆相继把对公众、对社会的服务作为本馆业务的重点，以往的以"物"为中心的观念正在向以"人"为中心转变。在转变过程中，"人本思想"也在逐渐发生变化：从开始时针对专业人群，扩大到对博物馆有知识需求的公众，继而扩大到面向普通大众。这一系列的转变都是在满足人们日益增长的精神文化需求。随着公众需求的增长，博物馆也在转变相应的管理运营模式，把公众的被动参与转变为主动参与。未来博物馆将融入社会发展与构建之中，成为人们生活不可分割的一部分。因此，博物馆只有在认真、准确地了解公众的需求后，并作出相应的职能变化，才能让博物馆更好地为社会服务，这是一个相辅相成、相互促进的过程。但博物馆在满足公众需求的同时，要保持自身的文化独立性，避免陷入"低俗化"的趋势。在与公众的互动中，博物馆只有立足自身，不断地摸索进步，稳步向前，才能真正地实现"高质发展"。

较早关注博物馆观众需求的是马瑞琳·胡德（Marilyn Hood）在 1981 年针对以家庭为单位的博物馆观众的参观动机进行的调研。他根据调查数据，将观众参观博物馆的"动因"归纳为六个方面：（1）社交活动；（2）做一些有价值的事；（3）感受轻松舒适的环境；（4）尝试新的挑战和经历；（5）学习的机会；（6）亲身参与的机会。约翰·福尔克（John H. Falk）和林恩·迪尔克（Lynn D.Dierking）在《博物馆体验》（*The Museum Experience*）进一步将现代博物馆观众的参观动机分为五个大类（社交型、观光型、学习认知性、兴趣爱好者、虔诚膜拜型），并指出社交型参观者将成为现代博物馆观众最重要的类型之一[1]。

在2017年12月发布的《国家一级博物馆运行评估指标体系说明》中，"公众参与"是运行评估的三个总体思路之一，在三个一级指标中"服务产出"的比重更是占有60%，"社会反馈"的比重也有20%，对外服务与公众反馈几乎占了博物馆运营的绝大部分。这说明当下博物馆的运营重心已经与社会公众密不可分。因此，博物馆更好地为社会、为公众服务是未来博物馆工作的重中之重。如何抓住公众的心理需求，并以此来管理运营博物馆，吸引各种类型的、而非仅针对某一群体的观众到博物馆参观，是未来博物馆研究和发展的方向。

一 博 物 馆 人 群 评 估

博物馆若要更好地为社会公众服务，首先需要了解这个服务对象，站在服务对象的角度去思考，这样才能为博物馆制定各项服务政策提供准确的依据。由于个体在生理、心理、行为习惯、教育背景、社会身份等各层面都存在差异，因此博物馆要注意坚持多元化的特点，满足不同阶层、不同爱好人群的精神文化[2]。

1. 从年龄段划分

博物馆的参观人群最直观的就是进行年龄段分层：少年、青年、中年和老年，每个年龄段都有自己的参观目的。当下博物馆在各年龄段的服务实践中，未成年人是重要的群体之一，在《国家一级博物馆运行评估指标体系说明》中，"观众数量"单独列出"未成年观众"一项，占比4%，包括参观总数和集体组织两个部分。许多博物馆的社会教育项目更细分为幼儿组、少年组、成人组或以学前、小学、初中、高中为标准，以满足不同年龄段的需要。

2. 从受教育程度划分

博物馆参观人群的差别大致可分为三个层面：民间受众、普通受众和精英受众。民间受众主要包括处于文盲或半文盲的、具备有限的识字能力、几乎不从事智力劳动的受众，包括儿童；普通受众是指具有一定的文化水平的人群，一般指大学生，这一层面的受众人群为最多，是博物馆信息传播的主要受众；精英受众指具有较高的科学文化素质的、从事专业研究的人群，其数量不多，却是社会精神文明财富的生产者、创造者[3]。

3．从服务对象划分

郎需颖在《博物馆观众研究刍议》一文中，将观众分为"标准性观众、典型性观众、真实性观众"[4]。他将博物馆观众的概念扩大化，尤其是把标准性观众定义为形成在工作人员的观念中，是虚拟的、预设的，是活动开展的目标人群和活动意义的接受者。这类划分不再局限于对观众个体的分类，而是融于实际工作中、将观众结合实际工作、从观众角度出发的分类，这样会有助于博物馆社会服务工作的开展。

无论博物馆的观众如何划分，这只是博物馆社会服务工作开展的第一步。针对划分人群进行心理需求分析，进而制定各项服务措施，才能真正地把社会公众吸引到博物馆中来，不仅能形成"回头客"，更能吸引潜在的观众前往博物馆。

二　博物馆观众心理需求分析

在《国家一级博物馆运行评估指标体系说明》中，"服务产出"明确提出了四点，即科学研究、陈列展览、社会教育和文化传播，这几项都需要博物馆与各层次的公众进行互动。当今，许多做得较为成功的博物馆都已探索出吸引公众的方法，以更加贴近公众的需求，诸如人的审美需求、寻求文化知识、学术交流、猎奇的心态、社会交往、娱乐互动等精神文化需求。公众对博物馆的需求可能是一方面的，也可能是多方面的。

在市场化的浪潮下，博物馆亟待改变自身的管理运营理念，吸引更多的公众到博物馆参观。近年来，省级以上大型博物馆在了解公众需求方面做得很好，不仅能进行大量的公众调查，而且能根据公众需求制定各项业务，从而成为人们工作、学习之余的好去处。但在广大中小型博物馆中，博物馆的人流量随旅游季节在变：在旅游淡季，博物馆甚至存在"门可罗雀"的现象；即使在旅游旺季，也多为旅行团或学校组织的集体参观，看似人流量很大，实际上来参观的游客缺少主动参观的意愿，博物馆仅仅成了一个旅游景点。博物馆更需要有主动参观意愿的观众，这样才能从根本上改变博物馆在公众心中边缘化的地位。要吸引公众到博物馆参观，这就需要引入市场经济中营销的概念。

博物馆营销是指工作人员在结合博物馆实际情况的基础上，运用一些商业的营销策略与营销理念，对博物馆进行运营与管理，从而满足消费者的需求，并完成博物馆使命的过程[5]。博物馆的营销不同于传统的商业营销，虽然最终目的都是要将营销目标推销出去，但传统营销追求的是物质利益，而博物馆营销更多的是满足人们的精神文化需求，并不十分追求物质利益。

1．审美需求

"爱美之心人皆有之"，一个事物给人的第一印象就是外表，即是否"美"。若能符合审美需求，人们才有继续深入了解的意愿。然而真正能吸引公众的是内在美。公众在进一步了解后，发现博物馆能更多地给自身带来精神上的满足感和愉悦感，就会对博物馆产生好感，自然而然地就有再次参观博物馆的想法。外在美能让公众来到博物馆，而内在美能让公众留恋于博物馆。对大多数公众来说，参观过程就是欣赏过程，欣赏的实质就是审美。对博物馆来说，公众的审美代表了博物馆的形象。公众对于博物馆的审美需求，从大的方面讲，包括博物馆场地景观、建筑风格、空间布局等方面；往小的方面讲，则包括博物馆一件文物、一句说明、一张图片、一场讲解、一次服务都可以体现美。

博物馆建筑为例。博物馆建筑是体现当地文化内涵的诸多信息或符号，其外观亦是当年的一隅风景或城市的标志性建筑，具有广泛的开发和利用价值[6]。博物馆的建筑给人第一印象的就是外在美，别致的建筑外观吸引公众不由自主地前去参观。博物馆的建筑叙事是将过去、现在或未来生活中的相关事物作为建筑设计叙事的载体，再结合建筑设计的语言——形体、空间、外立面、建筑结构、楼梯、门、窗、光、空气，甚至声音、味道、触感等，把设计中所运用到的任何元素作为媒介，将博物馆所要建构的主题传递给空间体验[7]。因此，博物馆往往通过建筑这一载体，连接社会中的每一位公众及其情感，从而让博物馆成为城市的客厅、公众的文化依赖[8]。博物馆建筑将公众外在的视觉体验与内在的心理感受结合在一起，是博物馆对于"美"的最好诠释。

2．文化知识需求

在当下多元化的社会里，有一定文化基础、有求知欲望、希望提高自身的人群已不再满足单一的知识体系。在本职专业之外，他们渴求额外的知识，如第二知识或其他普及型知识。《国家一级博物馆运行评估指标体系说明》中的科研产出、临时展览、教育活动都是针对公众的知识需求而制定的指标，这几项的评估分在所有"三级指标"中全都高于 10 分。

我国博物馆的分类包括历史类、艺术类、科学与技术类及专题性博物馆，基本上囊括了人类各方面的知识。对于有知识需求的人群，参观展厅、参与教育活动、关注科研成果，也是他们丰富知识面的最好途径之一。

以历史类博物馆为例。若要了解一座城市，首先要到博物馆中去。博物馆是一座城市的记忆，浓缩了城市的历史文化精华，体现了一个城市的人文情怀。每座城市的历史博物馆都有自己的历史文化基本陈列，展出了城市的诞生、发展直至现在，是人们追寻历史记忆的场所。以连云港市博物馆为例，馆内除了有展示本市从旧石器时代到清代历史脉络的"历史文物精品陈列"，还有"尹湾汉墓简牍陈列""千古之谜——凌惠平陈列""西游记文化陈列"等一些体现本地特色文化的展厅，是连云港市特定历史时期的时代烙印，是人们了解这座城市历史文化的最佳场所。

除了基本陈列，博物馆另设置专门的临时展览。如 2017 年 9 月至 2018 年 3 月，山东博物馆举办"书于竹帛——中国简帛文化"展，汇聚了全国 20 多家博物馆、科研机构、大学的精品简帛，展出内容包括简帛记载的各类文书、数术、医方等，内容含括从古代国家制度的运行情况到普通人社会生活的各个方面，为公众呈现了一幅幅鲜活的历史画面。这类专题展览是对某一历史现象全面、深入地解读，利于公众了解这一历史现象。

在博物馆的社教活动中，围绕着传统节日的非遗活动和手工制作、公众考古活动、夏（冬）令营和其他特色活动，都是传播传统文化知识的重要途径。无论是孩子还是家长都乐于参与进来；博物馆也寓教于乐，让孩子们在娱乐中学到知识。此外，各类专题讲座也能向公众分享和传播博物馆的各项研究成果，这些研究成果都会满足了公众对相关文化知识的渴望。

3. 学术交流

科研是博物馆各项业务的基础，也体现着博物馆的创新能力。如历史类博物馆在研究方面涵盖面广，涉及历史、考古、博物馆、文物保护、艺术等多个领域，主要体现在哲学与人文科学这一层面。《国家一级博物馆运行评估指标体系说明》中的"科学研究"指标明确了博物馆基础研究的几类，包括藏品研究、陈列展览研究、社会教育研究、观众研究、学术成果和科研项目等，并说明博物馆要为高等学校、科研院所和专家学者进行研究提供便利，还要在本馆官方网站公开用以支持科研的公共资源共享服务信息与服务方式。

以博物馆展览为例，一个成熟的展览不仅是博物馆专家之间的交流，还要涉及与其他行业专家的交流。博物馆在讨论设计陈列大纲时，需要本行业内的专家讨论各方面的专业知识；在涉及陈列形式设计的声光电、空间布局、科技应用时，都需要相关领域的专家参与。又如行业博物馆，像港口类、海洋类、邮票类、钢铁类等博物馆，在布展时也需要这些方面的行业专家参与设计。陈浩在谈到浙江省博物馆展览经验时说道："成果是做一个大型展览，举办一个国际学术研讨会，出一本高水平学术图录和一部论文集。"[9]因此，一个成熟的展览不仅仅是藏品的陈列摆放，更是一次学术交流的盛会。除了陈列展览，各种专业学术论坛、培训会、研讨会、机构之间的学术合作都可以视为专业人士间的学术交流。由于这些学术交流是属于行业内或社会精英阶层的交流，更有利于本馆在行业内树立良好的形象。

4. 猎奇心理

从公元前283年托密勒王朝（Ptolemaic Dynasty）在亚历山大里亚（Alexandria）的宫殿创立了世界上第一个"博物馆"；到中世纪文艺复兴时期的人们热衷于搜集陈列古物；再到18世纪的博物馆成为奇珍异宝的储藏所；直到法国大革命（La Révolution française）时期，法国成立了共和国博物馆、国立自然历史博物馆（Muséum national d'histoire naturelle）、工艺博物馆，带动了这一时期欧洲各地博物馆的发展，博物馆逐渐从单一的珍宝储藏所，渐渐成为学术研究和宣传教育的中心[10]。

因此，公众对于博物馆收藏"宝贝"的观念是由来已久的，以连云港市博物馆为例，博物馆最经常被人提起的就是2000多年的不腐古尸"凌惠平"，还有黄玉猪、尹湾简牍、琉球炉等一批具有代表性的文物。这些文物的共同特点就是与人们在当代社会中的知识体系是相通的，这也是吸引潜在观众到博物馆参观的最主要的途径之一。

所谓"猎奇"，就是向公众介绍他们所能了解的稀罕事物，激发他们去探索的欲望。即使一件文物在专家看来很奇特、很有意义，但若公众看不懂、听不懂，就谈不上进一步了解；如果只是用枯燥的专业术语去描述，只会适得其反。每件文物都有其背后的故事，大热的《国家宝藏》纪录片，其收视率和评价都非常高，就是采用了这种形式。如石鼓一类的文物，若不讲述它的前身今世，也就只是几块刻有字的大石头；但当公众了解后，就会激发他们对这件文物的兴趣，进而了解到石鼓文是篆书和隶书两种书体重要转型期的产物，并知道了历代藏家都尽力保护石鼓的背后故事，产生了去博物馆参观的想法。

5. 社会交往

博物馆作为一个公共活动空间，原本就是一个具有独特优势的社交场所。诸如博物馆的展厅，咖啡厅、餐厅、休息区等公共区域，会员开放日、俱乐部、文化沙龙等聚会活动，以及社会教育活动等，这些利用博物馆的场地或在其场地举办的各种活动，都能让家人、朋友或陌生人之间进行互动交流，增进感情[11]。

以中国丝绸博物馆为例，2016 年 9 月，中国丝绸博物馆经闭馆改造一年后重新开馆。该馆提升了丝路馆的基本陈列"锦程——中国丝绸与丝绸之路"展览，新建了时装馆，并增加了一些新的展陈理念。中国丝绸博物馆场地本身就是公园式布局，绿化程度高，场地内还有人工湖，使观众在喧闹的城市中找到一丝清净。丝路馆和时装馆有顶层露台，可以扩大观众的参观视野，提供多变的参观路线，"空间转换的过程因此变成了一种身体亲历的体验，观众得以将对历史的观感与当下结合，在对时间维度理解的基础上又增强对空间的体验感"，这样的设计使大厅为展厅和外部空间创建了视觉联系，大厅也因此成为博物馆统一的视觉空间及观众流动与会面的地点。此外，在中国丝绸博物馆的展陈设计中，无论是打破流线型、灵活的进退场机制，还是增强互动、让展品融入建筑空间，抑或是关注观众参观体验，其实都是博物馆为增强其作为社交场所的功能而进行的努力[12]。

6. 娱乐互动

娱乐互动如今也是一种博物馆吸引公众的有效手段，但娱乐互动也是最容易被博物馆忽略的一个方面。娱乐互动是指观众自主体验并能把结果反馈给观众的项目，可以单人参与、也可以多人参与，当前自然科技馆在娱乐互动方面做得比较好。

博物馆场馆中一般都会增加娱乐互动项目，主要分为两个部分：一是非科技手动体验，二是互动科技的体验。手动体验在陈列展览和社教活动中都有表现：社教活动不再赘述；在陈列展览中，手动体验都会放在展项的旁边，观众可以通过亲自体验加深对展览内容的理解，如拼图、算数、记忆检测等一些小的游戏项目。在这些互动项目中，以趣味性的方式呈现给观众，让观众在游戏中学到自己要的知识。互动科技是当前业界讨论较多的话题之一，文物多维信息展示、电子触屏技术、AR 和 VR 技术及全景漫游等数字技术在展示文物、参观展览、社教活动中的应用，观众不仅可以切身体会，更能体验高科技带来的乐趣。

三　结　语

2018 年"国际博物馆日"的主题是"超级连接的博物馆：新方法、新公众"（Hyperconnected museums: New approaches, new publics）。这个主题就是要博物馆把注意力转移到核心受众以外的公众，或者以创新的方式与公众接触，让更多的公众走进博物馆。这就需要了解这些公众的需求，如不能主动地、认真地对待公众的意愿，并结合博物馆业务做出创新性的工作，博物馆所做的一切都只能是在维持现状甚至后退。但在博物馆力图满足公众需求时，尤其在当下互联网时代，公众容易被低俗化的内容吸引，博物馆的文化传播应当避免"同质化、媚俗化和资本化"，保障博物馆所代表文化的独立性，要做到"不媚俗，不八卦；有格调，有内涵；不故作高深，但又易于传播"，因此博物馆的文化传播不能只是停留在迎合公众趣味的低层次上，还需要一部分有格调、有内涵的知识型产品来为提升公众的品质做服务[13]。

未来的博物馆将在社会中扮演更多的角色，承担起更多的社会责任，职能空间会进一步扩大，而不仅仅局限在当下的职能范畴[14]，博物馆对学校、社区、普通公众都会产生积极的影响，成为人们学习知识、休闲娱乐、交友会客的地方等，真正地把博物馆变成城市的客厅，实现博物馆的"高质量发展"。

注释

[1] 李林：《网络时代的真实社交：博物馆展览社交设计初探》，《东南文化》2018 年第 3 期。

[2] 单霁翔：《博物馆的社会责任与改善民生》，《南方文物》2011 年第 1 期。

[3] 乐俏俏、杨述厚：《从受众角度探析博物馆的信息传播功能》，《世纪桥》2007 年第 3 期。

[4] 郎需颖：《博物馆观众研究刍议》，《中国博物馆》2017 年第 1 期。

[5] 马晓薇：《试论互联网时代的博物馆营销》，《通讯世界》2015 年第 21 期。

[6] 赵冬菊：《博物馆改革与文化产业发展研究》，《重庆三峡学院学报》2009 年第 6 期。

[7] 杜翼：《博物馆 3.0：集体记忆与城市认同的建构》，《新闻研究导刊》2017 年第 21 期。

[8] 陈履生：《博物馆的建筑空间，是不该被忽略的重要展品》，《文汇报》2018 年 3 月 16 日。

[9] 王征：《让博物馆的文物活起来——全国博物馆陈列展览质量提升座谈会综述》，《中国文物报》2014 年 8 月 15 日。

[10] 吕济民：《中国博物馆史论》，紫禁城出版社，2004 年。

[11] 李林：《网络时代的真实社交：博物馆展览社交设计初探》，《东南文化》2018 年第 3 期。

[12] 《以展览增强博物馆的社交场所功能——中国丝绸博物馆的尝试》，搜狐网。

[13] 刘健：《不与流行为伍——关于博物馆数字化传播的一些个人思考》，搜狐网。

[14] 粟佳文译：《博物馆畅想 2040》，湖南省博物馆官网。

浅析博物馆公共文化服务职能

——以江苏宿迁市博物馆为例

内容提要：随着经济社会的发展，人民群众文化需求增长，博物馆作为社会教育的载体，其公共服务能力也越来越需要提高。作为市级的中小型博物馆，宿迁市博物馆受资源有限、经济薄弱、人才匮乏等所限，展览形式单一、受众群体不平衡、人才储备不足，使得博物馆无法充分发挥公共文化服务职能。宿迁市博物馆可立足本地，找准方向；加强合作，举办临展特展；创新服务平台，组织不同层次的教育活动，举办专题讲座，借助科技手段提高博物馆的数字化建设；培养文博人才等，从而提升其公共文化服务水平。

关键词：博物馆 公共文化服务 问题 措施 宿迁市博物馆

一 公共文化服务与博物馆公共文化服务

公共文化服务是指以政府部门为主的公共部门提供的、以保障公民的基本文化生活权利为目的的、向公民提供公共文化产品与服务的制度和系统的总称，包括公共文化服务设施、资源和服务内容，以及人才、资金、技术和政策保障机制等方面内容。公共文化服务离不开政府及其公共部门，从现阶段来看，其内容涵盖收看电视、电影，收听广播，阅读，参与公共文化活动。党的十八大以来，以习近平同志为总书记的党中央站在时代高度，对现代公共文化服务体系建设做出了一系列重要部署。党的十八大将公共文化服务体系建设作为全面建成小康社会的重要内容，明确提出了到 2020 年"公共文化服务体系基本建成"的战略目标。

博物馆作为提供公共文化服务的部门之一，离构建现代公共文化服务体系的要求还有一定距离，为充分发挥博物馆在构建服务体系中的作用，国际博物馆协会（ICOM）于 2007 年修改后的章程中将博物馆定义为"是一个为社会及其发展服务的、非营利的常设机构，向公众开放，为研究、教育、欣赏之目的征集、保护、研究、传播、展示人类及人类环境的有形遗产和无形遗产"。我国的《博物馆条例》指出"本条例所称博物馆，是指以教育、研究和欣赏为目的，收藏、保护并向公众展示人类活动和自然环境的见证物，经登记管理机关依法登记的非营利组织"。这说明中外都肯定和强调了博物馆面向公众服务的功能。它的对象不是少数专家学者而是广大的普通观众，通过陈列展览、展品形象化的解读，博物馆与观众取得相互沟通，观众在心理上产生了认同和共鸣。

二　宿迁市博物馆公共服务现状

（一）博物馆现状

江苏宿迁市博物馆于2012年投资兴建，为仿汉式建筑，2014年10月正式免费开放。馆藏文物2011件，其中一级文物9件、二级文物30件、三级文物101件，博物馆设有基本陈列、临时陈列等展区。一楼为基本陈列展览"宿迁文明发展史"，分为四个部分：第一部分"文明开篇，徐淮奠基"，展示了远古至夏商周时期的宿迁；第二部分"楚汉伟业，郡国重地"，讲述了秦汉至南北朝时期的宿迁；第三部分"水运要冲，淮北名邑"，展示的是隋唐至明清时期的宿迁；第四部分"社会转型，地域新生"，介绍了晚清民国至中华人民共和国成立时期的宿迁。二楼是临时展厅，承接字画、钱币、文物展等各类型展览。

（二）宿迁市博物馆公共服务状况

虽然存在资源少、经费低、人才缺等不利因素，但宿迁市博物馆始终努力寻求发展、展示自我，先后与多家兄弟单位合作，成功举办了"吴韵汉风——苏州、徐州书画作品邀请展""陈毅与泰州——泰州抗战老电影展""如意猴——南京博物院藏猴文物展""巧夺天工、灿若云霞——人类非遗物质文化遗产南京云锦特别展""金玉满堂——南京市江宁区博物馆馆藏古代金、银、玉器展"等展览，受到观众的好评。

从2015年以来，宿迁市博物馆举行了一系列的"文物进社区、进校园"活动，将展览送到了社区、学校，将人民群众喜爱的一些小型展览送到社区进行流动展出，以此来普及科学、文化和历史知识。

（三）存在问题

1．展览形式单一

宿迁市博物馆是历史综合馆，现有的馆藏和展示的文物藏品基本反映了地方的历史文化发展脉络，但能反映历史发展细节的各个历史阶段的文物藏品较少。建馆以来，基本陈列展览内的藏品和内容未进行更新，使得群众缺少再次进入博物馆的动力和兴趣。

2．受众群体不平衡

对于博物馆而言，应当将自己的服务拓展到社会不同的层次和不同地域。但是因为经济条件、安全保卫或是地区分布的影响，使得农村地区的居民很难享受博物馆提供的服务，送"文物进社区、进学校"等活动也仅限于城区的居民和学生，尚未开展展览下乡、下工厂等服务。

3．人才储备不足

宿迁市博物馆从业人员共21人，其中在编人员15人（被借用4人），具有高级专业技术职称1人、中级专业技术职称人员2人；具有大专和本科学历的17人，硕士及以上的1人；文博专业毕业的6人。

（四）问题存在的原因分析

1．藏品缺少

宿迁市博物馆共有文物2011件，在全省博物馆藏品数量上排名靠后，且年代分布不均，其中汉代文物占50%以上。由于历史原因，很多文物被淮安市文博部门、省级文博部门收藏，缺乏自己特色的藏品，展馆缺乏吸引力。在藏品的征集收藏、资料管理和共享等方面没有建立合理的机制，文物资源无法得到合理利用。同时由于没有适当的文物征集经费，对流散文物的征集也就缺乏体系和计划。2016年度仅接收捐赠文物1件。

2．经费来源单一

目前，宿迁市博物馆免费向大众开放，每年由省财政给予免费开放补贴，这是博物馆维持运转的仅有的经费来源。

三 提升宿迁市博物馆公共文化水平的建议与措施

（一）立足本地，找准方向

宿迁市博物馆在展品的数量和质量上与国家大型博物馆相比有很大差距，但是博物馆有自身的特色和优势，要立足博物馆当地，探索适合本地博物馆管理的发展方向。每个地区都有自己的历史文化和地理环境，博物馆可以从此处着手，充分挖掘地方历史文化，建设具有地域特色的博物馆。宿迁是西楚文化之魂，应以此为灵感，借鉴本地资源优势，展示楚汉时期的历史文化。加强与县区博物馆的合作，定期举办"顺山集遗址文物展""泗水国文物展""泗州城展"等。

（二）加强合作，举办临展特展

临时展览具有较强的时效性，结合当地特色、当下时事，举办临展或特展，增强博物馆的时代感和历史责任感。作为有着特殊使命的公共服务性机构，博物馆正向多元化、社会化方向发展，需要不断进行文化产品的再生产，增加展览数量，扩大展览信息，及时捕捉不同时期观众的参观要求，打造具有时代精神和社会感召力的展览。宿迁市博物馆应加强与大型博物馆以及兄弟馆的沟通和交流。江苏省内博物馆众多，都有其独特的资源优势和区域特点。可以与多家兄弟单位合作，开展符合观众需求的临展、特展。

（三）创新服务平台

1. 组织不同层次的教育活动

博物馆与各类学校联系，共同组织活动，以丰富教育的形式和内容。儿童对于娱乐的要求高于学习，针对儿童的活动应以有趣和活泼为主，可以组织藏品模型的制作、藏品卡片的识别活动，在玩耍的同时学习文物知识。对于学生来说，已经有一定的自制能力和学习能力，可以开展小志愿者、小讲解员们等夏令营和主题讲座。

2. 举办专题讲座

博物馆可根据馆藏特色，把一些历史事件、先贤英烈等编写成专题报告，组织馆内专家或馆外相关学者，定期或不定期地到学校、部队、工厂、机关等单位作专题报告或讲座，直接深入这些单位进行爱国主义和革命传统教育，从而担负起社会教育的责任，充分发挥博物馆的社会教育功能。

3．借助科技手段提高博物馆的数字化建设

随着智能手机、平板电脑的普及，很多大型博物馆专门建立了手机自助导览系统，大大提高了游客对展品的感知度。自助讲解系统可分为儿童语言、专业语言、方言、普通话，英语、日语等不同版本，满足不同人群的需求。

（四）培养文博人才

博物馆是文化事业单位，由于客观条件所限，宿迁市博物馆存在管理人员素质需要提升、专业人才少等现象。因此，必须以博物馆发展需要明确岗位职责和选聘标准；认真做好现有博物馆人员的全员培训工作；面向研究、展示、讲解等不同领域定制专属培养方案，开辟人才特区，在现有工作人员中培养"政治上可靠、业务上精通"的新型管理人才和专业技术人才，形成"人才兴馆、学术立馆"的良性发展之路。另外，可与宿迁学院等高校合作，运用大学生资源，建立大学生志愿服务队伍，吸引更多爱好历史文化、有文艺特长的大学生加入，为更多观众提供高质量的服务。大学生志愿者素质较高，思维活跃，在服务过程中能发现问题，使得博物馆能及时发现和解决问题。

四　结　语

1974 年，国际博物馆协会将博物馆定义如下："博物馆是一个不追求营利的、为社会和社会发展服务的、向公众开放的永久性机构，以研究、教育和欣赏为目的，对人类和人类环境的见证物进行搜集、保存、研究、传播和展览。"1979 年，全国博物馆工作座谈会通过的《省市自治区博物馆工作条例》明确提出博物馆是文物和标本的主要收藏机构、宣传教育机构和科学研究机构，是我国社会主义科学文化事业的重要组成部分。2015 年 3 月 20 日施行的《博物馆条例》第四章系统阐述了博物馆的公共服务职能。因此博物馆需要有效地发挥其自身的作用，并找寻全新的管理模式，用全新的工作理念和传播方式为基层大众奉献一笔丰富的精神食粮。

参考文献

1．《博物馆条例》，中华人民共和国国务院令第 659 号。
2．邢致远：《构建公共文化服务体系与博物馆的公益属性诠释》，江苏省文物局《江苏省文博论文集 2015》，南京师范大学出版社，2015 年。

地方博物馆社会服务功能的转型与提升

——以江苏建湖县博物馆为例

张连城

（建湖县博物馆　江苏盐城　320900）

内容提要： 当前，地方博物馆在保存文化遗产和自然遗产、提供休闲娱乐、开展辅助教育、开展宣传搭桥等方面发挥了一定作用，然而随着物质水平的提高、人民对精神文化需求的日益增长，地方博物馆的社会功能也应有所转型与提升。对此，地方博物馆应加强对区域文化的挖掘、扩展博物馆社会服务的功能以及加强博物馆数字化转型，从而更好地发挥其作用。

关键词： 地方博物馆　社会服务　建湖县博物馆

地方博物馆与国家、省市级博物馆相同，也是集收藏、研究、陈列、教育于一体的多功能社会服务单位。随着社会发展和时代进步，如何做好地方博物馆功能的转型与提升，更好地发挥其作用是我们研究的主要课题，也是我们以后的工作方向。对此，笔者有如下思考。

一　地方博物馆社会功能服务现状

就江苏建湖县博物馆而言，基本传承传统的博物馆工作职能，为社会服务积极发挥作用。

（一）保存文化遗产和自然遗产

建湖县历史悠久、文化底蕴深厚，有丰富的文化遗产和自然遗产。截至2018年，建湖县有非遗项目14个，其中国家级2个、省级2个、市级3个、县级7个。有国家、省、市、县保护自然遗产13处，如朦胧塔、九龙口、晋东海王墓、汉古墓群、陆秀夫纪念馆、乔冠华故居、华中鲁艺烈士陵园等。通过分类，建湖县博物馆聘请专家精心设计、制作,用图片、文字、沙盘、微雕等实体和录像视频等手段,将两遗面貌、景观浓缩呈现在博物馆;同时对古钱币、古玉器、古陶瓷等文物进行整理展览、介绍其历史传承和价值。

(二)提供休闲娱乐

近年来,建湖县博物馆为改变之前单一的收藏、展览的功能模式,在博物馆休闲娱乐方面进行研究探索和尝试。馆内除正常陈列文物展品外,还开辟淮、杂专业表演讲座和示范室,组织传统文化艺术沙龙,设立文博研究交流会议室,开设休闲茶座,形成参观、互动、演讲、休闲多功能的场所,吸引了更多观众,满足了他们更多的精神文化需求。

(三)开展辅助教育

多年来建湖县博物馆被县政府命名为中小学生校外教育基地之一。每年接待中小学教育活动 20 余次。目前,这种教育辅导功能得到进一步的延伸和拓展——成立家庭教育、社会团体教育、厂企教育等多个课堂。参观博物馆的家庭日益增多,家长带着孩子进行传统文化的启蒙教育。许多旅游团体、厂企职工也组织参观,博物馆成为建湖文化的又一窗口和名片。

(四)开展宣传搭桥

近年来,建湖县积极参加县城经济建设活动,积极发挥博物馆的宣传媒介作用,主动邀请来湖考察和投资外商、外资和外企人员来馆参观,让他们深入了解建湖深远的人文历史和优越的自然遗产风貌,增强对建湖的信任和喜爱,从而投资扎根建湖。

二　地方博物馆社会服务功能存在的问题

就建湖县而言,目前尚存以下问题。

(一)博物馆形式单一

建湖县博物馆虽然运用文字、图片、幻灯、影像资料、微型实体景观等手段进行展示,但时长日久,观众也会有视觉疲劳,难以满足他们丰富多彩的求知和娱乐心理,也会失去吸引力。

（二）博物馆展览的延伸性不够现实

当代博物馆要克服时空障碍，不仅要使到场者参与教育和娱乐活动，同时也要通过网络等现代科技手段建立网上虚拟博物馆，使更多人受益。目前，建湖县已建立博物馆网站，但内容比较空泛，过于简洁单调，只有本馆的简要介绍和少量文物图片信息，而且未经过专业人士精心设计和制作，也未及时充实和调整网站内容。

（三）博物馆人员缺编、缺专业人才

建湖县博物馆过去一直与文化馆合署办公，两块牌子、一套班子。文化馆与博物馆为主从关系，博物馆人员严重缺编、缺专业人才。从 2010 年起，两馆分开，政府投资新建博物馆。虽然硬件设施增强了，但人员配置严重不足，缺乏院校毕业的文博专业人才，这对博物馆服务社会能力的提高有一定的影响。

三　地方博物馆社会工作转型与提升的定义

随着时代的进步和社会的发展，博物馆不仅是传统意义上的收藏、展示文物的场所，业已成为研究、教育、娱乐为一体的机构，具有非常强的社会公共服务性。人民群众对文化生活需求的日益提高，客观要求博物馆提升社会服务的思路能力、提高服务功能，从而适应人民群众更加精彩、丰富的精神文化需求。

四　转型与提升博物馆社会服务的措施

（一）加强对区域文化的挖掘

作为基层博物馆，应把最能反映本区域历史文化内涵的藏品纳入常设展览，作为区域名片和文化宣传阵地，向参观者展示最具区域特色的历史文化，弘扬、宣传当地文化。同时也要重视临时展览，以弥补基本陈列灵活性不够的缺点，补充、诠释博物馆文化价值。不论是常设展览还是临时展览，都应坚持展览的原创性，坚持自主策划设计并实施展览。

区域历史和文化应弘扬最新传统文化，并取得当地认同，能为外来参观者提供了解当地灿烂文化与风俗传统的知识与信息，而且这些历史与信息都是当地和外来参观者最想了解的。加强对区域文化的挖掘，满足本地和外来观众的文化了解和需求。这种提升就能满足人们对精神文化第一需求。

（二）扩展博物馆社会服务的功能

1. 丰富展览多样性

展览是博物馆社会服务的重要途径，所以要充分利用博物馆这块阵地，在展览上做足、做好文章。

首先，突出做好博物馆常设展览。为了吸引观众，减少观众审美疲劳，常设展览应进行精心策划和制作，可采用声、光、电等现代技术，创造不同的审美感受，让观众有耳目一新的感觉。

其次，要时常更新临时展览。博物馆应加强与地方文化、教育、科技等单位的合作，共同对地方历史、文化资源进行开发，并通过临时展览的形式向人民群众报告工作成果。同时，积极与市内外上级和兄弟单位合作交流，进行展览资源的共享，使当地群众不仅了解本地历史文化，也了解兄弟县市的历史文化，这既扩展了地方文化的影响，也丰富了博物馆临时展览内容，更丰富了人民的精神文化生活。

2. 开放微信服务平台

目前，建湖县已建立县博物馆，便捷了人们对地方历史文化了解。未来，建湖县博物馆还将开设微信服务平台，与广大群众建立更加密切的关系，尤其可吸引一批年轻观众对博物馆的注意力。通过建立博物馆公共平台，加强宣传、引导群众关注，通过图片、文字及视频等方式，定期发送展览信息或介绍相关藏品信息、历史名人故事、非遗项目等，从而使博物馆社会服务的功能得到明显提升。

3. 进一步密切与人民群众的联系

博物馆社会服务的功能由单一型转为综合型，只有丰富活动内容才能实现。我们要从博物馆文物收藏、保护陈列的职能发展到为群众提供知识研究、教育、休闲、娱乐等服务。开展建湖历史文化知识有奖知识竞赛，组织建湖历史文化、文博知识讲座、研讨，组织淮剧、杂技讲座，共同参与活动，组织文博展览到学校、企业、乡镇、外县市进行巡展，让文博展览"动起来""活起来"，从而使文博社会服务功能形式活化、圈子扩大、影响增加。

（三）加强博物馆数字化转型

文化遗产资源数字化是博物馆发展的必然趋势。博物馆应加强对此方面的研究和建设，引进专业人才，并尽快予以实施。

首先，建议数字化文化遗产资源平台，并对基础数据库、视频库以及业务库进行详细分类，让博物馆业务成果完成集体记忆。

其次，早日实现文化遗产网络展示，充分利用全新的技术来扩大实体博物馆的服务范围，并在网络上为博物馆提升服务平台开辟全新的发展空间。

参考文献

1．郭盈、李晓九：《基于体验理念的服饰博物馆展示设计》，《纺织科技进展》2008年第 5 期。

2．王凤英：《博物馆公共文化服务研究》，华侨大学硕士学位论文，2016 年。

3．戴玲：《浅谈博物馆的教育功能和社会服务发展》，南京师范大学硕士学位论文，2014 年。

4．牛伟：《论博物馆公共文化服务建设》，郑州大学硕士学位论文，2013 年。

5．沈佳萍：《优化博物馆教育职能分析》，《中国博物馆》2008 年第 1 期。

试谈新时期博物馆的公共文化服务

——以南京市博物馆举办儿童展为例

杨 英

（南京市博物总馆 江苏南京 210004）

内容提要： 南京市博物馆每年暑假为小学生举办儿童展，通过"互联网＋"、数字博物馆、微信、微博等自媒体推动博物馆公共文化服务网络化建设；培养好队伍，强化服务意识；完善馆校结合的社会教育制度；利用文创助力博物馆公共文化服务的发展，从而更好地利用馆藏特色和新科技做好公共文化服务。

关键词： 儿童展 新时期 博物馆 公共文化服务

2015 年国务院令发布的《博物馆条例》第三十二条中提到"学校寒暑假期间，具备条件的博物馆应当增设适合学生特点的陈列展览项目"。南京市博物馆是国家一级博物馆，也是省级爱国主义教育基地，有义务在暑假期间开展针对青少年参与的活动项目。

每年的暑假期间，南京市博物馆都会开展针对未成年人的暑期夏令营活动，旨在丰富广大学生朋友们的暑期课外活动，帮助他们了解南京的历史文化，进一步感受中国传统文化的魅力，充分发挥博物馆在教育中的积极作用。

南京市博物馆是一座综合性历史艺术类博物馆，重点展示的是南京古都文化的成就，"一座朝天宫，半部南都史"，南京市博物馆所处的朝天宫与南京历史息息相关。自 2016 年起，南京市博物馆精心策划推出了"我的展览我做主"儿童策展活动。活动紧扣"我的展览我做主"的形式，结合朝天宫、古都南京等相关主题，让孩子摆脱"被动学"，在自己策划、创作、布置的展览过程中，充分调动自己的积极性、发挥自己的创造性、锻炼自己的动手能力。此活动不仅使孩子们积极参与，而且获得了很多家长的积极反馈，他们表示孩子在参加活动后表现出了对南京历史及传统文化的极大兴趣。对孩子们来说，参观博物馆不再是一件无聊的事情，而是有了自己的视角和理解；对展柜里的文物也不再有距离感，而能更加仔细阅读文物的说明，更愿意了解文物背后的历史。

2016 年 9 月，"我的展览我做主——印象朝天宫"展结束后，几位小朋友的参展作品还被邀请在同年的中国博物馆博览会上展出，受到国内外博物馆同行的肯定。此项目荣获 2017 年度江苏省博物馆教育示范项目。

近年来，越来越多的公众走进博物馆、了解博物馆和利用博物馆。博物馆已不仅是传统意义上的文物收藏、保存、研究的专业机构，还是向公众提供展示、教育、开放服务的公共文化服务机构，为公众提供着不可替代的文化体验。博物馆所提供的公共文化服务是不以营利为目的的。这也是博物馆公共文化服务最主要的特征之一。

2016 年 12 月 25 日，十二届全国人大常委会第二十五次会议表决通过了《中华人民共和国公共文化服务保障法》，这不仅反映出我国对于公民文化权利的充分尊重和保障，也对作为公共文化载体的博物馆提出了更高要求——提供更优质的公共文化服务。博物馆是公共文化服务的重要载体，博物馆的发展理念也从传统的"对物的关怀"转向"对人的关怀"。

随着时代的发展，不论是对博物馆的定义还是对公共文化服务的要求都在不断提升，公益性、公开性、公平性和发展性成为博物馆公共文化服务的基本特征[1]。因此，提升博物馆公共文化服务必须与时俱进不断发展。

一 结合"互联网+"，推动博物馆公共文化服务网络化建设

博物馆推进公共文化服务主要是营造开放的、共享的、公益性的城市文化空间。随着互联网社交的普及，越来越多的人开始利用互联网便捷、快速地学习知识、传递信息。推动博物馆公共文化服务网络化建设是顺应时代发展要求的必然结果。博物馆的信息化建设主要体现在实体博物馆的数字化和虚拟数字博物馆两个方面。

以信息技术和互联网技术的高速发展为基础的数字博物馆成为提升博物馆功能、向公众普及科技文化知识、提高全民文化素质的重要场所。但总体来说，数字博物馆的发展仍有待提高，距离公众的需求仍有较大距离。具体以南京市博物馆来说，网络服务平台建设比较完善，建立了信息共享的网络服务平台体系；数字博物馆建设起步较晚，目前仍在建设中。

在新媒体（微信、微博）时代，博物馆如不想被社会淘汰，也应该利用新媒体（微信、微博）技术最大限度地发挥自身的职能传播公共文化。建立博物馆新媒体（微信、微博）经营平台并不难，难的是做好经营管理工作。故宫博物院和中国国

家博物馆新媒体（微信、微博）的成功经营可以给我们提供经验，这两座博物馆的成功与其精心的经营、认真的策划、坚持不懈的努力和用心负责的员工有着不可分割的关系 [2]。南京市博物馆的微博、微信公众号平均每周推送各种相关的博物馆知识，各类活动均在微博、微信公众号进行宣传。但目前的信息化工作仅限于开通的网站主页，网站内容和信息不够丰富，藏品信息公开程度不足，在线看展、专业资料查询、网上预约等功能仍未完善；开通的微信公众号平台今年才逐步开通互动报名功能。因此有必要创建博物馆公共服务网络，加强文物信息的社会化服务和传播普及工作。

构筑数字化博物馆主要从以下两方面着手：馆藏文物数字化建设和构建馆外传播平台。馆藏文物数字化建设是虚拟博物馆建设的基础，通过现代技术采集文物图像、文字资料、三维数据等信息建立文物信息数据库，方便使用者通过权限进行检索、查询和下载文物信息。馆外传播平台指通过利用三维虚拟功能，将博物馆建筑、馆藏、展览等进行数字化复制、实景重现。使用者通过互联网登录虚拟博物馆系统，通过语音引导或事先设定好的路径自动漫游。使用者还可以利用点击页面显示的文物调取出文物更加详尽的信息，实现在网络上参观与真实博物馆相差无几的虚拟博物馆。南京市博物馆大约有近十万件藏品，由于受到时间、空间以及保存条件、保护技术等诸多因素影响，能够面向公众展出的文物只占馆藏文物的极少部分。目前，南京市博物馆馆藏文物数字化还在建设中。

二　培养队伍，拓展服务人群层次，强化服务意识

博物馆的社会教育是公共文化服务事业建设的意义所在。在社会教育领域要大力实施"引进来、走出去"的战略，对丰厚的传统文化资源进行科学梳理，深入挖掘。举办展览是博物馆开展公共文化服务的主要职能之一，同时，则要培养一支德才兼备的社教工作人员队伍。在小康生活目标下，公众对博物馆提出了更高的要求，博物馆的讲解员不仅要承担讲解接待任务，负责基本陈列、专题展览的讲解、咨询和对外宣传工作，同时还要全面发挥个人所长，组织开展针对各类公众的社会教育活动。

"我的展览我做主"就是针对小学生开展的社会教育活动。这个项目深受学生和家长的欢迎，为学生提供了"走出课堂，走进博物馆"的机会，让孩子们变成对"博物馆拥有美好回忆"的人。但同时也体现出博物馆公共服务不均的现象，因为这个社教活动面向的受众是小学生，广大的游客无法参与并体验。因此，南京市博

物馆的社教部门从 2018 年春季开始,在志愿者的协助下,针对所有来馆参观的游客,推出了大型公益类社教活动"天宫实验室——雕版印刷技艺"体验项目。游客参与积极性很高,活动反响很好。另外,为实现博物馆对最大范围内的公众提供公共文化服务,南京市博物馆也在场馆里配备了针对残障人士、老年人等弱势群体的基础设施,如轮椅、盲道等;同时针对弱势群体提供针对性的特殊服务,例如设置爱心岗位服务老年观众、设置盲人参观引导员等。

三 完善馆校结合的社会教育制度

1990 年,美国博物馆协会(The American Association of Museum)在解释博物馆的定义时,将"教育"与"为公众服务"并列视为博物馆的核心要素 [3]。美国博物馆协会的总经理和首席执行官小爱德华(Edward H.Able)认为:"博物馆第一重要的是教育,事实上教育已经成为博物馆服务的基石。"美国的博物馆一直都很重视博物馆的教育功能。一些美国的博物馆将与学校的合作落实到人,注重博物馆教育人员与学校教师的沟通。馆校合作成为美国博物馆教育发展的重要趋势。

美国博物馆的教育都是"从娃娃抓起",从小培养国民对博物馆的意识,也为博物馆培养未来观众。美国博物馆教育的主要对象是学生。美国小学生到研究生的相当一部分正式课程是在博物馆的展厅、教室、库房、图书馆等地进行的。美国博物馆已经成为学生名副其实的第二课堂 [4]。相比发达国家通过多种形式与教育机构联系专注于培养国民的博物馆情结以期提高公民的文化素质,中国的博物馆教育还刚刚起步。

当然,作为文博场馆,我们无权制定相关的教育制度,但我们可以推出可供学生选择的教育菜单。近年来,南京市博物馆借助爱国主义教育基地,在博物馆社会化教育制度上面做了初步实践,除了基本陈列、临时展览,也在尝试向未成年人开放属于他们自己的展厅、展室和展板,南京市博物馆一进厢房临时展厅举办的"我的展览我做主"就是为小学生们"量身定做"的属于他们自己的展览。今年也尝试了让小学生亲自参与主持自己展览的开幕式,让他们真正体会到"做主"的责任感及成就感。

有关馆校之间的合作,还应在以下几方面有所提升:与中小学校建立教育合作联盟,开展博物馆教育示范点建设,建立长期有效的馆校联系制度;开发青少年教育课程项目,将博物馆教育纳入素质教育范畴;开发博物馆青少年教育网络课堂应用,利用现有网络自媒体系统,探索将现场教学以实时或录播的形式实现博物馆教育课程全面覆盖中小学校；开展教育体验活动等等。江苏省文物局已评选出全省社教活动的示范项目，南京市博物馆的"我的展览我做主"名列其中，这样，就可以积极吸引周边地区青少年参与体验活动，并根据活动实践及时调整完善，形成活动策划与实施模式，最终建立中小学生到博物馆参与教育活动的长效机制。

四　文创开发助力博物馆公共文化服务的发展

2015 年颁布的《博物馆条例》第三十四条明确指出"国家鼓励博物馆挖掘藏品内涵，与文化创意、旅游等产业相结合，开发衍生产品，增强博物馆发展能力"。博物馆中的藏品作为陈列保护的对象自然不能走向市场，但其背后所蕴藏的丰富文化精神和文化信息则是可以被开发的，可以以文化衍生品（纪念品、工艺品、出版物、影视制作等等）的形式走向公众[5]。深度挖掘馆藏资源的文化价值内涵，开发更多具有南京文化特色、具有艺术性、实用性和适应现代生活需求的文创产品，以及利用特色临展和活动开发文创，是我馆文创工作的重点。

2017 年 9 月 28 日，"CHINA 与世界——海上丝绸之路沉船与贸易瓷器大展"在南京市博物馆多功能展厅开幕。此次特展特别开设文创区域，文创人员在充分熟悉理解展览内涵后，通过自主设计、合作开发等方式共推出系列文创产品 60 余款，受到了参观者的追捧。这些文创包括"郑和去哪儿"手绘地图、海丝系列胸针、航海主题飞行棋、帆船模型、笔记本、书签、小贴纸等。让观众在观展之余，把心爱的"海丝文化"带回家。同时在现场还有真人版飞行棋，可以进行互动游戏，使整个文创区域变得更加生动有趣。

围绕"我的展览我做主"暑期夏令营，南京市博物馆每年都会设计相关的文创产品，三年来，共设计出十多种文创产品，做到了文创与社教活动的紧密结合，让参与者和广大游客都能够把博物馆带回家，成为公众喜闻乐见的博物馆文化服务的延伸。

五　结　语

当前，博物馆事业已经前所未有地被上升为国家战略，一系列国家层面的政策、法规、意见纷纷出台，全社会给予了高度关注。尤其是数字技术的全覆盖及其所带来的融媒体时代，博物馆从暗室走到聚光灯下，曝光率也越来越高。这种飞速发展的局面既给我国博物馆事业带来蓬勃发展的机遇，也迎来新的挑战。发现并满足公众的文化需求才是博物馆公共文化服务必须不断进取、与时俱进的目标。

面对挑战，作为文博从业者，首先，应该进一步加强对观众的研究，以便博物馆不断调整自己的工作定位。强调以人为本的服务理念，理解观众的态度、价值与情感，研究观众所处的社会、文化和物理场景，尽快实现以物为本向以人为本转变。其次，要强调博物馆教育和学校教育的融合。正如此次"我的展览我做主"，通过调研和分析小学生的需要，挖掘本馆特有的文化资源，精心设计和实施富有特色的教育项目，实现博物馆教育与学校教育全面、深入地对接和融合。第三，与时俱进，提升博物馆公共服务水平。打造博物馆的网络化、数字化和移动化，充分利用互联网时代的大数据和多媒体技术，开通网络博物馆，吸引更多的人走进博物馆，或在家也能享受到博物馆的服务魅力，这也是我国博物馆未来发展的趋势。

注释

[1] 刘芳：《论博物馆公共文化服务的特征》，《文史研究》2013 年第 10 期。

[2] 胡俊：《关于美国博物馆公共文化服务的研究及启示——以大都会艺术博物馆为例》，《上海文化》2013 年第 12 期。

[3] 胡俊：《关于美国博物馆公共文化服务的研究及启示——以大都会艺术博物馆为例》，《上海文化》2013 年第 12 期。

[4] 贾学颖：《新媒体（微信、微博）在博物馆公共文化传播中的应用》，《文物鉴定与鉴赏》2017 年第 7 期。

[5] 姜艳、苏同林：《博物馆公共文化服务体系建设探析——基于江苏省博物馆的调查与思考》，《艺术百家》2015 年第 S1 期。

浅谈博物馆儿童语音导览的内容开发

——以南京博物院儿童语音导览为例

杨　欣

（南京博物院　江苏南京　210016）

内容提要：博物馆作为一个非强制性的学习场所，教育是其重要的社会职能。在博物馆服务对象中，儿童是一个非常特殊的群体，为儿童开始符合其自身发展的语音导览十分必要。博物馆为践行分众教育的理念，提升博物馆的教育水平，儿童语音导览词的撰写应使用儿童化语言，设置提问环节，并融入儿歌、成语、古诗词，同时也可设置博物馆参观作业，增加互动性，帮助儿童认知世界，从而形成良好的价值取向。另外，在撰写导览词时，建议细分儿童年龄段，谋求多方合作，并设置多类型学习卡。

关键词：博物馆　儿童　语音导览　教育　南京博物院

一　博物馆儿童语音导览的必要性

博物馆是收藏、研究、展示和传播人类文明的重要场所，是为社会发展和社会公众服务的公共文化机构，承担着传承地域文明、弘扬中华文化、增强民族自信心和凝聚力的责任，是公共文化服务体系的重要组成部分。国家文物局副局长宋新潮曾表示："老师带孩子游览式地去博物馆转一下就走，这没有任何意义。每次来博物馆之前，学校要预设一下今天孩子们做什么，每次只讲解一个内容就可以了。博物馆教育要亲近青少年、儿童，不要让孩子来一次博物馆就被吓跑了。来博物馆是为了体验、感受这里的氛围。孩子喜欢这里，觉得好玩，还愿意再来，是我们最希望看到的。"[1]

儿童是祖国的未来，他们的成长关系到一个民族未来的群体素质及其发展高度。近年来，政府乃至社会各界越来越重视儿童教育的问题。《2007年度儿童观与儿童研究回望》认为："继国企改革、下岗失业问题、三农和城乡差距问题、民生与社会保障问题之后，儿童问题成为又一个影响社会和谐与国家前途的重大社会问题。"[2] 博物馆作为解读和传播历史文化知识、优秀民族文化的载体，其教育职能尤为突出。但是，很多博物馆的展览内容和说明文字多为成人设计的，并非针对儿童。部分博物馆为观众提供了语音导览设备，但是内容都是平铺直叙的说明性文字，有时还会加入难以理解的专有名词。成人尚可理解，对于儿童来说则难度较大，往往听起来会觉得"一头雾水"。因此，结合分众教育理念，挑选儿童感兴趣的文物，推出一款适合儿童的语音导览设备是非常有必要的。

二　博物馆儿童语音导览词的撰写

1. 运用儿童化语言

儿童的思维是形象和直观的，易受兴趣的影响。儿童语音导览词要用形象、生动、有趣味的语言来描述，以吸引儿童的注意；并运用比喻、拟人、夸张等修辞手法，进行绘声绘色地描述，以此激发起儿童对博物馆文物的兴趣和想象力。以南京博物院"错银铜牛灯"儿童语音导览词为例。

> 我是一头牛，但是你能够猜到我的用途吗？没错，我是一盏牛灯。瞧，我背上驮着一个菱形窗格，里面就是点灯的地方。看我头顶的长管子！你能猜到它的用处吗？哈哈，告诉你吧，这是一根排烟管。古时候，人们用动物的油脂点灯，燃烧起来就会产生一股黑烟，黑烟飘到房间里多污染空气呀，于是我就让黑烟顺着这根排烟管飘进我的肚子里。而我的肚子里面装满了水，黑烟乖乖地溶在水里，再也出不来啦！看看，两千年前的中国人就已经有环保意识啦，把我设计成这样可以保护环境哦。而西方的油灯，一直到15世纪，才由达·芬奇发明出第一个环保的铁皮导烟灯罩，比我们国家晚了1500多年呢。

2. 设置提问环节

学习是儿童的主要活动方式。儿童会通过观察、记忆、判断、推理等，对事物进行分类，辨析事物之间的关联。但其思维处于具体形象思维阶段，即思维运算须有具体的事物协助，只能受限于熟悉的经验和见到的具体情境。同时，儿童的想象力极为发达。因此可在语音导览词中设置提问环节，这样有助于吸引儿童的注意力，培养其观察能力。如针对不同年龄段的分类特征，建议儿童对展品进行观察，并提出相关的问题。针对儿童不熟悉的展品，可以用儿童熟悉的事物来关联。以南京博物院"陶釜、灶组合"儿童语音导览词为例。

> 我们都说"民以食为天"，那你们知道在很久很久以前的人们用什么做饭吗？快看看这里，这个就是8000年前的炊具，因为是陶土做的，所以又叫"陶釜"，小朋友们猜一猜"陶釜"的作用是什么呢？对，就是用来装食物的，作用相当于咱们现在使用的锅。在陶釜的下面是灶，灶的内部是空的，四周都是泥土做成的"围墙"。那么，你们知道里面究竟会放些什么呢？对，里面可以放柴火，点火后，上面"釜"里的食物就会被煮熟啦。古代有一个成语叫"釜底抽薪"。"釜"是锅，"薪"就是柴火，把锅下面的柴火抽走，那锅很快就凉了，就是说要从根源上解决问题。

3. 融入儿歌、成语、古诗词

儿歌是儿童文学最古老也是最基本的体裁形式之一。儿歌的内容多反映儿童的生活情趣，进而联系生活、传递知识。而成语和古诗词是中国的传统文化，是语言艺术的瑰宝。在儿童语音导览词中加入儿歌、成语、古诗词，可提高儿童的注意力，获得更好的学习效果。以南京博物院"雨花石"儿童语音导览词为例。

> "我是一颗小小的石头，静静地躺在沃土之中……"歌里面这小小的石头就是南京雨花石。你看！我们颜色一样吗？我们形状一样吗？想不到吧，你们现在看到的雨花石已经4000多岁了呢，是目前发现最早的南京雨花石。

4. 设置博物馆参观作业，增加互动性

博物馆教育不能仅局限于博物馆内的教育，博物馆教育可以延伸到生活的方方面面。设置博物馆的参观作业，一方面可以加深博物馆学习的广度和深度，另一方面可以提升互动性和趣味性。儿童动作逐步精细化，因为神经末梢髓鞘化，可以建议儿童在参观结束后挑选自己最喜爱的展品进行描绘。

5. 帮助儿童认知世界，形成良好的价值取向

儿童处在认识自我发展的最佳时期。随着交往范围扩大，儿童成为生活中不同角色的承担者，超越家庭开启个体社会化。他们会因自身角色多样化而转变，开始

不断反思自我形象，发展自我个性，自我意识逐渐觉醒。因此，博物馆可以在儿童语音导览词中对儿童进行情感和社会性教育、价值观教育，例如，爱护动物、保护环境、团队合作等。以南京博物院"江豚形陶壶"儿童语音导览为例。

> 嘿！初次见面，我是江豚形陶壶，出生在 4500 年前。我呢，低着头，翘着尾巴，睁一只眼闭一只眼，尖尖的小嘴巴好像要说话。你看，我的形态像不像一只可爱的小江豚？古人根据江豚在水中游动摆尾的样子，烧制出了这件陶壶。小朋友们想象不到吧，在古代，江豚的数量还是非常多的，人们常常能够看到江豚在水中嬉戏。后来因为大量捕捞，水质污染等原因，长江江豚面临灭绝。小朋友们，如果你们还希望看到可爱的江豚，记得要从我做起，不乱扔垃圾，保护好身边的每一条河流，保护好我们共同的家园。

三　针对博物馆儿童语音导览词的几点建议

1. 细分儿童年龄段

根据儿童的成长年龄和儿童心理学，可将儿童语音导览分为学龄前、小学低年级、小学中高年级三个版本，或者进行更细致的年龄划分，以此设计儿童语音导览的内容。

2. 谋求多方合作

联合骨干教师、高校专家和社会教育专员一起共同合作完成。高校专家从宏观上提出多维度的教育目标，在设计上对导览词知识点的覆盖面进行指导。博物馆的社会教育专员了解博物馆的文物及其背后的故事，可以与学校的骨干教师一起设计一条适合儿童的参观路线，挑选儿童感兴趣的文物。在撰写儿童语音导览词时，骨干教师参与其中，努力与学生的课本知识点相结合，更好地把握知识点的广度和深度。

3. 设置多类型学习卡

儿童语音导览词的内容丰富、覆盖知识面广博，为了增加儿童的学习兴趣可以设计类型多样的学习卡与导览词相配合。

四　结　语

结合分众教育的理念，为了儿童更好、更有质量地参观博物馆，儿童语音导览的应用显得尤为必要。博物馆应精心设计适合儿童成长与发展的儿童语音导览词，用生动的儿童语言解读文物背后的故事，用启发式的提问方式让儿童进行思考与探索，从而为儿童提供更优质的参观体验与教育。

注释

[1] 宋新潮：《别让孩子来一次博物馆就被吓跑了》，人民网。

[2] 周婧景：《博物馆儿童教育心理学初探》，《博物馆研究》2014 年第 3 期。

"看见孩子"

——博物馆儿童教育走向深处的探索

刘逢秋

（苏州碑刻博物馆　江苏苏州　215007）

内容提要：博物馆儿童教育方兴未艾，各博物馆都在探索如何让孩子爱上博物馆，从博物馆中获得成长助力。博物馆儿童教育具有"基于实物"和"社会性"的特点，博物馆应充分发挥博物馆儿童教育的"天然"优势；在设计儿童教育活动时，要注意对目标儿童进行细分；在活动实施过程中，应及时关注儿童的感受和反馈。苏州碑刻博物馆"梅子时间——国学阅读推广与画信"活动正是对博物馆"看见孩子"的有益探索。只有着眼于儿童，充分发挥博物馆儿童教育的作用，博物馆才能成为儿童自主学习、全面发展的有力支持者。

关键词：博物馆　儿童教育　"看见孩子"　探索

一　博物馆儿童教育的使命要求"看见孩子"

随着博物馆教育功能的强化，博物馆儿童教育越来越受到重视。不过，由于中国博物馆行业的儿童教育刚刚起步，很多博物馆对于儿童教育的重要意义和地位的认识还处在初级阶段，普遍认为博物馆教育是所谓的"第二课堂"，是学校教育的补充。事实上，博物馆教育在形式、内容、意义上均不同于学校教育。作为基于实物的、社会化情景中的一种学习，博物馆教育有其独特之处，对于学生建构知识、能力、态度、情感有着特殊的意义。"这完全是两个不同体系、不同模式、不同评价标准和不同教学方法的教育场所"[1]。

教育的本质是个体社会化的过程，教育的终极使命是帮助社会个体的健康成长。博物馆儿童教育不应该满足于"学校教育的补充"这一定位，而应该充分认识其对于儿童的重要意义，树立起远大目标，指向教育的终极使命——儿童身心的全面发展。

博物馆儿童教育"促进儿童身心全面发展"的使命要求博物馆在设计和实施儿童教育的过程中能够"看见孩子"。只有以儿童为中心，将儿童作为一个整体的人对待，才可能真正实现博物馆教育对"人"的教育的根本价值的追求。

二　当代儿童学习理论要求"看见孩子"

当代与儿童学习相关的理论研究主要建立在让·皮亚杰（Jean Piaget）和维果茨基（Lev Vygotsky）的研究成果基础之上。这些关于儿童如何建构知识的相关理论，其核心思想都是把儿童作为学习过程的主要参与者[2]。建构主义（constructivism）学习理论强调儿童的学习过程是通过与环境互动来主动建构知识和观念的过程。在整个学习过程中，儿童是学习的中心和主体，只有充分发挥儿童的主动性，才可能取得良好的学习效果。维果茨基则进一步强调社会交往是学习发生的最关键要素，所有学习过程都源于人与人之间的社会交往，社会交往的质量直接影响学习效果。

就博物馆儿童教育而言，儿童学习的过程主要源于儿童与博物馆工作人员之间的社会交往。博物馆工作人员在实施儿童教育活动的过程中，能否与儿童进行有效的社会交往、能否充分尊重儿童"学习的中心和主体"的地位并引导他们主动构建知识和观念决定着儿童学习的效果。

提高博物馆工作人员和儿童社会交往质量，关键是将儿童看作一个"整体的人"，尊重他们的知识背景、身心发展状态及当时、当地的生理和心理感受。只有在被"看见"的状态下，儿童"学习的中心和主体"的地位才能得以实现，从而进入主动探索、深度学习的状态。

三　博物馆儿童教育如何做到"看见"孩子

1. 充分发挥博物馆儿童教育的"天然"优势

博物馆儿童教育具有"基于实物"和"社会性"的特点。这一特点正好契合儿童学习特点，有利于儿童充分发挥其主动性进行探索性学习。

博物馆儿童教育"基于实物"的特点是博物馆儿童教育与学校教育、家庭教育和其他社会教育的根本区别。能够通过具体的实物阐释相关知识、文化和理念源于博物馆得天独厚的藏品资源。这些博物馆藏品真实具体，正好契合儿童直观感受能力强、逻辑思维能力较差的特点。博物馆工作人员可充分利用馆藏实物设计相关活动，最大限度满足儿童通过直接感知、实际操作和亲身体验获取经验的需要。引导儿童充分利用五种感官——视觉、听觉、味觉、嗅觉和触觉——来获取信息、建立概念、产生学习。

博物馆儿童教育还具有"社会性"的特点。在博物馆参加教育活动，其本身就是一种实境的社会交往活动。孩子们根据具体实境，按照一定的社会规范，在具体社会交往环境中获取直接的社会经验。博物馆儿童教育的"社会性"还体现在教育过程的"交互性"上，比起系统严格的学校教育，博物馆儿童教育是一种非正式学习，过程更加灵活、互动性更强，教育者与学习者、学习者同伴之间双向沟通更为频繁。博物馆工作人员应充分利用博物馆儿童教育"社会性"的特点，扮演好工作人员的社会角色，进而有效引导儿童在真实的社会交往中亲身体验、建构知识、了解文化和社会规范。

2. 在设计儿童教育活动时，注意对目标儿童的细分

不同年龄儿童的认知能力和心理特征差别很大。按照皮亚杰的儿童认知发展阶段理论，儿童认知发展过程是主体自我选择、自我调节的主动建构过程，不同年龄阶段的儿童认知具有不同的特点。皮亚杰把认知发展分为感知运动阶段、前运算阶段、具体运算阶段和形式运算阶段[3]。在感知运动阶段，儿童主要靠动作和感觉认识世界；在前运算阶段，儿童主要靠表象进行思维，学习以直接经验为基础，尚不能进行逻辑推导；在具体运算阶段，儿童可依据具体的事物进行简单的逻辑推导；直到形式运算阶段即约在十一二岁及以后，儿童思维才发展到抽象逻辑推理水平，能够用假设进行推理。

博物馆在设计儿童教育活动时，应细分目标儿童，充分了解目标儿童的年龄、心理行为特征和文化知识背景，针对不同年龄阶段的儿童设计符合其身心发展特点的教育内容、教育形式和整个活动的节奏。一般说来，年龄越小的儿童，其身体和情绪状况越需要被关注，越需要设计直观、具体而又生动的内容和形式。

3. 在活动实施过程中，及时关注儿童的感受和反馈

儿童心理活动及行为具有一定的无意性，在行为过程中，比较容易被环境影响，因外界刺激而改变自己的活动方向。此外，心理不适、身体不适也直接影响儿童的行为和活动方向。在博物馆儿童教育实施的过程中，教育工作人员需充分考虑各种可能情况，尽可能创设舒适、可控的环境；把握整个活动的节奏和强度；及时关注儿童的感受和反馈，并根据他们的感受和反馈灵活调整活动的内容、形式和节奏以确保教育活动的效果。

四　"梅子时间——国学阅读推广与画信"活动的一些探索

"梅子时间——国学阅读推广与画信"活动开始于 2015 年 4 月 30 日，江苏由苏州碑刻博物馆（苏州文庙）和苏州市儒学研究会联合主办，苏州职业大学副教授、苏州市儒学研究会副会长、儿童心理学专家顾梅老师主讲，寒暑假的每周四固定向孩子们开放。儿童通过"苏州市未成年人社会实践平台"预约活动。活动主办方以此控制活动的人数、了解预约儿童的年龄、学校等基本情况。活动在苏州碑刻博物馆（苏州文庙）文庙古香古色的德善书院内进行。老师引导孩子们利用传统笔墨纸砚进行笔墨游戏、画信和《论语》的抄读。

通过笔墨游戏，儿童充分利用五种感官获取对传统笔墨的直观印象，通过互相合作，在同伴的手心画线、画圈，以及与老师、同伴发生社会交往。在画信环节，老师引导儿童就地取材、观察周围的环境，使用传统笔墨"画信"。"画信"与"画画"的区别在于，"画信"强调感受的表达和画的过程，一般会配上一句话，而不过分强调画的美感。在"画信"的过程中，儿童学习的主体地位被充分尊重，他们通过"观察"，进而产生"感受"，再通过"画"与"写"的方式使用传统笔墨纸砚进行"创作"。最后，老师会引导儿童抄写《论语》中的一句话并进行诵读和阐释。诵读和阐释同样以游戏的方式进行，如分小组进行接龙和角色扮演。

在整个活动过程中，参加教育活动的儿童控制在 8 ～ 12 人左右，老师会提前了解其姓名、年龄、学校等基本情况。老师更多扮演组织者和引导者的角色，儿童始终处于"学习主体"的地位。作为儿童心理学专家，老师也非常善于关注儿童他们的感受和反馈，并即时积极处理。

通过这样的学习，孩子们不仅学习了传统文化相关知识和价值观，学习了观察与表达的学习方法，更在潜移默化中学习了社会交往和团队合作，学习了尊重他人和自我尊重。这是一种着眼于儿童身心发展的全息学习。

五　结语

随着博物馆教育功能越来越被重视，博物馆儿童教育应树立起远大的目标，着眼于儿童身心的全面发展，充分利用自身优势，担当起儿童社会教育的重任。而只有"看见儿童"，充分了解儿童，博物馆儿童教育才能真正走到深处。期待博物馆越来越成为儿童自主学习、全面发展的有力支持者。

注释

[1] 黄琛:《博物馆青少年教育中的教学法研究法研究——以中国国家博物馆为例》,《中国博物馆》2017 年第 4 期。

[2] [美] 莎伦·E. 谢弗 (Sharon E. Shaffer) 著, 于雯、刘鑫译:《让孩子爱上博物馆》, 译林出版社, 2018 年。

[3] 王晓萍:《童年的意义和价值——皮亚杰认知发展理论的启示》,《江苏教育》2017 年第 5 期。

浅谈博物馆青少年教育的创新发展

——以江苏苏州戏曲博物馆为例

许如清

（苏州戏曲博物馆 江苏苏州 215005）

内容提要：江苏苏州戏曲博物馆依托馆内丰富的非物质文化遗产资源，充分挖掘藏品的文化内涵，积极在原有社教活动的基础上进行创新，为不同年龄阶段的青少年"量身定制"不同层次、形式多样的社教活动。重视加强与学校的沟通合作，坚持"引进来"与"走出去"相结合的原则，不仅将更多的青少年吸引到博物馆里来，同时让更多博物馆特色活动走进中小学校课堂。苏州戏曲博物馆还在青少年活动中合理应用新媒体技术进行活动宣传与数据分析，并借助新媒体平台打破时间与空间的限制，扩大青少年活动的社会影响，促进优秀非物质文化遗产的传承与发展。

关键词：博物馆教育 青少年教育 社教活动 苏州戏曲博物馆

社会教育是博物馆的重要职能，随着博物馆事业的不断发展，当代博物馆发展的重心已经转向了社会教育。2007 年举行的国际博物馆协会（ICOM）第 21 届大会对"博物馆的定义"进行了修改，首次将"教育"作为博物馆的第一功能 [1]。我国 2015 年 3 月 20 日起施行的《博物馆条例》也将博物馆的教育功能放在了第一位 [2]。在博物馆社会教育的对象中，青少年占据着重要地位，大部分博物馆的青少年观众占观众总数的 25% ～ 40%，有的甚至超过 50%[3]。重视博物馆教育对于青少年所产生的积极影响是国际教育界的共识。

江苏苏州戏曲博物馆深刻认识到了社会教育的重要性，于 2013 年成立社会服务部，以专门负责组织策划社教活动，把面向青少年群体的教育活动作为社教活动的重点；2016 年在馆内专门开辟了教育活动室，提升社教活动的效果。仅 2018 年上半年，苏州戏曲博物馆便举办青少年社教活动一百余场次，参与活动的青少年超过 18000 人次，并荣获了江苏苏州市委宣传部、苏州市文明办颁发的"苏州市未成年人社会实践十佳体验站"。苏州戏曲博物馆将对教育功能的重视拓展到博物馆藏品研究、展陈设计、活动组织、合作交流等博物馆工作的各个方面，在原有社教活动的基础上进行了发展与创新，策划出了一系列受到青少年欢迎、取得良好社会反响的青少年社教活动。

一 深入挖掘博物馆藏品的文化内涵

公众对博物馆社教活动需求的不断增加，要求博物馆对藏品的研究不应局限于年代、材质与制作工艺，而要充分挖掘藏品的文化内涵。博物馆社教活动的策划应以藏品为基础，围绕着文化内涵，提取其文化特征，让观众了解藏品的历史背景、藏品背后的人物故事以及藏品所传承的文化精神。

昆曲、苏州评弹等传统戏曲艺术不仅是我国优秀传统文化的瑰宝，更是人类共同的宝贵财富。苏州戏曲博物馆现藏有昆曲、苏州评弹、苏剧及其他戏曲藏品三万余册（件）。苏州戏曲博物馆在策划青少年教育活动时，充分利用了馆内丰富的非物质文化遗产资源。例如昆曲公益教唱活动"昆曲大家唱"课程中使用的教材，就是以苏州戏曲博物馆馆藏昆曲工尺谱为范本，同时每年都会举行"兰馨寄情，墨韵留香"工尺谱抄录及讲座活动，邀请专家学者为公众讲解中国古代音乐和记谱方法的相关知识。让公众不仅可以在展览陈列中看到工尺谱，还可在学唱昆曲的过程中使用工尺谱，在抄谱的活动中亲手抄写昆曲谱，从多个角度更加深刻的了解工尺谱这种同时兼具昆曲、书法等传统文化元素的古老音乐记谱方法。

二 针对青少年的身心发展特点设计不同层次社教活动

青少年在生理上处于学习和接受能力的巅峰阶段，他们有着探索未知世界的精神需求，需要多样的文化活动来丰富他们的课余时间。而传统的博物馆社教活动依然以参观讲解、课堂教育等基础的教育活动为主，并不能完全满足青少年的精神需求。在前期的调研中，苏州戏曲博物馆了解到青少年体验非物质文化遗产的精神需求，综合考虑青少年精力充沛、活泼好动、好奇心旺盛的生理和心理特征，并以此为基础，结合馆内藏品资源，对原有的社教活动进行拓展与创新，为各个年龄阶段的青少年"量身定制"不同层次、内容丰富、形式多样并具有戏博特色的教育活动。

以昆曲主题手工制作系列活动"粉墨工坊"为例。"粉墨工坊"将昆曲元素与手工制作结合在一起，针对不同年龄阶段青少年的知识储备和动手能力，设计了"开心画脸谱"、《玉簪记》主题手作发簪活动、"东风遍送桃李香"桃花扇绘制等昆曲主题活动。活动形式包括亲子互动、创意 DIY、昆曲知识普及、昆曲片段赏析等。低年龄段的青少年一般不了解昆曲，苏州戏曲博物馆便选取了颜色鲜艳、造型夸张的昆曲脸谱作为活动的主体元素，引起这一年龄段未成年人的兴趣，随即科普昆曲脸谱的相关知识，最后让他们亲手绘制脸谱加强对昆曲脸谱的直观印象。中年龄段的青少年已经能对昆曲有所认识，但大部分没有看过昆曲演出，《玉簪记》主题手作发簪活动就选取了昆剧传统剧目《玉簪记》中的重要道具玉簪作为活动主体，引导青少年制作前观看《玉簪记》片段，欣赏昆曲表演的艺术魅力。对于高年龄段的青少年，桃花扇绘制活动选取了贯穿昆剧经典剧目《桃花扇》的线索桃花扇，引导青少年观看《桃花扇》片段的同时，介绍剧目的历史背景、剧中人物与历史人物的异同等相关知识，并结合历史进行爱国主义教育。"粉墨工坊"系列活动既是相对独立的，又是有机联系、层层递进的一个整体，参与人员可以互相流动。

三　加强与学校的沟通合作

美国博物馆教育学家 Kent 早在 1910 年就提出了博物馆应为学校教育服务、与学校建立伙伴关系的主张。20 世纪末随着我国素质教育的全面推进和博物馆事业的繁荣发展，我国也加快了学校教育与博物馆教育相结合的实践[4]。过去许多博物馆与学校的合作停留在最浅层面，即学校组织学生到博物馆参观，博物馆方面负责接待和讲解。这样的合作显然无法充分发挥博物馆的优势，无法满足青少年的精神需求，也无法与学校建立长期稳定的合作。

苏州戏曲博物馆积极转变合作思路，与学校进行更为紧密有效的联系与合作。在合作前，苏州戏曲博物馆与学校签订规范的馆校合作协议，明确双方的权责。合作中专门设置了联系人，长期负责与学校方面的沟通交流工作，详细了解学校的课程进度、学生的学习状况，根据学校的实际情况与需求设计教育活动，并根据学校的活动反馈不断优化社教活动的内容。苏州戏曲博物馆还十分重视学校教师的纽带作用，让教师了解博物馆资源，并进行一定的基础知识培训，让学校的老师能够承担博物馆社教活动的辅助工作。馆校合作的过程中，苏州戏曲博物馆始终坚持"引进来"与"走出去"相结合的原则，不仅让青少年愿意到、喜欢到博物馆里来，同时让更多博物馆特色活动走出博物馆。"评弹进校园"就是苏州戏曲博物馆打造的品牌课程，将苏州评弹课程送入中小学校课堂，让校园里响起三弦与琵琶的乐声，让博物馆教育能与学校教育互补充，真正成为我国素质教育的有机组成部分。

四 合理应用新媒体技术

新媒体技术以数字信息技术为依据，以互动传播为优势，具有创新形态[5]。与传统媒体技术相比，新媒体技术不仅在信息传播的数量、质量与速度等方面有着极大的优势，同时也是信息传播理念的革新。信息发布者与信息接受者的地位趋向于平等，信息发布者将信息传播给接受者，接受者也能通过点赞、评论以及转发等方式做出及时的反馈，甚至影响传播者的下一步传播。新媒体技术在博物馆社教活动中的合理运用，将帮助博物馆进行更有效的宣传，更科学的活动数据采集分析，并且拓展社教活动的影响范围，更好地发挥博物馆的社会教育职能。

苏州戏曲博物馆在2015年创建了自己的微信公众号，截至2018年10月已获得了7420位微信用户关注。"关注"这一操作表明用户有了解昆曲、苏州评弹等传统戏曲文化的兴趣，其中不少是青少年或其家长。向这些用户推送青少年社教活动的宣传信息将会获得更好的宣传效果。用户收到消息后还可能会在学校微信群中对社教活动信息进行转发，进一步扩大活动信息的宣传范围。2017年下半年苏州戏曲博物馆对微信公众号的功能进行了升级，青少年可以通过微信平台直接进行社教活动的报名。据统计目前通过微信平台参加苏州戏曲博物馆青少年社教活动的人数已经占到总参与人数的90%以上，还有部分活动项目全都是通过微信平台进行报名的。苏州戏曲博物馆在升级微信平台时，根据本馆的实际需求设计了更为全面有效的数据采集与分析的项目，帮助博物馆收集青少年社教活动参与者的性别、年龄、受教育程度、活动感想与意见建议等各种类型的数据，节省了人力、物力的同时实时提供分析报告，帮助苏州戏曲博物馆对社教活动进行效果评估。过去的博物馆社教活动都是在"线下"进行的，由于博物馆的场地与设备的限制，能够参与活动的青少年人数较少，而且一般都是来自本地，外地青少年即便对社教活动内容很感兴趣，也往往因为时间和地域的限制无法亲身参与。在新媒体技术的帮助下，苏州戏曲博物馆的社教活动可以突破时间与空间的限制，极大拓展影响范围。如苏州戏曲博物馆与网络直播平台合作的"十天速成《蝶恋花》"苏州评弹教程，在微信与直播平台上进行直播，新颖的形式极大地调动了青少年的积极性，吸引更多的青少年走近苏州评弹，受到了极佳的反响与评价。

五 结 语

在苏州地区，以昆曲、评弹为代表的非物质文化遗产曾有广泛的群众基础，但随着社会的变迁，它们面临着观众流失、传承困难等现实问题。非物质文化遗产生存发展的困境得到社会各界的重视。博物馆作为服务于公众的文化教育机构，已经成为当今社会文化生活不可或缺的组成部分，青少年的第二课堂。苏州戏曲博物馆以馆内的非物质文化遗产资源为基础，在原有青少年社教活动的基础上积极创新，突出活动体验性、互动性与趣味性，让更多的青少年愿意走进博物馆，认识、了解优秀的中华传统艺术。丰富多样的社教活动既能够满足青少年的精神文化需求，又符合当今社会重视青少年传统文化教育的现实要求，同时将为昆曲、苏州评弹等非物质文化遗产培养潜在的观众，进一步提升其社会影响力，促进和保障优秀传统戏曲的传承与发展。

注释

[1] 王静：《博物馆教育功能拓展研究》，《博物馆研究》2014 年第 4 期。

[2]《博物馆条例》（中华人民共和国国务院令第 659 号）。

[3] 张和清：《美国博物馆的管理与运作》，《中国文化报》2008 年 10 月 22 日。

[4] 刘芳：《博物馆教育与学校教育的整合与利用问题研究》，《科教导刊》2018 年第 6 期。

[5] 王艺颖：《新媒体技术在博物馆教育中的应用》，《北方文学》（下旬刊）2016 年第 1 期。

浅谈"公众考古"教育实践

刘 钰

（镇江博物馆　江苏镇江　212000）

内容提要： 作为我国考古学的重要组成部分，"公众考古"目前仍属于新兴领域。公众考古研究不仅需要考古学专业人员，还需要其他学科的介入，如传播学、教育学、博物馆学、文化遗产管理等。只有加强学科间的交流合作，才能有效促进该领域理论与实践的深化发展。

关键词： 公众考古　教育实践　博物馆

一　关于 Public Archaeology 的定义

Public Archaeology 概念最早在20世纪90年代出现于美国，是在公众的支持下，考古学家代表公众记录和保护那些正受到基建工程威胁的考古遗存的活动，这一定义在美国受到了广泛的认同[1]。该术语最初起源于美国考古学家对于保护考古遗址的承诺，并在其他英语国家受到广泛传播，内容涉及考古学与当下社会关系的方方面面。由于各个国家的政治、社会条件不同，非英语国家在对 Public Archaeology 进行引用时所采用的理解也不尽相同，并在各国已有的公众考古学模式的基础上形成本国的特色。关于 Public Archaeology 的理念，目前国内有"公众考古学"和"公共考古学"两种不同的学术观点。

英语里的 public 在中文中常被译成为"公共"或"公众"，前者为大众考古之意，而后者则有全社会的考古学之意。两个术语有不同的含义，因此也允许不同人在不同的背景中持不同的理解[2]。在我国，考古学家主要供职于政府机构、高校、研究所和博物馆等，政治、文化等因素决定了我国的考古学要依靠公众、为了公众。

关于"公众考古学"，国内已有部分学者就其理论与实践进行探讨。郭立新认为"公众考古学"是以探讨考古学与社会的关系为基础，其本身并不只是对考古学家的社会责任进行简单而空洞的强调，而是试图在探讨考古学与社会关系的基础上对考古学家社会责任进行反思，重新确立考古学家的社会角色[3]。也有学者通过分析目前国际、国内关于公众考古的研究现状和不同学术观点，提出应该包括"公众考古学"和"公众考古理念"两个层面。创刊于 2000 年的英国杂志 *public archaeology* 则将其主题概括为：考古学政策、教育与考古学、政治与考古学、考古学与文物市场、种族与考古学、公众参与考古、考古与法律、考古经济学、文化旅游业与考古学等。日本学者松田明和冈村克幸则认为，"公众考古学"的论述不仅简单地描述各种考古学与公众的关系，而且关于那些积极改变、改善这种关系的活动。改善考古学与公众的关系不会在研究中自动产生，它要研究所指导的行动[4]。显然，考古学所涵盖的内容甚广，其学科理论的研究对于中国考古学的发展有着重要的意义。

二　我国公众考古学的实践

奠定中国近代考古学的基础依赖于两个条件：一是传统金石学的发达，二是西方考古学理论和方法的传入[5]。我国的公众考古学的产生和发展道路，与我国的考古学极为相似。早在 1927 年，周其昌先生即著有《人类的起源和分布（科学丛书）》，传播了科学考古知识和理念。20 世纪 30 年代，在河南安阳殷墟发掘前后，中央研究院历史语言研究所出版的《安阳殷墟发掘报告》（第二期）中发表了傅斯年先生的《本所发掘殷墟之经过》、李济先生的《现代考古学与殷墟发掘》、董作宾先生的《甲骨文研究之扩大》，这些文章均起到了向社会公众阐释和普及考古学的作用。随着 20 世纪 70 年代国外公众考古学的兴起，国内也出现一批该领域的研究专家，结合我国的实践形成了具有中国特色的公众考古学。

考古与公众的关系是公众考古学研究的重要内容。作为考古学发展的掌舵人——考古学家如何联系大众，让考古学更加贴近大众呢？梅里曼和霍尔托夫分别提出了三种模式来解释考古学家如何联系大众[6]。其中"不足模式"建议考古学家应该与公众建立密切联系，"更多人将会理解考古学家正在试图做什么，并更支持他们的工作。"而霍尔托夫提出的"教育模式"则认为考古学家应试图让尽可能多的人像专业考古学家一样看到过去和考古学家这个职业。"公众关系模式"则要求考古学家应该努力改善考古学在公众中的形象，从而使考古学得到更多的社会、经济和政治支持。

近年来中国考古界纷纷推出各类丰富多彩的"公众考古"项目。如运用网络时代的多媒体平台发布考古科普、考古专家撰写大众读物、考古研究机构通过"考古开放日"组织学生参与趣味考古活动，这些将考古成果服务于社会公众的实践正越来越受考古界的重视，也体现了中国考古学者作为学术共同体为中国现代文明建设做出自己应有的贡献，而考古教育以其特有的传播和普及方式成为公众考古实践和研究的重要组成部分。

三　公众考古教育实践与博物馆

通过博物馆展览的方式传播考古学的发现和研究成果，早在 20 世纪 50 年代已有典型案例。1958 年开放的中国第一个考古遗址博物馆——西安半坡遗址博物馆、1959 年中国历史博物馆通史陈列展品详目及说明、中国历史博物馆文物选辑等，这些都说明我国公众考古的教育实践似乎一开始就与博物馆有着不可分割的关系。

公众考古教育领域中，具备考古知识的专业人才相对充裕，但由于考古工作的特殊性、考古工作时间的紧迫性和考古发现的不可知性，我国缺乏专门从事公众考古教育的人才。公众考古教育还停留在参观考古工地、举办考古知识讲座等较为简单的实践初探阶段，其传播方式还停留在简单的告知（tell）阶段，活动的覆盖面较窄，活动往往具有临时性，缺乏专门教育理论的指导，尚未形成系统、有计划、有目的的常态化教育模式。

与公众考古教育相比，博物馆教育优势比较明显。改革开放以来，中国的博物馆始终坚持为民服务，在促进我国文博事业发展、提高人民精神文化素养、构筑中华民族精神家园等方面做出了突出贡献。博物馆的社会教育主要是根据社会的需求，运用博物馆的陈列、藏品和相关资料以及社会资源，灵活多样地搭建传播科学文化知识，进行思想品德服务和社会交流的平台。随着公众服务的功能日益凸显，近年来我国各大博物馆的社会教育服务不断推陈出新，从展览的设计到教育活动的策划创新，博物馆的社会角色正发生着潜移默化的变化。大多数博物馆已经配备社会教育人员，在各自的社会教育实践中也正逐步探索出自己的路线与特色。虽然，博物馆越来越主动地与观众发生联系，努力在人们生活中扮演更积极的角色。

然而，随着博物馆的教育职能日益受到业界重视与社会关注，博物馆面临的问题和挑战也不少。目前我国博物馆社会教育领域大部分工作人员缺少系统的培养，理论研究也相对薄弱。而随着近年来博物馆社会教育事业开始往专业化方向发展，人才选聘上也突破以往"讲解员式"标准，更加注重文博及教育理论与实践方面知识的储备，学历要求为研究生的博物馆更是不在少数，具备考古、文物及博物馆方面的专业知识对于从事博物馆社会教育的人来说也越来越重要。

在我国，考古研究所与博物馆互动频繁，而在国内的很多博物馆中也同时设有考古部门与社会教育部门，二者在各自的教育活动中存在着许多联系：博物馆相当一部分藏品来自考古发掘，在利用博物馆文物资源进行历史文化宣传时，相关考古的发掘情况、研究成果不可避免的成为必要内容，考古的专业人才也成为社会教育的"座上宾"；很多公众考古的活动会有从事社会教育者的身影。

总之，公众考古教育与博物馆教育二者在弘扬中国历史文化、培养社会人文情怀等方面均起着重要的作用，在文物教育、历史文化传播、文化遗产保护等方面又有着情理之中的"合拍"：公众考古缺"方法"、博物馆教育缺"知识"，二者只有不断地互助、互动，才能在各自领域探索出成功的教育道路。

那么，公众考古教育如何与博物馆教育开展合作？笔者认为目前需要着重从以下几个方面解决问题。

第一，明确合作领域。公众考古教育与博物馆教育分属不同的学科，两者在教育内涵上有所区别，哪些方面可以合作是两方均需考虑的问题。为何教育、教育谁、谁来教育、教育什么——要想真正地让考古普及大众，让博物馆教育服务好社会，考古界及相关公众服务机构或组织都应该考虑好这些问题。双方可以通过广泛的社会调查与实践，明白教育对象究竟需要、想要、能够接受什么样的信息，明确自己的教育内涵、教育方式及目的，并在此基础上寻找可能，确立合作方向，这样才能实现真正的互惠互利，促进我国文化事业的蓬勃发展。

第二，建立联动机制。确立了合作领域，接下来就是讨论如何进行合作实践。博物馆社会教育与公众考古教育的互动，可以是建立在双方共同工作领域的基础上，如文物研究成果教育、文化遗产的普及宣传等；也可以是在各自领域开展合作，如在公众考古教育的"考古夏令营"中，建立"移动博物馆"。进行考古发掘、整理、研究工作的公众互动，开展博物馆教育；也可以通过在博物馆里举办考古发掘成果展，策划趣味性活动，向观众开放"文博课堂"等方式进行考古公众教育。在这一系列的活动中，教育活动的策划组织方法、考古领域的专业知识等方面的资源交流频繁，这就需要两个不同部门甚至不同单位组织之间形成联动机制，加强互动与交流，及时、有效地开展合作。

第三，秉持各自特色。除了多方位的合作，要想促进各自行业的发展，笔者认为在实践过程中二者都应明确一点：在秉持各自特色的基础上开展合作。合作并不等于混为一谈，两家合一家。虽然公众考古教育与博物馆教育在实践中有着许多共同的特点，存在着许多联系，但是两者分属两个不同的学科，其教育内涵有着各自的特点。公众考古教育基于考古发掘，目的在于向公众展示、教育考古的工作方法、程序、工作内容及对于在发掘成果基础上的古代社会历史的直观认识；博物馆教育是基于博物馆的陈列、藏品、地方历史文化等资源，依托各方社会力量，灵活多样地搭建传播科学文化知识，进行思想品德服务和社会交流的平台。不同的学科决定了二者各有自己的重点，在具体的操作实践中也应明确自己的主要工作任务。

"公众考古"的兴起体现了科学与社会的本质关系的正确处理。现代文明建立在科学的基础之上，而科学虽然是有科学家所从事的事业，但"科学"作为一种人类长期实践和持续探索的文明成果，属于整个社会，它不是科学家的私利或私人领域。任何科学的发现或创造，如果不能回归它的本质，即一定要为民生及社会公众的福祉服务，这种科学就不可能有生命力[7]。考古学家的社会责任并不是公众考古学唯一关注的内容，公众考古学的研究思路是将考古学纳入到各种社会关系当中去，在互动中为考古学的普及与发展寻找出路。

总之，公众考古学的研究是将考古学纳入到广泛的社会、经济、政治、伦理的大背景中，研究和探讨考古学与社会、与公众的关系。公众考古学作为考古学一门新的分支学科尚未为广大学界所全面接受，需要更多学者在研究考古学之余思索考古学的社会性、伦理性问题，逐渐形成一定的研究群体，形成基于我国社会、经济、政治背景的中国公众考古学的研究对象、理论和方法。

我国的文化服务事业任重而道远。公众考古学科的建设与完善关乎人民的精神福祉。近年来，随着国家对传统文化保护与传承的逐步重视，社会上对于传统、历史、文化等相关领域的探索与研究逐步加深。我国文化建设的使命告诉我们，"公众考古"教育事业更需要在国外经验与自我实践的基础上不断创新思维，把以人民为核心的公众服务作为指导文化工作的出发点和落脚点，探索出具有中国特色的"公众考古"教育方法。我国的文化事业建设于人民而又服务于人民，只有通过各界人士的不断努力，加强各领域方法论与实践的研究，形成完备的文化发展体系，才能让人民的事业真正兴盛起来。

注释

[1] 郭立新：《初论公众考古学》，《东南文化》2006 年第 4 期。

[2] 郭立新：《初论公众考古学》，《东南文化》2006 年第 4 期。

[3] 郭立新：《初论公众考古学》，《东南文化》2006 年第 4 期。

[4] [日] 松田明、冈村克幸：《全球公共考古学的新视角》，《南方文物》2014 年第 3 期。

[5] 张光直：《考古学和中国历史学》，张光直：《中国考古学论文集》，生活·读书·新知三联书店，1999 年。

[6]［日］松田明、冈村克幸:《全球公共考古学的新视角》,《南方文物》2014 年第 3 期。

[7] 贺云翱:《"公众考古"的兴起是现代文明的重要成就》,《大众考古》2015 年第
　　8 期。

参考文献

1. 刘焱鸿:《全球化视野下的公众考古学新发展》,《惠州学院学报》(社会科学版)
　　2014 年第 5 期。

2. 高蒙河、郑好:《论中国公众考古不是西方舶来品》,《东南文化》2013 年第 6 期。

3. 曹兵武:《文化遗产时代的考古学》,《南方文物》2014 年第 2 期。

4. 刘君杰等:《近十年国内外公众考古研究对比分析》,《文博》2018 年第 1 期。

5. 郑媛:《公众考古学在文化遗产保护中的应用》,山西大学硕士学位论文,2010 年。

纪念馆在"互联网+"时代背景下的服务创新研究探析

张冠中

（苏皖边区政府旧址纪念馆 江苏淮安 223002）

内容提要：伴随互联网技术的广泛应用，纪念馆的服务方式也发生了很大的改变。在"互联网+"时代背景下，纪念馆的服务创新具有针对性、时效性、主动性和必要性等特点。纪念馆为提升其在"互联网+"时代背景下服务创新能力，可加强纪念馆网络数据库建设，提供个性化的服务；加强纪念馆的信息化建设，提高服务质量。在"互联网+"时代下，只有将创新理念融入纪念馆的服务当中，才能够进一步促进纪念馆的可持续发展。

关键词："互联网+" 纪念馆 服务创新

近几年，"互联网+"理念已经逐渐融入我国各领域的发展当中，并对其管理方式及服务理念等方面产生了非常重要的影响。在经济全球化发展的趋势下，互联网技术、大数据技术已经成为各行各业提高自身服务水平及工作效率的重要途径。以下，笔者以在纪念馆的工作实践为例，对纪念馆在"互联网+"时代背景下的服务创新方面展开相关论述。

一 纪念馆在"互联网+"时代背景下服务创新现状

在"互联网+"时代背景下，数据、信息、资源的共享及传输更加方便，这对人们的思想意识及精神追求带来了一定的影响，同时也对纪念馆的创新服务带来了理念上的冲击。"互联网+"应用到纪念馆，既是纪念馆管理与服务上的"+"，更是服务理念、思维、模式与创新上的"+"；它的核心要素是"以游客为中心、强调游客参与、注重游客体验"。近几年，我国纪念馆在尝试运用互联网技术的过程中，充分运用互联网、大数据、云计算、移动终端、虚拟现实等技术支撑，彻底打破了时空、地域限制，通过云端以多种方式开展服务，不断增强了纪念馆服务过程中的科技性及吸引力。

现在的纪念馆，正借力"互联网+"摆脱过去相对被动、单一的说教形式，让历史"活起来"，如通过手机扫二维码来收听革命故事；通过微信公众号结合社会热点推送馆藏史实；通过微博定期更新纪念馆动态；还有些地方的纪念馆已经开始采用 3D 打印技术，将纪念品打印成立体的物品，送给参观人员，使参观者更好地体会其历史含义。观众在参观纪念馆的过程中，通过对纪念品进行观察，逐渐了解我国古代人民的智慧，感受到优秀历史人物的精神内涵。而互联网等高新技术在纪念馆的应用，则带来革命性的改变，成为联通观众的新渠道。

二　纪念馆在"互联网+"时代背景下服务创新的特点

（一）针对性

实际上，每位观众参观纪念馆的目的不尽相同，且观众的知识水平及文化素养各有差异，所以观众感受到的服务体验也有所差别。因此，纪念馆应针对不同的对象进行具体的分析，为其提供个性化的服务内容，使其在参观纪念馆的过程中能够体验到良好的服务。在互联网的帮助下，纪念馆可以通过网上会员服务来搭建纪念馆与游客之间的桥梁。纪念馆可以在官网上提供会员注册、留言及互动交流等功能，游客可以将自己的参观心得、个人意见、推荐信息等反馈到纪念馆，纪念馆的管理人员则可以利用网络平台的互动交流版块对用户的实际需求进行有效的调查，并及时与游客进行回复、沟通。在"互联网+"时代背景下，纪念馆在提供服务的过程中，应更加尊重每位观众的个人意愿，同时支持会员进行网上分享和收藏，方便游客将纪念馆推介到 QQ 空间、微信朋友圈、微博等各大社会化媒体。在大数据平台的支持下，纪念馆能够对游客提出的意见或建议进行有效的筛选，还可以在互动中完成馆方与游客、游客与游客的多方信息反馈，并从中选出能够提升纪念馆服务水平的有价值的建议，为推动纪念馆发展奠定良好的基础。

（二）时效性

在"互联网+"的时代背景下，纪念馆服务方式变得更加多元化。网络技术的运用不仅促进了纪念馆的信息化建设，更将纪念馆的服务体系与互联网平台进行了有效的结合。在这种情况下，纪念馆管理人员能够利用网络数据库了解到其周围更多的资源，有效地实现线上、线下的互动，增强了服务过程中的时效性，为纪念馆向更广阔的空间发展提供了良好的基础。同时，在互联网体系的运行过程中，纪念馆管理人员能够及时了解到当前最先进的技术应用方式，使纪念馆的信息体系能够及时更新，从而提升自己的创新服务水平。

（三）主动性

纪念品储藏功能是纪念馆的主要功能之一，作为收藏具有历史价值、艺术价值的重要场所，群众往往自发地到纪念馆中进行参观或体验。在"互联网+"时代下，各领域之间的界限逐渐变得模糊起来，信息的沟通与交流更加顺畅。在这种环境下，对纪念馆的社会服务意识又提出了更高的要求。鉴于此，纪念馆应更加积极主动地将自己的艺术价值进行提升，构建统一的互联网展示系统，实现纪念馆文物资源的统一展示，实现文博资源的数字化利用，为文化的发展及交流提供良好的平台。互联网展示系统具体包括：（1）地图导览，为游客提供在线地图，方便在电子地图上对纪念馆相关信息进行查询。（2）纪念馆信息，为游客提供包括名称、地址、联系方式及缩略图信息。（3）数字纪念馆，包括大量藏品、文献、展览、讲座、活动等资料；资料形式也很多样，包括视频、图片、文档等结构化和费结构化的数据。（4）虚拟漫游，通过建设虚拟纪念馆系统，将纪念馆的内部陈列和精品文物"原模原样"搬到互联网上。（5）藏品数字化展示，可以通过文物图片墙展示精品文物的简介、图片、视频等多媒体信息；利用三维文物展示文物模型；利用 AR 增强现实技术，在移动导览系统中实现藏品或场景在虚拟空间中的互动。

（四）必要性

1. 符合时代的发展趋势

"互联网+"有效实现了各领域的融合，对市场资源进行了有效的整理。纪念馆作为人民群众进行文化交流及教育的重要场所，是见证历史文化发展兴衰的重要地方。在新时代下，在传承历史文化、弘扬民族精神的过程中，只有将创新服务意识进行有效的结合，才能够使纪念馆的社会价值完全发挥出来。在社会发展的过程中，创新是推动社会发展的主要动力，纪念馆服务的创新也正是符合社会创新发展的趋势。

2. 符合纪念馆的社会职能

纪念馆是具有历史行、文化性、艺术性及创造性的重要场所，纪念馆中物品都具有一定的科研价值。在过去很长时间内，纪念馆主要是将物品进行陈列及典藏，为人民群众提供相关服务，具有娱乐、教育及学习等方面的社会职能。而在"互联网+"的时代背景下，现实的纪念馆服务与虚拟的网络系统进行了有效的结合，增强了纪念馆的服务能力；同时，也使纪念馆的社会职能更加全面。在网络平台上，纪念馆与人民群众的联系更加紧密，人们不再必须进入到纪念馆中才能够了解相关知识。可以说，纪念馆服务的创新是在满足纪念馆社会职能上的延伸及发展。

3. 是智慧城市建设的需要

"互联网+"时代背景下，我国政府提出了基于"互联网+"的行动计划，智慧城市就是重要的一部分。在智慧城市的建设过程中，重点强调了对我国历史及文化方面的保护及传承，而利用互联网技术，能够优化资源的分配方式，提高社会公共服务能力。纪念馆作为社会教育文化产业中非常重要的部分，在运用互联网技术等先进科学技术的过程中，不断增强自身对社会公众的吸引力，使人民群众充分了解我国社会的价值核心。所以说，纪念馆服务的创新能够为智慧城市的建设及发展提供良好的保障。

三　纪念馆在"互联网+"时代背景下服务创新的策略

（一）加强纪念馆网络数据库建设，提供个性化的服务

实际上，对于纪念馆来说，纪念馆中存有大量的数据，纪念馆的数据收集能力、处理能力及传输能力，直接影响着其服务的整体水平。因此，纪念馆服务人员应充分利用其网络数据库，为用户提供个性化的服务，并运用各种先进的科学技术，提高其对数据的分析能力。对纪念馆来说，其在进行数据分析的过程中，应对其进行专业化的处理，并充分发挥出数据自身的应用价值[1]。在利用数据库的过程中，不仅要增强人们的直接体验，更重要的是利用相关数据资源，使其教育价值能够充分发挥出来。不论是新成立的纪念馆，还是拥有一定历史的纪念馆，都具有重要的教育意义。鉴于此，在运行数据分析系统的过程中，应发掘出数据具有的潜在价值，并在此基础上为其服务的对象提供个性化的服务。

（二）加强纪念馆的信息化建设，提高服务质量

纪念馆的主要作用是为人民群众提供了解历史的窗口。在"互联网+"的时代背景下，纪念馆应建立自己的专业网站，并结合当前人民群众的实际精神需求，完善纪念馆网站的相关内容。首先，纪念馆应具有自己独特的服务风格，要与其他纪念馆有一定的区别。随着人们物质生活需求不断被满足，人们的精神文化需求不断增加。在这一情况下，我国纪念馆的作用及价值逐渐体现出来。纪念馆的服务理念不再只注重自身，而是将人们的实际文化需求进行了充分的融合，纪念馆的网站设

计也在此基础上进行了完善。换言之，在纪念馆网站的设计过程中，也应坚持以人为本的原则，融入更多人性化、个性化的内容。其次，纪念馆应进一步研发出自己的特色服务，并充分利用各种先进的管理技术，增强特色服务的实用性及服务性，为人们提供更好的服务。

纪念馆在建立网站的基础上，应根据各自的数字化保护现状和未来发展趋势与需求，利用高清数字采集技术、多媒体管理技术、数字化展现等先进技术手段，完成更深一步的文物数字化采集、加工、存储于管理，并建立一套可运营、可管理、可扩展的数字博物馆系统，从而实现文物从采集、到加工、到存储、到展陈展示的全周期业务管理。（1）构建馆藏文物数字化资源库。使用数字化专业软硬件设备完成文物的采集、加工、存储，最终通过数字化展示、利用平台系统实现文物数字化虚拟展示等功能。（2）建设纪念馆数字化管理系统。将馆藏文物多媒体数字化，利用智能管理系统对馆藏文物进行全信息档案数字化管理，方便管理展陈、换展、研究、传播等需求。（3）建设在线数字博物馆系统。利用互联网和先进的在线展示技术，为游客提供24小时虚拟游览服务，让人足不出户就可以通过多种终端身临其境的观赏纪念馆的文物珍藏，了解文化历史艺术价值。（4）提升文物数字化能力。利用VR、全息投影、三维还原等最新技术手段给游客带来高科技观览体验，在展示文物的同时全面还原文物本身的数字化扩展信息。

四　结　语

在新形势下，纪念馆的服务内容、服务方式及服务理念都应进行进一步的创新，传统的服务理念已经难以满足纪念馆的实际需求。基于此，本文对目前我国纪念馆服务的特点进行了分析，并从提供个性化服务及提高服务质量两个方面对纪念馆服务的创新进行了研究。总之，在"互联网＋"时代下，只有将创新理念融入纪念馆的服务当中，才能够进一步促进纪念馆的可持续发展。

注释

[1] 张建伟、吴宁宁：《加强现场管理 提升纪念馆服务水平——中共一大会址纪念馆案例》，《上海质量》2014年第4期。

关于江苏无锡鸿山遗址出土"蜻蜓眼"玻璃珠来源路径的探讨

陈　伟

（无锡市新吴区公共文化中心　江苏无锡　214028）

内容提要： 江苏无锡鸿山遗址越国墓葬共出土琉璃器5件（套）33件。其中"蜻蜓眼"琉璃珠从外形纹饰来看当与典型的西亚蜻蜓眼造型相近。从化学分析上表明，这些玻璃器应是由楚地传入吴越之地的。"蜻蜓眼"玻璃器的出土不仅对我国研究古代玻璃发展历史提供实物依据，而且还是与其他国家文化交流的重要物证。

关键词： 蜻蜓眼　成分　来源路径　鸿山遗址

2004年，由南京博物院考古研究所和江苏无锡锡山区文物管理委员会组成的联合考古队对无锡鸿山遗址的七座越国贵族墓进行了抢救性发掘。其中仅邱承墩遗址出土的随葬器物就有1098件，主要为青瓷器、陶器、玉器、琉璃器等。

在这些出土器物中，琉璃器共有5件（套）33件，器形有镶嵌琉璃珠、蜻蜓眼、珠、管和璜。据检测分析，鸿山遗址所出的管状饰和单色珠的质地均属于玻璃，其中蜻蜓眼珠的表层属于玻璃，内部为含铅、钡矿物的烧结体。这些玻璃质部分的化学成分可以划分为两种体系：钾钙硅酸盐玻璃和铅钡硅酸盐玻璃。从其时代、透明度、主要成分配比的一致性、保存状态看，这些玻璃器的制作技术达到了一个相当高的水平。而在这些玻璃器中，尤以"蜻蜓眼"玻璃珠器形最具特色，其风格与中国传统纹饰完全不同。

所谓"蜻蜓眼"玻璃珠，是指在玻璃珠母体上镶入一种或者多种不同于母体颜色的玻璃，形成类似眼睛的图案，眼睛可形成一层或多层次的效果；有的眼睛图案凸出于珠体表面，具有突出眼球的效果，与蜻蜓的复眼颇为相似。西方学界称之为"眼式珠"或"复合眼式珠"，国内考古学者安家瑶称其为"镶嵌玻璃珠"。

根据考古发掘资料可知，"蜻蜓眼"玻璃珠并不是中国的自制品，而是西方的舶来品。在中国，镶嵌玻璃与单色玻璃块同时出现在春秋战国时期，并且风靡于战国时期，然而在之前并没有发展迹象。就像凭空出世一样，无任何的前因后果。

但是科学检测表明，西方的玻璃成分主要是以钠钙为主，而鸿山遗址出土的"蜻蜓眼"玻璃珠则是含铅钡量较多。从化学成分上看，两者存在明显的区别，那么它们究竟是否为舶来品，又经历了哪些演变过程呢？

根据考古发现，公元前 2500 年左右最早生产玻璃的地方是在埃及和美索不达米亚一带，最早的用途是制造珠饰。到了公元前 16 ～前 13 世纪，当时玻璃珠饰的精品要属希腊迈锡尼，其压制的单色玻璃珠饰最为精美。到公元前 10 世纪的地中海沿岸，人们开始在单色玻璃珠母体上镶入另外一种或者几种不同于母体的颜色，形成同心圆的图案，制造出眼睛效果。公元前 6 ～前 3 世纪，在中亚、西亚出土此类珠子特别多，十分流行。这些琉璃制品在世界范围内的普及和发展，为"蜻蜓眼"琉璃珠的传入提供了物质条件。据史料记载，目前世界上发现最早的"蜻蜓眼"玻璃珠出现在公元前 16 ～前 13 世纪的西亚的古代埃及第十八王朝。古埃及人认为，眼睛能带给人们幸福和健康的源泉。眼睛的信仰在古埃及文明中到处可见，眼睛纹饰成为古埃及文化中最令外人印象深刻的符号之一。如荷鲁斯之眼是埃及人对眼睛崇拜的集中体现。在古埃及人的意念中认为，它代表着神明的庇佑与至高无上的君权。因此古埃及人把眼睛作为装饰图案应用于珠体上，也就是现在的"蜻蜓眼"玻璃珠。之后古埃及人还将眼睛的纹饰用于器物上，运用非常广泛。大约公元前 5 世纪左右传至中国，正值春秋末期。当时极富创造力的战国工匠将蜻蜓眼工艺演化至极致，孕育出了独特的中国风格，并成为身份与权力的象征。

而在中国，"眼"文化很早就出现在我们祖先的信仰中。如西辽河流域的人面岩画，大多数研究者认为其创作年代属于新石器时代，一种是以同心圆纹构成眼睛的人面岩画，另一种是以涡旋圈纹构成眼睛的人面岩画。这样的眼睛图案似乎跟"蜻蜓眼"玻璃珠的纹饰又有着莫名的关联。

综上所述，"蜻蜓眼"玻璃珠能够传入中国并且被人们接受甚至流行开来，都与祖先血液里带来的共同信仰是分不开的。

根据考古资料记载，就先秦时期已出土的"蜻蜓眼"玻璃珠而言，北起河北唐山，往南可达广东肇庆，可谓是纵穿南北。山西长治分山岭 270 号墓、山东临淄郎家庄 1 号墓、洛阳中州西工路基、河南固始侯古堆墓和湖北隋县曾侯乙墓都出土过"蜻蜓眼"。从中国东西范围来看，据已出土的"蜻蜓眼"玻璃珠资料记载，其西到四川的新都，东至山东的临淄，横贯中国南北，由此可见"蜻蜓眼"玻璃珠的覆盖面积之广。

针对"蜻蜓眼"玻璃珠传入中国的路线，学者们的讨论各有不同，大体可将学者们的意见归纳为南北两说。第一条南说，学者们推论"蜻蜓眼"玻璃珠最有可能经南亚经云南进入楚地。古印度是西方"蜻蜓眼"玻璃珠向中国传播的中转站，最后由楚人之手传遍全国。另一条北说，则是认为1世纪北方游牧民族将"蜻蜓眼"玻璃珠作为贸易交换品，通过北方丝绸之路经过新疆传入到中国。

关于南说，战国时期，"蜻蜓眼"玻璃珠在中国最为集中之地是楚国。据资料显示，湖北江陵和湖南长沙出土的"蜻蜓眼"的数量最多，且最为集中、纹饰精美、形制特别。据不完全统计，故楚之地仅江陵及其附近地区出土的玻璃珠就达616件。鸿山遗址出土的"蜻蜓眼"玻璃珠及管饰在材质和造型上多与长沙和荆州等地出土的玻璃产品类似，推测它们可能具有相同的产地，或受楚文化影响而产生。此外，除"蜻蜓眼"玻璃珠这种异国风貌的器物外，还有楚国的蚁鼻钱系仿海贝而造，据研究此类海贝多产于印度洋沿岸地区，这都为楚和南亚密切联系提供依据。

故此，我们可以大胆推断，楚地出土的大量"蜻蜓眼"玻璃珠很可能就是通过一条古道传入我国的。据司马迁的《史记·大宛列传》记载，张骞从西域归来后向汉武帝报告说："臣在大夏时，见邛竹杖、蜀布。问曰：'安得此？'大夏国人曰：'吾贾人往事之身毒。'身毒在大夏东南可数千里。其俗土著，大于大夏同，而卑湿署热云其人民乘象以战。其国临大水焉。"从张骞的报告中汉武帝得知在今四川和印度之间就已存在贸易线路，可以把四川的货物（邛竹杖、蜀布）运到中亚、西亚乃至欧洲地区。并且考古发现也表明，该古道的楚文化因素在各个路段均有发现，从而证实了这条贸易路线确已存在。

关于北说，由于北方丝绸之路开辟的时间是西汉时期，而在楚地出土的玻璃器都是先秦时期。并且从路程看，吴越楚地区位于我国南方，若是从欧洲经西亚来到北方，再由北方传到南方实在有舍近求远之嫌。因此，南说似乎更可行。

这种色彩艳丽、灿烂夺目的西亚玻璃珠在传入中国之初，由于各自的文化差异而并不流行，但在战国时期大受欢迎，尤其受到楚国之人的喜爱。然而，楚国位于中国的南部，与遥远的西亚相隔万里，仅靠贸易流通似乎无法满足其需求。西周早期，楚国还只是一个地域狭小的小国，可是过了大概6个半世纪之后，它逐步发展壮大，疆域辽阔，并成为我国"春秋五霸"之一。大约在春秋中期前后，以荆楚民族为主体、以楚国为中心的楚文化体系已经形成。在那个兵戎相见的动荡年代，楚人并不排斥他族的文化，而是取人之长为己所用。这样特殊的成长道路让楚国积聚了多种文化元素。包含了越、濮人等多重文化因素的楚文化在这样的残酷现实中成长，如此的特殊性无不改变和锤炼着楚人开阔的胸襟，造就了楚人追奇逐新的精神。

中国出现自制玻璃是在西周时期。中国古代先民一直在利用当地资源技术条件学习和模仿玻璃制作，并进行自我创造，制作出了包括"蜻蜓眼"在内的玻璃制品。现经中外专家鉴定，中国的玻璃成分不同于西方，其主要成分为二氧化硅，并含有少量的铅、钡，即为铅钡玻璃。中国的铅钡玻璃是使用一种特有的原料制作而成。其特有的原料为一种特别的矿物晶体，楚人运用了一种外观看似石英砂的物质，类似玻璃的透质具有玉石的光泽。楚人利用这种矿物晶体降低了石英的熔点，很好地起到了助熔剂的作用。楚人运用了自己的智慧将铅钡玻璃运用到了"蜻蜓眼"玻璃珠中。

据资料记载，专家们实验分析了楚地的江陵和长沙两地的玻璃珠。分析数量只是属于少部分，证实了这些玻璃珠的化学成分多数是含铅钡成分。这也证明了楚人已经掌握并将铅钡玻璃的制造技术运用到了"蜻蜓眼"玻璃珠的制造中来。

近年中国考古学家在新疆轮台群巴克发掘了公元前8、9世纪的墓葬群，出土了不少蜻蜓眼珠，与伊朗吉兰州以及中国中原地区春秋战国时期的蜻蜓眼珠非常相似。但中国的情况并非如此，镶嵌玻璃与单色玻璃块同时出现在春秋战国时期，期间并没有任何发展过程。

春秋战国时期，吴越楚之间的交往是多方面的。既有战争时期的攻城略地、物质争夺、人才得失，又有和平时期的结盟交往、礼品赠送、嫁娶婚约。这些都促进了双方技术和文化知识的交流。文种是楚国人，是越王勾践的重臣。子贡出使吴越时曾说："因越贱臣种奉先人藏器，甲二十领……步光之剑，以贺军吏。"文种赴越，带去了铁器，导致了铁制农具的运用和耕作技术的变革。《史记·楚世家》记载楚越通婚事例：楚庄王"左拥郑姬，右抱越女"；《列女传》也记载"楚昭越姬"，"楚昭越姬"是越王勾践的女儿。楚越通婚是两国结盟的产物，随着通婚而来的是两国婚俗、礼乐的交流和珍奇宝物的交换。血缘关系的确立是一种更深层次的文化现象。从考古资料中也可以看到楚文化对吴越文化的影响。楚式鼎是楚文化的典型器物。春秋中期以后，楚式鼎为束颈、折肩、高足、壁渐改直、体态精巧，与吴越铜鼎有明显区别。但到春秋晚期，已有吴国贵族仿造楚式鼎。如陕西凤翔高山王寿出土的"吴王孙无士鼎（厨鼎）"，鼎附耳、子母口、深腹、蹄足、盖的中心有环。从铭文看是吴器，但上述形制则是楚之风格。

综上所述，鸿山遗址出土的"蜻蜓眼"琉璃珠从外形纹饰来看当与典型的西亚蜻蜓眼造型相近。从化学分析上表明，这些玻璃器应是由楚地传入吴越之地的。"蜻蜓眼"玻璃器的出土不仅对我国研究古代玻璃发展历史提供实物依据，而且还是与其他国家文化交流重要的物证。因此，这些玻璃制品有着重要科研价值和历史价值。

江苏常州出土的宋代梳篦及其初步认识

内容提要：梳篦早在新石器时代就已出现，其历史源远流长，而且随着时代进程不断传承和演变。由于独特的历史背景和文化内涵，宋代梳篦的风格鲜明，其材质简单，造型质朴，装饰简洁。常州的梳篦业也正是在宋代达到成熟，从而驰名中外。

关键词：梳篦 常州 宋代

江南有谚云：扬州胭脂苏州花，常州梳篦第一家。江苏常州梳篦制作技艺形成于魏晋时期，迄今已有近 1600 年的历史。明清时期，常州梳篦制作工艺已达到相当高的水平，制作规模也远超历代。老字号卜恒顺梳篦店开设于明代天启年间（1622年），城内的篦箕巷、木梳街均以梳篦集散地而得名。清光绪（1875～1908年）年间始，常州梳篦作为御用品进献入宫，享有"宫梳名篦"之誉。近现代以来，常州梳篦曾多次参加国内外展览会和博览会，荣获金银奖十余项。2008 年 6 月 7 日，常州梳篦经国务院批准列入第二批国家级非物质文化遗产名录。

常州梳篦在明清时期的辉煌绝非一蹴而就，那么常州梳篦业是怎么发展起来的呢？明清以前相关的文字记载很少，传说春秋吴人陈七子关押于延陵邑狱中时制作出了最早的篦箕，被奉为常州制篦业的祖师，但这只是口口相传的民间传说，不能尽信。以下，笔者从常州本地出土的十余件宋代梳篦，探讨常州地区早期梳篦的工艺。

一 梳篦的起源与用途

所谓梳篦是梳和篦两种器物，二者又可统称为栉。汉代许慎《说文解字》有云："栉，梳篦之总名也。"清代段玉裁《说文解字》注："疏者为梳，密者为比。释名曰：梳言其齿疏也，数言比，比于梳其齿差数也。"

关于梳篦的起源，明徐矩明《事物原始》引《实录》云："夫赫胥氏造梳，以木为之，二十四齿，取疏通之意。"这里说的赫胥氏是上古时期的部落首领之一。也有传说是黄帝妃子之一方雷氏仿照鱼骨的造型制作了木梳，另有黄帝时代的巧匠赫连和皇甫发明的说法。

从现有考古资料来看，中华民族早在 6000 多年前的新石器时代就开始使用梳子。最早的梳子主要是兽骨、象牙、鹿角等制成，如江苏邳县刘林大汶口文化早期墓葬出土的骨梳[1]、浙江嘉兴吴家浜 5 号墓出土的马家浜文化象牙梳[2]。而最早的木梳发现于浙江平湖庄桥坟良渚文化墓葬中，年代距今约 5000 年[3]。良渚文化还出土了几十余件玉质梳背，玉梳背还被认为是良渚特权阶级的标识物[4]。常州地区为良渚文化区域，虽然遗址中并没有出土实物，但使用梳子也早已是常州先民的生活习俗之一。

梳篦的用途有二。其一为梳理保洁。古人兴蓄长发，梳篦为每日梳理头发的必备之物。梳子的齿距较为疏松，可用于头发的梳理。南宋杨万里《梳头有感》："身在荷香水影中，晓凉不与夜来同。且抛书册梳蓬鬓，移转胡床受小风。" 古人洗头频率低，头发中的发垢重，且多有虱子，梳篦可用来除垢保洁。尤其是篦子的齿要比梳子更密，可以刮头皮屑、剔除发垢和藏在头发里的虱子，因而篦梳又名"落尘"。清阮葵生《茶余客话》卷十："篦梳一名落尘，又名洛成。见《奚囊橘柚》。"清厉荃《事物异名录·器用·梳》引《奚囊橘柚》："丽居，孙亮爱姬也，鬓发香净，一生不用洛成。"其二为发饰。梳篦与簪、钗、胜、步摇、金钿、铢花、勒子并称为八大发饰。从魏晋时期起，梳篦用于固定和美化发髻的作用日益加强，故而造型的美观和装饰的精致也就成了梳篦发展的趋势。这种风尚在唐代达到顶峰，梳篦花色繁多、不胜枚举。宋代崇尚插梳之风不亚于唐代。传世的宋人《娘子张氏图》中有"冠梳"形象，敦煌壁画和河南白沙宋赵大翁墓壁画也都有反映。宋马端临《文献通考》卷一一四《王礼考》："皇祐元年……先时宫中尚白角冠梳，人争效之，谓之内样。其冠名曰'垂肩'，至有长三尺；梳长亦逾尺。议者以为服妖，故禁止焉。"南宋陆游《入蜀记》卷六记载：川江新滩的负水女子"未嫁者率为同心髻……后插大象牙梳"。苏轼《於潜令刁同年野翁亭》云："醉后铁冠落，溪女笑时银栉低。"宋司马槱《黄金缕》："斜插犀梳云半吐，檀板轻敲，唱彻黄金缕。"村前南宋墓 5 号墓的墓主就插戴着镶珠半月形木梳；江西德安桃源山南宋墓的女墓主，梳高髻盘结头顶，两鬓和后脑各戴两把木梳[5]，都是梳篦为饰的实证。

二 常州出土的宋代梳篦

常州梳篦形成于东晋时期。1973年曾在市区东郊东晋末年墓葬出土了半圆形木梳，梳背刷漆并彩绘菊花纹，但出土实物残碎严重，难以修复，没有保存下来，笔者仅在常州梳篦厂博物馆看到据当时出土物仿制的木梳。

之后出土的梳篦多为北宋时期，因为常州在两宋时期下辖晋陵县、武进县、宜兴县、无锡县、江阴县，所以笔者把无锡、江阴两地出土的梳篦也归入常州梳篦的范畴，举例如下。

（1）2010年常州小东门地道北宋墓出土的两件花卉纹银梳（图一）。一件长9.7、高5.2、梳背最厚1.6厘米，银质，整体呈半月形。梳背厚而空心，镂刻梅花、葵花等七组花卉，并有枝叶缠绕其间，梳齿扁薄，齿端收尖，共四十九齿；另一件长9.3、高5.2、梳背最厚1.7厘米，五十八齿，梳背纹饰与前一件相同。银梳系银片经锤牒、镌镂而成，纹饰繁缛，制作精细，与江西彭泽宋墓出土的银梳相似[6]，颇具唐风遗韵。

（2）江阴北宋至和二年（1055年）"瑞昌县君"孙四娘子墓出土梳子三把[7]，呈牛角形，一大二小，出土时盛装于藤奁盒中。

（3）无锡市北郊北宋中期墓出土半月形木梳[8]，长6、宽7.8厘米，梳齿稠密。

（4）无锡兴竹北宋中期墓葬出土半月形木梳[9]，梳齿稠密，齿尖局部已残，长13.5、中间梳齿宽4.5厘米，出土时盛装于漆奁中。

（5）2006年常州常宝钢管厂宋墓出土的木梳（图二），长12、高7.2厘米，石楠木质，半月形，三十二齿，齿与梳背间刻有阴线一条，梳背修整较光滑。该墓葬因破坏严重，文物散失，仅从墓中残存漆片

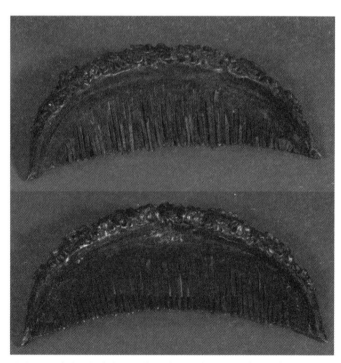

图一 常州小东门地道北宋墓出土的2件花卉纹银梳

的形状判断，估计也是漆奁一类妆具，可以推断木梳原本也是放置于漆奁盒中。

（6）1976年常州武进村前蒋塘南宋墓出土各式梳篦11件。村前南宋墓群根据随葬品中有干支纪年的器物及铜钱等，判断其年代应为宋徽宗宣和（1119～1125年）至理宗淳祐（1241～1264年）年间，再结合随葬品规格和《武进阳湖合志》相关记载，判断其为南宋副相薛极的家族墓葬[10]。共出土木梳8件，六座墓均有出土，均制作规整，周身经过仔细打磨，十分光滑。其中黄杨木4件、石楠木质4件，长9.1～13.6厘米不等。其中两件，一为镶珠、一为包金，尤其精彩。

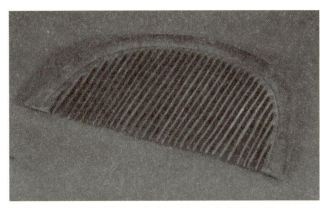

图二　常州常宝钢管厂宋墓出土的木梳

镶珠半月形木梳（图三），长9.1、宽4.2厘米，黄杨木质，梳齿紧密，共三十八齿。环梳背镶嵌一排细小的珍珠，制作工艺精湛，5号墓出土，出土时仍插戴在墓主的发髻上。

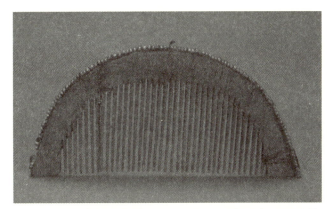

图三　常州武进村前蒋塘南宋墓出土镶珠半月形木梳

包金半月形木梳（图四），长9.1、宽4.2厘米，黄杨木质，梳齿细密，共五十三齿，梳背用金箔镶包，寻常之物却显出富贵气派。

竹篦箕有3件，均为5号墓出土，长8.4～8.6、宽4.9厘米（图五）。均为竹质，属联背的双齿篦类，两面单排齿，齿细而密集，篦子中间由两片竹质篦梁将篦齿及

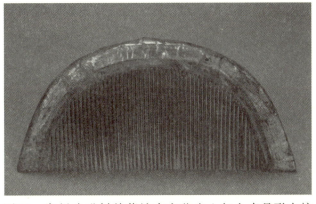

图四　常州武进村前蒋塘南宋墓出土包金半月形木梳

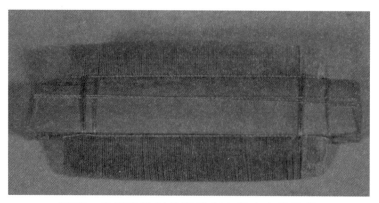

图五　常州武进村前蒋塘南宋墓出土竹篦箕

篦档夹住，辅以棉线捆绑。

村前南宋墓除了盛装梳篦的奁盒，还伴出了一些梳具，如竹签、竹剔、竹柄丝刷、竹柄毛刷，可见功能齐全的成套梳妆用具已成定式。

表一　宋代全国出土梳篦一览表 [11]

质地 地点		竹木			金银	骨角牙			玉	纸		合计
		木梳	木篦	竹篦		角梳	角篦	牙梳		纸梳	纸篦	
江苏 30	常州	9（1 件包金，1 件嵌珍珠）		3	银梳 2							14
	江阴					3						3
	无锡	2										2
	金坛	1		1								2
	南京	1			2（1 件金栉背、1 件鎏金银栉背）			1	1			5
	淮安	4										4
江西 17	南丰		1									1
	德安	7								2	2	11
	永新				银梳 3							3
	彭泽	1			银梳 1							2

质地／地点		竹木			金银	骨角牙			玉	纸		合计
		木梳	木篦	竹篦		角梳	角篦	牙梳		纸梳	纸篦	
安徽9	合肥	1	3（2件包金）									4
	舒城	2										2
	六安					1	1					2
	无为		1									1
福建9	福州	3	1			1	4					9
湖南2	衡阳	1										1
	临湘				金梳背1							1
湖北1	武汉	1										1
四川1	广元				金梳背1							1
山西2	太原	2										2
河北1	平山				银梳1							1
合计		35	6	4	11	5	5	1	1	2	2	72

三 宋代梳篦的特色与形成原因

综合全国各地区出土的材料，宋代梳篦相较于前朝后世，在材质、造型、装饰、装具等方面具有独特的风格。

1.材质

史前时期梳子主要是兽骨、象牙、鹿角以木质为主。到春秋战国时期，梳篦的材质逐渐丰富。到唐代梳篦材质之丰富多样，可谓空前绝后。但是宋代梳篦在材质选择上一反唐代品种繁多的特点，反而以木质为主，辅以少量的金银玉骨角，并且成为从宋至今梳篦选材的主流。

2.造型

史前时期的梳子都是呈竖式的长方形，造型单一，齿较粗且长。夏商时期，仍是竖长方形为主，梳背多呈倒梯形或风字形。春秋战国时期，梳齿也日益细密，出现了所谓的篦。秦汉时梳篦的造型多为竖长马蹄形。魏晋时期，梳背渐趋宽扁，梳齿也变短，整体由竖长马蹄形变成了宽扁的马蹄形。延续至唐代，发展为横长的箕形，同时由于加工技术的进步，出现了梳齿长度由中央向两侧递减的半圆形梳篦。宋代梳子在唐代半圆形梳子的基础上，梳背变窄，梳背与梳齿均变为月牙形，整体呈稍弯曲的半月形。发展至明清时期，梳篦的弧度更为收敛，形成了弓形，并且从明中晚期成为梳子造型的主流[12]。

早期篦子的造型发展与梳子一样，只是齿更密一些，而从宋代开始流行长方形联背双排齿的篦子，其后发展出椭圆形或者带柄联背篦，但本质上变化不大，可以说篦箕的造型在宋代基本已固定下来。

3. 装饰

史前时期的梳子一般会对梳背进行刻划等简单加工和装饰。夏商时期，梳背装饰复杂起来。到春秋战国时期，梳背的镂雕纹饰愈加精美。秦汉时期的纹饰一般刻划或彩绘几何纹、云气纹为主，间有羽人、鸟兽等。唐代更是注重梳背的装饰，刻划、彩绘、镂雕、模压、镶嵌等各种工艺交替使用，展现出花卉、飞鸟、飞天等各种题材，显得奢华无比。宋代木梳的梳背少量会有弦纹或髹漆，北宋时金银质地的梳子尚延续唐代繁缛精致，会用锤牒、镂镂等工艺雕琢出花鸟草虫纹；到南宋，木梳梳背包金（银）开始流行，但是纹饰更趋向简约，通常模压简单的花卉图案，甚至仅有弦纹装饰。

4. 装具

史前时期的梳篦，往往是直接插在死者头上的。西周时偶见放置于专用的盒具中。东周时，装具的使用已经相当普遍。秦汉以后还出现了专为梳篦量身定做的梳妆奁盒及栉袋。唐代盛装梳篦，除了漆奁、竹藤奁，还有贵重的金银奁盒。宋代梳篦主要是盛装在漆奁、镜箱中，如常州村前南宋墓、福州南宋黄升墓都有莲瓣造型的漆奁；常州村前南宋墓、福州茶园山南宋许峻墓都出土长方形镜箱，镜箱均是上层套盘中放置铜镜、下部抽屉中放置梳篦等，这是明清闺阁盛行各式梳妆箱的起源。

总的来说，宋代梳篦材质简单，造型质朴，装饰简洁，可谓是十分朴素，原因有二。

首先，宋代服饰有着严谨的制度，如孟元老的《东京梦华录》中提到"其卖药卖卦，皆具冠带，至于乞丐，亦有规格，稍似懈怠，众所不容。其士农工商诸行百户衣装，有本色，不敢越外。谓如香铺裹香人，即顶帽披背，质库掌事，即着皂衫角带不顶帽之类。街市行人，便认得是何色"。南宋有一部条令汇编性的专著《庆元条法事类》，其卷三更是专门记载有关服饰的法令。其中规定"诸以销金为服饰及卖或兴贩若为人造者，各徒二年，并许人告"，又有"诸采捕翡翠，若卖或兴贩及为人造并服用（装饰诸物同），各徒二年，并许人告"，对于女性服饰规定，若是命妇，则允许"以真珠装缀首饰衣服"，官员人家的妇女允许有"首饰"；而老百姓家的妇女不能用首饰，只能用"项珠耳坠"[13]。故而作为发饰的梳篦也必须遵循相关制度，不能过于繁缛，否则就触犯法令。

其次，崇尚"天人合一"，强调"存天理"而"去人欲"的宋代理学思想，在一定程度上影响着当时人们的美学观念。同时，如缪钺《论宋诗》所云："宋代国势之盛不及唐，外患频仍，仅谋自守，而因重用文人之故，国内清晏，鲜有悍将骄兵跋息之祸，是以其时人之心，静弱而不雄强，向内收敛而不向外扩发，喜深微而不喜广阔。"宋代在文学、书法、美术、工艺等审美趣味上都崇尚自然、含蓄、平淡、质朴，这种影响深入百姓生活的方方面面。反映到服饰上，不仅士庶、商贾、百姓穿着简朴，包括上流社会追求华贵艳丽的人们的服饰也相应地倾向于清秀简洁，如袁采著《进范》一书就提到女服"惟务洁净，不可异众"[14]。所以与前朝后世相比，宋代服饰的总体特征就显得过于拘谨和质朴，作为梳妆用具和重要发饰之一的梳篦，同样遵循了造型质朴、装饰简洁的风格。

四　宋代常州梳篦业的兴旺

据全国出土梳篦的统计，宋代常州地区（包括无锡、江阴）出土梳篦占全国出土总量的近五分之一，可见当时常州梳篦业之发达。

即便在宋代这样严格的服饰制度、质朴的审美情趣下，常州的梳篦业仍迎来大发展。从常州出土的14件梳篦可以看出：材质简单不代表材质差陋，梳篦的选材讲究严格，木梳均选用三百年以上的黄杨木、石楠木等，篦箕则是选用五年以上的毛竹；造型质朴、装饰简洁不代表制作粗糙，工匠们精雕细琢、精益求精，使得梳篦不仅达到齿尖润滑、下水不脱的效果，而且精致秀雅，使人爱不释手，可谓既是日用品，又是艺术品。而且在装具方面还会以精致的漆奁、镜箱盛装梳篦，同时伴出了一些梳具，如竹签、竹剔、竹柄丝刷、竹柄毛刷，可见功能齐全的成套梳妆用具已成定式。

两宋时期虽然战乱频发，但是江南地区仍然物阜民丰、繁荣兴旺。特别是南宋时期，北人南迁，许多手工艺人也大多迁移到江南一带，更是促进了当地手工业的繁荣兴盛。常州的梳篦工艺正是在此时得到了很好的发展机遇，自此，木梳竹篦、金银栉具，成为一个成熟的独立行业，明清享誉全国的常州梳篦业在此时已初具规模。

宋范成大《市街》云："梳行讹杂马行残，药市萧骚土市寒。"《东京梦华录笺注》卷三《诸色杂卖》"每日如宅舍宫院前，则……博卖冠梳、领抹、头面"，就是说居民区的街面上随处可见卖冠梳的小贩。卷六《正月》讲道北宋开封正月年节期间，为了满足市民的节日消费需求，许多地方"皆结彩棚，铺陈冠梳、珠翠、头面……"。虽然这些记载的只是开封的盛况，但可以推想，当时常州梳篦制作和交易的繁盛景象应不亚于此。

常州的梳篦工艺正是有了宋代的扎实基础，才逐渐形成从原料到成品，28 道工序成梳、72 道半（实为 73 道）工序制篦的独特工艺，进而得享"宫梳名篦"的美誉。

精美的常州梳篦集实用性与装饰性于一身，小小的梳篦简约不简单，充分体现了工匠们深厚的功底、精湛的技艺以及专注的精神。梳篦传承了千余年，其中蕴含的工匠精神也传承了千余年。

注释

[1] 江苏省文物工作队：《江苏邳县刘林新石器时代遗址第一次发掘》，《考古学报》1962 年第 1 期。

[2] 浙江省文物考古所：《浙江嘉兴吴家浜遗址发掘简报》，《文物》2005 年第 3 期。

[3] 徐新民等：《良渚文化最大的墓地——平湖庄桥坟》，《文物天地》2004 年第 11 期。

[4] 郑巨欣、陆越：《梳理的文明——关于梳篦的历史》，山东画报出版社，2008 年。

[5] 江西省文物考古研究所：《江西德安南宋周氏墓清理简报》，《文物》1990 年第 9 期。

[6] 江西省文物管理委员会：《江西彭泽宋墓》，《考古》1962 年第 10 期。

[7] 苏州博物馆、江阴文化局：《江阴北宋"瑞昌县君"孙四娘墓》，《文物》1982 年第 12 期。

[8] 无锡市博物馆：《无锡市郊北宋墓》，《考古》1982 年第 4 期。

[9] 无锡市博物馆：《江苏无锡兴竹宋墓》，《文物》1990 年第 3 期。

[10] 陈晶、陈丽华：《江苏武进村前南宋墓清理纪要》，《考古》1986 年第 3 期。

[11] 宋代全国出土的梳篦资料，可参见如下资料。镇江博物馆、金坛文管所：《江苏金坛南宋周瑀墓发掘简报》，《文物》1977 年第 7 期；管玉春：《江苏南京市孝卫街北宋墓》，《文物》1982 年第 8 期；南京博物馆：《江苏南京幕府山宋墓清理报告》，《文物》1982 年第 3 期；南京市博物馆：《南京建中村南宋墓》，《2004 中国重要考古发现》，文物出版社，2005 年；罗宗真：《淮安宋墓出土的漆器》，

《文物》1963年第5期；解希恭：《太原小井峪宋、明墓第一次发掘记》，《考古》1963年第5期；江西省文物工作队等：《江西南丰县桑田宋墓》，《考古》1988年第1期；江西省文物考古研究所：《江西德安南宋周氏墓清理简报》，《文物》1990年第9期；江西省文物管理委员会：《江西永新北宋刘沆墓发掘简报》，《考古》1964年第11期；江西省文物管理委员会：《江西彭泽宋墓》，《考古》1962年第10期；江西省文物考古研究所：《江西德安南宋周氏墓清理简报》，《文物》1990年第9期；合肥市文物管理处：《合肥北宋马绍庭夫妻合葬墓》，《文物》1991年第3期；舒城县文物管理所：《安徽舒城县三里村宋墓的清理》，《考古》2005年第1期；何福安：《安徽无为县发现一座宋代砖室墓》，《考古》2005年第3期。另外，由于夏、辽、金出土梳篦的地域特色较为鲜明，与两宋辖域内出土梳篦的差异较大，故笔者未将这些资料计入。

[12] 杨晶：《中华梳篦六千年》，紫禁城出版社，2006年。

[13] 时胜斋：《宋代的服饰规定》，《史学月刊》1982年第4期。

[14] 刘广钧：《宋代流行服饰浅议》，《中原文物》1990年第4期。

文旅融合视角下甘熙宅第藏书建筑的再解读

殷春华

（南京市博物总馆　江苏南京　210000）

内容提要：甘熙宅第作为南京现存面积最大、保存最完整的民居建筑群，具备良好的参观、展示基础。自南京市民俗博物馆、非物质文化遗产馆落户甘熙宅第以来，更多的将其视为民俗类文物、活动的物质载体，对甘熙宅第本身的文化底蕴、建筑美感缺乏应有的关注。在当前文旅融合的大背景下，对甘熙宅第中的藏书建筑进行艺术分析与历史风貌解构，可对甘熙宅第本身加以重新审视与提升，在保护与展示中突出自身的文化特质。

关键词：甘熙宅第　藏书建筑　寿石轩　津逮楼　桐阴小筑　卅六宋砖之室

"甘熙宅第"始建于清嘉庆年间（1796～1820年），距今已有两百余年历史，与明孝陵、明城墙并称为南京明清三大景观，是南京现有面积最大、保存最完整的私人民居建筑群之一。目前南京市民俗博物馆、南京市非物质文化遗产馆均选址于此，甘熙宅第作为两馆的物质载体在新时期继续发挥着自身的价值。长久以来，南京市民俗博物馆、南京市非物质文化遗产馆依据自身定位，逐步打造出自身的藏品体系，但是由于民俗类文物涵盖广泛、时代定位较为晚近，相关征集、定级难度较大，藏品特色与优势难以凸显。游客普遍认为民俗博物馆没什么好东西，展出的都是些破破烂烂常见的东西，不值得一看，同时又觉得"'城南的九十九间半'是保存完整的老南京民居建筑，值得去看看"[1]。有鉴于此，在当前文旅融合的大背景下，有必要继续挖掘甘熙宅第建筑背后深厚的文化底蕴，努力为游客营造出浓郁的人文旅游氛围，形成自身的特色优势。本文试就甘熙宅第中的藏书建筑进行艺术分析与历史风貌解构，不足之处敬请方家指正。

一　甘熙宅第现存藏书建筑的艺术浅析

甘熙宅第坐落于南京老城南，由南捕厅 15 号、15 号西偏、17 号、19 号，大板巷 42 号、46 号多组建筑及小园构成，总占地 2.1 万多平方米，民间俗称"九十九间半"，是颇具南京地方特色的多进穿堂式建筑。人们惯以"青砖小瓦马头墙，回廊挂落隔扇窗"来总结甘熙宅第的艺术特点，不难发现其具有浓重的徽派民居痕迹。如果对江南明清民居进行梳理，可以发现徽派建筑工艺流传江南的两条线路：南线东抵苏州、杭州；北线经南京而达镇江、扬州 [2]。正是由于南京在徽派建筑北传中担负的中转站作用，以及自身南北兼容的城市特质，使得甘熙宅第既有南方建筑的秀丽雅致、又兼北方建筑的质朴大气。

甘熙宅第外观朴素，青砖原色，扁砌到顶，清灰勾缝，蝴蝶瓦覆顶。马头墙或作独立屏风造型，或呈三山屏风、五山屏风样式，给单调的墙壁赋予一种节奏的美感，炎炎夏日能够遮蔽室外的酷暑，形成阴凉穿风的窄巷。大宅高墙从下到上略有收分，嵌铁扒锔以加固墙体，北门外墙横嵌一排小型拴马石，兼顾实用性与建筑美感。就房屋而言，作三、五架梁不等，以二房一堂、面阔三间为基本单元；有的次间旁又藏梢间，作"明三暗四"样式，称作"套房"，用为书房或密室。后进住房多作两层，有的前后两进绕天井呈串楼相通，俗称"跑马楼"。楼梯或在厢房，或在楼厅屏门之后，布置灵活。建筑群组按门厅、轿厅、大厅、花厅、正房的次序前后排列，左、中、右多路多进按中轴布局，形成数组方正整饬、等级分明、分合自如、内外有别的合院。小园位于宅第的东南部，以一整条曲折的回廊与建筑群相隔离，自成私密性极好的后花园。2007 年重建的甘氏藏书楼——津逮楼就位于花园的一角，营造出一种适宜深居、静读的氛围。

以上是对甘熙宅第建筑整体的简描，宅第中的藏书建筑专门择地起建者有之，或选取一二院落专为藏书之用，皆与整体建筑风貌和谐相成。下文以寿石轩为例进行介绍，希冀能给读者带来一些具体而微的感受。

寿石轩曾用作甘氏读书斋，位于南捕厅 15 号西偏院最后一进院落，为单层硬山建筑，面阔三间、进深五椽，运用抬梁与穿斗相结合的建筑结构。建筑立柱采用上下略有收分的梭柱样式，门窗设在檐柱之间，明间设置六扇隔扇门，裙板上以剔地起突法浮雕出博古花卉，寓意瓶安（平安）富贵。明间两侧檐柱悬挂木制楹联，暗底青字，上书"积卷敢夸东壁富，披函好趁北窗凉"（出自甘福诗文）。次间木制矮墙之上，各有五面隔扇窗，环板处饰以缠枝牡丹纹样，寓意富贵不断头。门窗之上承接额枋、檐梁，梁头雕刻作卷云状。单檐出挑，檐口扇形瓦当或书"福禄寿"

三字吉语，或绘毛笔、银锭、如意、卍字纹样，寓意笔（必）锭（定）如意。室内地坪以水磨方砖铺就，地坪下用瓦钵支平架空，以防潮隔湿并使行走无声。砖面用生桐油反复擦拭，使砖吃油透彻不沾灰尘。抬头可见屋顶望砖，大梁结构显露无遗，此种做法称作"彻上露明造"。明堂后檐金柱间用隔扇组合成太师壁，从地面开始高至屋梁，上悬"寿石轩"三字匾额，两侧金柱上悬挂"云烟供养邀清泽，金石摩挲发古香"（出自甘福诗文）楹联一对，壁前放置座椅几案等各种陈设。建筑整体质朴无华，沉稳内敛。

寿石轩两侧包砌有高大的封火围墙，围墙前伸与房前的隔墙合围成一个单独的庭院。粉墙、黛瓦、青砖竖砌的地面、棕色广漆涂抹的房屋立面奠定下庭院的色彩基调。隔墙的设置最具匠心，隔墙上部等距排列着三个矩形漏花窗，用瓦片、薄砖拼砌出规整的几何形图案。在保障采光、通风的同时，为小院营造出丰富的视觉层次。墙根两侧垒砌着两排太湖石，借以摹写山峦起伏的山脉，在山石的中部设计者打造出一个曲折的隧洞，贯穿墙体与前院相通，使得隔墙两侧的山石连接为一个有机的整体，不但增添了观赏之趣，更平添了体验之乐。此外，山石的引入对立面墙体和平面地坪同时进行打破，使原本六面体的建筑空间具备更多的层次变化。在山石之间还预留出大小高低不等的园圃，覆土其间杂以花木。挺拔的罗汉松，迎风拂扇的芭蕉，游墙绕窗的爬山虎……时值秋风微起，斜阳洒落，白色砖墙之上摇曳一园清姿。此情此景足以流连永日，驻足其间感受着古人诗意的栖居，仿佛融入了一幅魏晋画作，拳石为峰，勺水当池，方寸之间亦足以游目骋怀，兴寄物外。昔年甘煦萌生了退隐之念，于是"葺宅西老屋数椽，杂植花木树石，额所居曰蛰龛"[3]，想来就是这般光景。

二　津逮楼历史原貌的探析

谈到甘熙宅第的藏书建筑，不得不谈到津逮楼。津逮楼落成于道光十二年（1832年），与朱绪曾的开卷有益斋并居金陵藏书之首，为嘉道时期的金陵文化增添了色彩[4]。陈作霖《运渎桥道小志》："宅中旧有津逮楼，缥缃彝鼎，充栋皮藏，千顷五车，差堪为匹。"[5]将甘福的津逮楼与明代黄虞稷的千顷堂和焦竑的五车楼相提并论。津逮楼前后仅矗立了21年，但因其巨大的影响力，于2007年重建于甘熙宅第东侧，成为游客观览的一大亮点。

《同治上江两县志》："大板巷街东，古习艺西街也。……图志旧名土街，有甘氏津逮楼，制仿范氏天一阁。"[6]言明津逮楼的建筑范式受到宁波天一阁极大的影响，甘熙在《白下琐言》中为我们透露出更多的细节，"有人云，四明范氏天一阁，藏书架间，多庋秘戏春册，以避火也。予谓春册乃诲淫之具，虽是名笔，岂可收藏！况与古人书籍同列，更滋亵渎，避火之说本自何书，范氏贻谋不若是其谬，当是传闻之误，纵或信然，亦不足法。家大人闻之曰：'尔之言是也，惟闻天一阁北方有隙地，累石为坎卦，取生水之义。'此实有至理。异日，予家筑津逮楼宜北向，即于壁间以砖作坎卦六象，其谨识之。"[7] 由于范氏天一阁不许外人擅入，其建筑防火之法多系传言，其方法之一是在书册间夹入春宫图画，这属于传统压胜之术。传说火神原是个小姐，服侍她的丫鬟达 36 位之多，后被玉皇大帝贬为灶下婢，因此她变得躁急易怒。她平时穿淡黄色，一发威时便穿红衣而引起火灾，但因出身闺阁，在盛怒之时，若看到这玩意，也不禁害羞起来，避了开去，因此民间又称春宫图为避火画。因其有悖于传统文人的价值观，且没有实实在在的依据，甘熙父子对其进行了摈除。但是囿于时代风气与甘熙父子对堪舆之术的崇尚，传言中天一阁用堪舆之法防范火灾的措施被甘氏津逮楼完整地继承下来。首先是将建筑朝向定为北方，这不光与整个甘熙宅第的建筑朝向相一致，且能起到用北方之水预防火灾之效；其次是在建筑墙壁间用砖石累出坎卦，希冀用八卦中的水卦预防火灾隐患；此外，天一阁以"天一生水"作为自己取名的根据，这一方法也被津逮楼承继下来。"津逮"二字典出《水经注·河水》"河北有层山，山甚灵秀，山峯之上，立石数百丈，亭亭桀竖，竞势争高，远望嶵嶵，若攒图之托霄上。其下层岩峭举，壁岸无阶，悬岩之中，多石室焉。室中若有积卷矣，而世士罕有津达者，因谓之积书岩。岩堂之内，每时见神人往还矣，盖鸿衣羽裳之士，练精饵食之夫耳。俗人不悟其仙者，乃谓之神鬼。彼羌目鬼曰唐述，复因名之为唐述山。指其堂密之居，谓之唐述窟。其怀道宗玄之士，皮冠净发之徒，亦往栖托焉"[8]。所谓"达"者，戴震校曰"达，近刻作逮"。以《水经注·河水》篇作为楼名由来，不光有消弭火灾之意，那些生活在积书岩堂中的"鸿衣羽裳之士，练精饵食之夫"又何尝不是作楼者的自喻。

《白下琐言》也有相关记载："家大人性嗜书，往来吴越间，遍搜善本积至十余万卷，于宅之东筑津逮楼以藏之。……并亲定训约：'至亲密友不得私自借出下楼，愿就读者听，违者以家法治，……楼落成，自提二律云：'吴山越水几遨游，四十年来费苦搜。插架非徒供秘玩，研经愿与企前修；香薰芸简频收拾，夜爇兰膏细校雠。从此老怀堪告慰，左图右使复何求。层楼高处乐倘佯，珍比琳琅七宝装。积卷敢夸东壁富，披函好趁北窗凉；云烟供养邀清泽，金石摩挲发古香。为语儿孙勤守世，此中滋味最悠长。'"[9] 津逮楼落成之后，一楼藏金石书画，二楼为藏书之所，甘福常于"春秋之暇……登楼静坐，浏览群书，见有嘉言懿行，辄手录之，积帙逾五六寸，曰保彝斋日记"[10]。为此，甘福还专门延请钟山书院主讲程春海题写"津逮楼""保彝斋"匾额两块[11]。据此推测，当日保彝斋就位于津逮楼二层，为甘福读书之所。

三　被历史尘封的藏书建筑

甘家最早的藏书场所应推"桐阴小筑"，甘熙在此写下过《桐阴随笔》10卷。桐城派学者马沅在《桐阴小筑记》一文中写道："桐阴小筑者，梦六先生（甘福）藏书处也。拓地半弓，排签万卷。池横碍步，疏落叶而泉通，山大如拳，拨蒙茸而路杂，地无他树，但种高梧，庭有余清，常垂新阴。"一弓约等于今1.67米，为旧时丈量地亩的计算单位。文学描述中的半弓之地难得精确，仅指占地面积狭小。文中花了大量篇幅对桐阴小筑周遭环境进行了描写，可以想见此建筑布局在甘熙宅第后花园之内，考虑到室内藏书防火之需，当距园池不远。庭前栽种有高大的梧桐树，不但可以象征文人高洁的品格，更可在炎炎夏日隐蔽一室荫凉，"桐阴"之名即来源于此。此外，姚鼐、孙星衍等名儒也有诗文题咏"室可催成种树难，疏桐差易出檐端。不须早计思爱伐，只爱清阴覆座寒。""炎曦满地红，桐影接天碧。""书卷三千富，桐阴百尺高。""流水小桥三径曲，碧梧修竹一窗凉。"可见桐阴小筑与周围园景的和谐天成，今天甘熙宅第小园之内已难觅其踪，仅余南门砖额上"桐阴"二字供人追忆。

道光十五年（1835年）六月，甘氏家族在津逮楼侧"增筑书室数楹，兄（甘煦）将各砖嵌诸壁间，颜其屋曰'卅六宋砖之室'"[12]。说起室名的由来，需要追溯到道光五年（1825年），时任宝应教谕的甘煦从宝应县城北部的宁国寺瓦砾中获得三十六块南宋砖，其中文字古雅、精神完具者有14块。甘煦对其钟爱有加，摹写砖铭汇编为《三十六砖归装图》，一时名流题咏甚多。可惜没过多久，图"为训导曹君鸣銮携之归歙，遽毁于火，洵一大憾事。"[13]甘煦又重新拓印砖铭，编制图页，征引诗文，积之数年方复旧观。可能是经历了这次的失而复得，甘煦才下定决心修筑"卅六宋砖之室"，将所得宋砖嵌诸壁间，希冀能够永久留存。值得一提的是，"卅六宋砖之室"镶嵌的宋砖可能不足三十六之数，其中一块有"提点将官张"五字的宋砖，因"砖质较厚，字法苍浑，犹不失苏、黄遗意"[14]，被甘煦雕琢为砖砚以便随身把玩。甘煦曾详考其名物制度，据此得窥砖铭字样：一"扬州"二字，一"涟水"二字，一"淮安州"三字，一"淮安州新城"五字，一"平江府"三字，一"镇江都统司"五字，一"宝应军"三字，一"敢勇军"三字（敢字微缺），一"招信军造"四字，一"泰州"二字，一"副司右军"四字，一"静胜军"三字，一"义士左"三字，一"左军敦文"四字，一"左军王实"四字，一"宝应陆一"四字，一"宝应杨三"四字，一"宝应解三"四字，其余则"左军""右军""中军""水军""武锋军""沈武锋军徐"之类[15]。内容大多是宋砖生产、督造者姓名及其所属。

上述藏书之所均毁于太平军入城的烽火之中，今日游览甘熙宅第无缘得见其真容，有待我们进一步的挖掘与整理。

四　结　语

通过对甘熙宅第藏书建筑的梳理，以物化的建筑追想当年甘熙宅第的文籍鼎盛，人物风流。同时深感还有许多可滋挖掘的余地，希望可以借着文旅融合的东风，对甘熙宅第本身加以重新审视与提升，在保护与展示中突出自身的文化特质。篇幅有限，情有难禁，草拟律言一首作结：淮水潋滟旧昇州，板巷无言老城中。绫绒坊歇人喧后，南捕判罢署影空。昔年轩架醑福梦，堪舆商音宅北通。积卷敢名楼津逮，渤海家声尚友恭。

注释

[1] 杨书娟：《民俗类博物馆发展中存在的问题——以南京市民俗博物馆为例》，《中国文物报》2014 年 8 月 5 日。

[2] 长北主编：《江南建筑雕饰艺术·南京卷》，东南大学出版社，2009 年。

[3]（清）陈作霖：《金陵通传》，台北成文出版社，1970 年。

[4] 陈鸣钟：《清代南京学术人物传》，南京大学出版社，2003 年。

[5]（清）陈作霖、陈治级：《金陵琐志九种》，南京出版社，2008 年。

[6]（清）莫祥芝、甘绍盘：《同治上江两县志·卷五城厢》，同治十三年（1874 年）刻本。

[7]（清）甘熙：《白下琐言·卷六》，南京出版社，2007 年。

[8] 陈桥驿：《水经注校正》，中华书局，2007 年。

[9]（清）甘熙：《白下琐言·卷七》，南京出版社，2007 年。

[10]（清）甘胞、甘熙：《梦六府君（甘福）行述》，道光刻本，现藏于南京图书馆。

[11]（清）甘熙：《白下琐言·卷四》，南京出版社，2007 年。

[12]（清）甘熙：《白下琐言·卷七》，南京出版社，2007 年。

[13]（清）甘熙：《白下琐言·卷七》，南京出版社，2007 年。

[14]（清）甘熙：《白下琐言·卷七》，南京出版社，2007 年。

[15]（清）甘熙：《白下琐言·卷七》，南京出版社，2007 年。

江苏淮安运河博物馆藏淮海戏"富贵衣"初探

赵巧凤

（淮安运河博物馆　江苏淮安　223001）

内容提要：淮海戏是江苏省主要地方戏曲剧种之一，是在淮海地区的民歌和民间说唱的基础上发展起来的地方剧种。淮安运河博物馆藏淮海戏"富贵衣"，对其定级与内涵挖掘可帮助人们初步认识淮海戏的发展史，对研究淮海戏的传承、发展具有重要作用。对此，一要对"富贵衣"进行复制，二要做好数字化处理保存，三要着重做好"富贵衣"的研究，这项工作有利于建立起地区的"文化自信"，对研究、传承和发展传统戏曲文化具有重要的现实意义。

关键词：淮海戏　"富贵衣"　保护

淮海戏作为江苏省主要地方戏曲剧种之一，是在淮海地区的民歌和民间说唱的基础上发展起来的地方剧种。淮海戏产生于清乾隆年间（1736～1796年），形成于清道光年间（1821～1850年）；留存的传统剧目有三十二大本、六十四单出，连同抗战时期以来的几十年间，为配合党的中心工作编演的大量有影响的现代戏，都深受广大群众的欢迎和喜爱。2008年6月14日，淮海戏正式进入"第二批国家非物质文化遗产名录"，从此淮海戏的保护和传承正式进入国家视野。

淮海戏"富贵衣"作为淮海戏"大衣箱"的首衣，在淮海戏的传承与发展中起了怎样的作用，它又有哪些不为人知的"秘密"？笔者试从淮海戏的发展历程，"富贵衣"的基本知识、流传经历及其保护研究等方面进行阐述。

一　淮海戏的发展历程

淮海戏是海州一带"拉魂腔"系的根基剧种，与茂腔、柳腔、柳琴戏、泗州戏同出一源，主要流行于江苏北部的淮安、连云港、宿迁、盐城和徐州的部分区县，以及鲁南、皖东北一带。因属淮海地区，旧称"淮海小戏"，至今已有200多年历史。据民间传说，清乾隆、嘉庆年间，民间艺人一人或两三人走村串户，在农家门前演唱，要点粮食和熟食，称之为"打门头词"。演唱内容多半是民间流传的故事，如《劝嫁》《访友》等；使用的乐器是一把三弦，人称"三刮调"。这就是淮海戏的初级阶段。沿门说唱这种形式延续 80 余年。

清道光年间，艺人们以家族形式或亲友数人组成小戏班，开始分角色演出小型"对子戏"和只有小旦、小生、小丑的"三小戏"，在庄头、场头、街头及庙会、烧香会上打地摊演唱，形成了"戏"的雏形。清光绪六年（1880 年），小戏班的数量多了，因受到昆曲、京剧、徽剧、柳琴戏等剧种的影响，逐渐形成了生、旦、净、丑等不同行当，唱腔、表演等均有发展，演出的剧目也丰富起来，成为比较成熟的地方剧种。光绪二十六年（1900 年）前后，出现了以林六娘、王大娘为代表的第一批女演员，女艺人赵大娘（赛蝴蝶）、谷大娘（白蝴蝶）及葛殿林之妻（花蝴蝶）因动作花哨优美，被誉为"三蝴蝶"。她们还对诸多唱腔加以改造、创新，使女声唱腔更加丰富，不仅促进了淮海戏声腔和表演的发展，也使淮海戏的舞台更加灿烂夺目。至抗日战争前夕，行当已齐全，分五脚生（小生、文堂生、老生、奸白、勾角）和五脚旦（奶小旦、花旦、青衣、彩旦、老旦）两类十行；服装、化妆、脸谱均由京剧引进；伴奏的皮三弦改为板三弦；剧目除自己原有的以外，又从京剧、徽剧、僮子戏、工鼓锣、小唱本移植改编，有了极大的丰富，号称有"三十二大本，六十四单出"。形成东北和西南两大表演流派，东北艺人多以唱工闻名，西南艺人则以做工见佳。

抗日战争时期，中国共产党在淮海地区建立了抗日民主政权，各县先后将流散的小戏艺人组织起来学习、整顿，并成立"民间艺人抗日救国会"和"淮海戏实验小组"。艺人们与新文艺工作者一起积极宣传，鼓动抗日，编排了近百出现代戏，在群众中影响很大。解放战争时期，部分艺人肩背步枪、手提三弦，随军转战南北，参加人民解放军百万雄师横渡长江，直到上海。

20 世纪 90 年代以来，随着电视、网络、智能手机等现代传媒的普及，特别是受港台、日韩及西方文化的冲击，人民群众文化生活日益多元化，对淮海戏的兴趣也逐渐淡泊，尤其在年轻人中少有听众。加之淮海戏专业团体的萎缩、演出场所的减少以及后继人才的缺乏等因素的影响，年老的艺人难以继续演唱，年轻艺人纷纷改行，淮海戏出现濒临灭亡的危险。

二　淮海戏"富贵衣"的基本知识

淮海戏中角色穿的衣服统称为"大衣"。置放文服蟒、官衣、帔、开氅、褶子等的衣箱,称为"大衣箱"。富贵衣也作穷衣,是大衣箱中第一件戏衣。即在青褶子上补缀若干块不规则的杂色绸缎,表示衣服褴褛,千补百衲之意,为穷途潦倒的书生角色所穿。

富贵衣向来放于"大衣箱"的最上面,一说是在传统戏曲剧目中有这样的规律,凡是开始穿此衣的剧中人,结尾时大多是金榜题名、富贵显达,被视为最吉祥的衣服,故以"富贵"冠名;再说实际用意,是把这件最破旧、最不值钱的服装放在上面,以保护箱子下面绣金、绣银的珍贵戏服;三说在戏班子的大衣箱里,这件衣服放在最上头,皇帝的行头也得压在这个穷书生穿的富贵衣的下面,目的是表达穷书生藐视权贵的桀骜之气。

三 其他几种淮海戏戏服的比较

1. 蟒

蟒是戏曲中龙袍、蟒袍的简称,模仿明代蟒衣制成。在明代,蟒衣是皇帝的特赐品。其样式为圆领大襟,宽袖,袖褙下有摆,绣有各种蟒纹。单蟒面都斜向;坐蟒则面正向,尤贵。

蟒袍最初有五色,分别为红、绿、黄、白、黑,即后来的上五色;至清末,又增加紫、粉红、湖色、深蓝、秋香或古铜色,即后来的下五色。十色蟒称"双堂蟒"。大衣箱备男蟒 10 件,女蟒 5 件。

2. 官衣

官衣是模仿明代文武官常服"团领衫"而制作。上层人物到一般官员穿的礼服,部分武将在上朝办公时也可以穿。其特点之一是前胸后背缀有方形"补子"两块,上绣飞禽或走兽。以衣色来区分官秩,分男官衣和女官衣。

3. 帔

帔,模仿明代褙子(一名"披风"),经过加工而成。有男帔和女帔之分。其式样基本相同。夫妻同时出场,一般穿花纹、颜色相同的帔,叫"对帔"。

4. 开氅

开氅式似男褶。用金、银绣或五彩线夹金绣猛兽,金碧辉煌。分团花开氅和兽类开氅。生角多用团花开氅;净角多用兽类开氅。式样为大襟,大领(俗称"和尚领"),阔袖,袖口缀水袖,宽腰,长至足,左右开衩,腋下硬立摆,袖口及四周衣缘镶波浪形阔边。

5. 褶子

褶子又称"道袍"，由明代斜领"大袖衫"经过艺术加工而成，是戏剧舞台上用途最广、装扮形式最多、最为常见的袍服类，帝王将相、平民百姓、僧道儒神、妖魔鬼怪等都可穿。分男褶子和女褶子两类。此外，还有圆领褶子、老斗衣、孩儿衣、短跳、安安衣等。

"大衣箱"中除了以上几种戏服外，还有专用衣、清装、古装以及饰物配件等几大类。

四 淮海戏"富贵衣"的流传经历

淮海戏"富贵衣"展长150、袖展长210厘米，斜襟，黑褶子上补缀粉、红、蓝、橙等三角形补丁，内里盖"华野文艺工作团第三团"印章一枚。印章直径为3.5厘米。

据考证，正是这枚"华野文艺工作团第三团"印章道出了"富贵衣"的来历。1945年9月，汪伪二方面军第四军组建的"建国剧团"起义后归建新四军华中军区十纵文工团第二团；1946年由苏皖边区政府接管组建实验京剧团二团；1947年归建华东野战军政治部文工团第四队；1948年整编为华东野战军政治部文工团第三团；1949年改为三野文工团。华东京剧团1950年更名为华东京剧实验剧团，1951年初兼并了第三野战军政治部文艺工作团第三团（前身是华东野战军政治部文艺工作团第三团），经过整编又吸收了一些优秀演员。1951年3月5日华东戏曲研究院成立时，该团成为戏曲研究院附属单位之一。华东实验京剧团前期团长有周玑璋、苏堃，后期为吴石坚，副团长吕君樵，剧团主要艺术人员有李玉茹、金素琴（后脱离）、金素雯、陈正薇、陈大濩、沈金波、王金璐、张美娟、刘斌昆、孙正阳、黄正勤、汪志奎等人。创作、改编、整理演出了《信陵君》《皇帝与妓女》《三姐下凡》《宝莲灯》及麒派剧目《扫松下书》、盖派剧目《武松打虎》等四十多出戏剧。1953年两次派员赴朝慰问演出：第一次派出17人；第二次以该团为基础，由梅兰芳、周信芳、程砚秋、马连良等领衔，演出受到中国人民志愿军和朝鲜军民的热烈欢迎。1954年春节，剧团分成两个演出组，慰问中国人民解放军。1950～1954年，演出地区遍布上海、北京、江苏、浙江、福建、山东及东北等地，并多次在国宾接待晚会上演出。1955年3月，由于华东行政区撤销，该团与上海市人民京剧团合并成立上海京剧院。

1949 年淮阴大众剧团成立。1951 年冬，团长谷广发迫于没有戏服，向华东京剧实验剧团请求支援。谷广发从淮安运河轮船码头坐船到镇江，从镇江坐车到上海，历时近一个月。到了上海，找到了曾在淮海革命根据地工作过的老同志吴石坚、流泽、汤草元、吕文桥等人，并委托他们从华东京剧实验剧团索得戏服近 60 件（套），用破大幕包裹带回淮安，丰富了剧团的衣箱。现仅存的这件"富贵衣"，对革命战争年代的戏曲研究有着重要价值。

五　淮海戏"富贵衣"的保护初探

这件"富贵衣"是当年淮海戏王谷广发保留下来的唯一一件"富贵衣"。2011年江苏省文物局组织开展全省馆藏近现代文物定级工作，鉴定专家组将淮海戏"富贵衣"评定为国家一级文物，鉴定理由为"淮海戏'富贵衣'，绸缎，1947 年，征集品，该服装有'华野文艺工作团第三团'印可证年代，流传有序，保存完好，可定为一级文物"。

我们深谙其重要的历史意义和研究价值，对它的保护就成了当务之急。目前，淮安运河博物馆已将其妥善保存，并从以下三方面着手。

一是要进行复制。运用技术手段将"富贵衣"的结构、图案等戏曲文化符号复制下来。原件保存，复制件呈现给观众。

二是要做好数字化处理保存。通过运用影像、VR 等数字化手段获取"富贵衣"各方面的完整数据，从而建立淮海戏服饰影像数据库。

三是要着重做好淮海戏"富贵衣"的研究。通过研究戏曲文物探寻革命年代戏曲文化状态，逐渐呈现出淮海戏的历史意义和文化价值。

淮海戏"富贵衣"的定级与内涵挖掘可以帮助人们初步认识淮海戏的发展史，了解它的史学价值、艺术价值以及科学研究价值，对于抢救和保护承载着淮海地区丰富的历史文化内涵的淮海戏显得尤为重要。这项工作有利于建立起本地区的"文化自信"，对研究、传承和发展传统戏曲文化具有重要的现实意义。

参考文献

1. 江苏戏曲志编辑委员会：《江苏戏曲志——淮海戏志》，江苏文艺出版社，1999 年。

虚拟现实在文物修复保护方面的探索

刘振永

（淮安市博物馆　江苏淮安　320800）

内容提要： 面对海量的待修文物，传统文物修复方式方法已难以为继。现代科技的快速发展，使虚拟现实技术应用于文物修复保护，将传统方法与现代科学技术相结合，为文物修复保护提供了技术支撑。虚拟现实与文物修复保护相结合体现在修复保护培训、文物修复、超前修复、远程指导等方面。虚拟现实技术可具体应用于陶瓷、字画、古迹、非物质文化等有形和无形文化遗产修复保护等方面。随着虚拟现实技术逐渐成熟及其在修复保护方面的成功应用，它在文物修复保护利用等方面的重要性日益凸显，虚拟现实技术将为文物修复保护开辟新领域。

关键词： 文物　虚拟现实　修复保护　应用　发展

五千年延续不断的中华文明为我们留下了数量众多、精美绝伦的文化遗产，这些文化遗产承载着丰富的历史、文化、艺术信息和民族的文化基因。但是我们应该清醒地意识到，先人留下的这些文物已历经了千年甚至万年岁月的磨砺，加之受天灾人祸等因素影响，很多文物已残破不堪，即使品相保存比较完整的也经不起折腾。因此，对于那些保存在博物馆库房中的和每年考古出土大量的珍稀而又脆弱的文物，迫切需要对其加强修复保护。

一　文物修复保护状况

传统文物修复保护一般多依靠修复人员对文物的经验判断，手工完成残缺文物的拼合修复。修复人员要有丰富的历史、美术、物理、化学等多方面的知识，同时还要有丰富的修复经验和高超的手工技巧。近年来，人们在学习传统文物保护技术的同时，先进的科技手段也广泛应用于文物修复领域，使文物修复保护更加科学化规范化，同时也减少了人为因素造成文物的二次损坏。据统计，目前国有博物馆文物藏品近 5000 万件（套），民间收藏的海量文物不包括在此。初步统计全国具备文物修复技能的人员约 2000～3000 人，但是大多数修复人员还停留在传统修复方法上，与西方国家掌握着现代科学技术进行修复的专家相比还有很大差距。我国亟待修复的馆藏文物多达 1500 万件以上，这还不包括每年从考古工地新出土的大量残破文物，以及每年新增加的逐渐老化腐蚀损毁的馆藏文物。国家文物局开展专项调查结果显示，有 50.66% 的馆藏文物存在不同程度的腐蚀损害，其中重度以上腐蚀的馆藏文物多达 230 多万件以上。受自然老化、保存环境等因素的影响，大量文物在无声无息中走向损毁衰亡。如被称为敦煌莫高窟彩塑和壁画修复第一人的李云鹤，他每天最多只能修复 0.09 平方米画，耗时两年时间只修复了 60 多平方米，在他六十多年的壁画修复生涯中只修复了 4000 平方米。在赞叹李云鹤敬业精神的同时，我们不能不意识到这些运用传统修复方法对馆藏的大量破损文物进行修复，其效率是相对低下的，这是我们这一代文物修复工作者需要认真思考的问题。

现在文物修复保护方面的问题是文物数量众多，各类文物亟待修复；专业修复人员技术水平参差不齐，大多还停留在传统修复水平上，且效率不高。一般而言，传统的合格修复人员培养没有 3～5 年的磨炼是难以成才的。现代修复人才需在传统修复基础上，还需掌握物理、化学、力学、美术、历史等综合各学科知识。目前修复人才极度匮乏，馆藏的许多文物尚未修复则可能已经"灰飞烟灭"，遑论开发利用。大多不可移动文物矗立于荒郊野外，长年风吹日晒，有的经历了兵燹战火，特别是因近现代以来猖獗的盗窃等，损坏严重，依现在国内具有修复技能的人数、技术、软硬件等来看远远不能解决当前的问题。随着现代科技发展的日新月异，大数据、云计算、数字化、人工智能（AI）、虚拟现实技术等的出现，新技术已逐渐应用于文博领域，将传统方法与现代科学技术相结合，为文物的修复保护提供了强有力的技术支撑。

二　虚拟现实与文物修复保护结合

在人类历史发展过程中，从蒸汽机、发电机、计算机，再到互联网的广泛应用，科技的发展同样也为文化事业注入了新的活力。虚拟现实（Virtual Reality，VR）是在综合计算机图形学、图像显示技术、多传感技术、人工智能技术、多媒体技术、音响技术、网络技术等多种技术后产生的。虚拟现实让人机交互变得更加自然，除了具有视觉体验，还包括听觉、触觉、嗅觉、味觉等多种感知体验，最终通过脑机接口，人与机器融为一体。人们沉浸在虚拟世界中，产生等同于真实物理环境的体验和感受。近年来，在虚拟现实基础上又发展出增强现实（Augmented Reality，AR）和混合现实（Mixed Reality，MR）。通过跟踪使用者的位置和姿态，把计算机生成的虚拟物体或其他信息准确地叠加到真实场景的指定位置，实现虚实结合、实时互动的新体验。虚拟现实和增强现实技术已广泛应用于军事、规划、地理、医学、教育、文化娱乐等领域，在未来将产生巨大的经济效益和社会效益。

随着虚拟现实技术逐渐成熟，为各类文物的修复保护带来了极大的便利，并开启了全新文物修复保护模式。文物的修复保护是博物馆工作中最重要的业务之一。在馆藏文物中存在着大量的待修文物，如果技术处理不恰当，有可能造成文物无法弥补的损失。而将虚拟现实应用在文物修复中，则可有效避免或减少这种情况的发生。虚拟修复应先进行文物信息的初步采集，根据实际情况，运用虚拟现实模拟多种修复方式和方法，再现修复过程中的各个环节，以此检验文物修复理念、技术及方法的可行性，确保文物修复的准确性。其步骤包括：第一，数据输入。通过三维扫描，获取拟修复文物数据，对数据库中的各类文物进行描述和归类。第二，虚拟复原。利用计算机程序，结合先前修复范例，在虚拟现实系统中，按照文物类型特征用修复程序进行自动寻找碎片并复位，或虚拟操作拼接、接笔、全色、装裱等修复流程。第三，实体修复。按照文物修复原则，从多种虚拟修复方案中选择合适的一种，以此作为借鉴和指导对实体文物进行修复，这样可以保证实体文物修复的成功率。

实体文物修复因不同材质、类型、数量、破损、轻重、大小、艺术价值高低和技术水平等各种因素的影响，运用传统修复方法修复效率低，修复质量参差不齐，因此，改变当前的修复保护模式是当务之急。西方国家在文物保护方面发展历史悠久，且形成了一套比较严谨科学的修复保护方法，其主要以预防性保护为主。国内修复保护理念因国情不同，主要以抢救性修复为主。近几年修复界有人提出要把抢救性与预防性相结合，这些观点和理念都具有积极的建设性。但是，我国文物修复保护的现实性与紧迫性，需要面对和迫切解决的实际问题非常多。目前，修复保护亟待解决的问题包括修复人员的培训问题、修复人员的水平问题、修复技术方法问题、修复效率问题、修复质量问题和修复理念问题等。如何解决上述问题值得文物修复界思量。虚拟现实技术应用于文物修复对于以上问题的解决将大有助益，两者结合对未来修复保护具有深远影响。虚拟现实技术应用于文物修复保护，对其助力发展体现在以下几个方面。

1. 修复培训

虚拟现实在文物修复保护方面的技术支撑，首先体现在修复培训方面。拟接受培训人员佩戴专门头显及操控设备（未来人机合一），进入虚拟现实博物馆虚拟修复室，在虚拟修复专家的教授引导下进行虚拟修复。每一类拟修复的文物，如字画、青铜、陶瓷、丝织、古籍、建筑等，皆可选取国内经典的有代表性文物，修复专家对整个流程进行讲解操作。这些经典案例被嵌置于虚拟现实博物馆修复教室里，国内外的优秀案例可逐年往里面增加。它们如同一个个名家教师，学员可以随时学习，或现学现用。学员在听看完后，在专家的指点下，可亲自动手拆解虚拟文物，并逐一修复、复原练习。修复过程可以反复操作，无须担心像修复实体文物那样被损害，直至最后真正掌握。其优点是培训没有人数、时间等的限制，只要配备基本设备即可进入虚拟课堂学习，培训费用很少或可忽略不计。反观传统修复培训，从国家到地方，每年举办的有限的几期培训班，经过层层筛选录取名额极少，或者社会办班收取高昂的学费。短暂的学习，最终学的只是皮毛而已。面对我国数量庞大的待修文物和每年新出土的文物，以及库房中不断老化新增加的文物，依此培养修复人才模式是难以满足现实需要的。

2. 文物修复

文物是不可再生的文化遗存，一旦破坏则很难恢复原始风貌。由于土壤腐蚀、环境侵蚀、自然老化等不可抗拒的自然因素及人为破坏等方面的因素，大量传世文物和出土文物已经破败不堪，对这些破碎文物进行拼接复原是修复保护的工作难点。对文物碎片的拼合有时占据绝大部分修复时间，令修复人员费神。文物碎片的拼接如同拼图，实际上是碎片的复位组合。修复人员根据工作经验，依据文物自身结构（如对称性、相似性）特点，通过拼接、雕刻、打磨、黏接等技术操作完成文物的补配修复，在修复过程中不断对碎片进行匹配尝试。如果在拼接过程中某个中间碎片缺失，则可能使之后的拼接工作难以为继。对于金属类、陶瓷类文物需用锡焊、胶黏等方法进行碎片黏接，操作失误会对文物本体造成损害，甚至有时会让文物彻底报废。传统文物修复保护人员的主观性强、修复技术难度大、复原周期长，对修复人员的技术要求较高。目前，在文物修复过程中，碎片拼接大多仍以手工拼接为主，由于文物碎片数量大，有的断面已成钝面，碎片之间的拼接关系难以确定。在考古工地和窖藏出土的文物大多破碎，不同器物碎片混杂在一起；有的文物碎片的体积大、重量大不易移动，如大型石雕、青铜器、碑刻等给文物修复带来很大困难。

因此，利用虚拟现实技术进行文物修复是传统、现代技术与高新技术相结合的重要发展方向。虚拟现实修复是先用三维激光扫描仪获取文物碎片的三维数字模型，修复人员利用虚拟现实技术，在虚拟修复工作室进行练习或在虚拟修复专家的指导下进行演练。也可用专门的修复程序使碎片迅速复位，拼凑的器物缺失部分用不同颜色补充完整，以示区别，碎片需分别编号。根据虚拟修复的完整器物做参考，可直接进行实物修复，最后与虚拟现实修复的完整器来校正实体修复的正确性。通过虚拟现实技术修复文物，可降低文物碎片拼接过程中因不断进行拼接尝试而对文物本身造成的二次伤害，也可以降低文物拼接过程中的工作强度，提高文物拼接复原的准确性和工作效率。

3. 超前修复

文物是实体博物馆赖以存在根本，是博物馆开展研究、展示、宣教等的立足点和出发点。在文物存续的历史过程中，无论我们如何保护、爱惜它，文物最终都会逐渐走向消亡，它不以人们的主观意志而改变，我们所能做到的是尽量延长其寿命。由于文物本身具有不可再生的特点，因此，博物馆特别重视文物的保护，追求最大化文物原状的保护，尽量减少文物的自然和人为的破坏。2016年央视播出的《我在故宫修文物》激发了修复界和普通民众对文物修复的热情与重视，其积极意义是让人们了解大国工匠精神的内涵，但是对于如何解决故宫海量的待修文物则是忽略的。对实体文物的修复保护，应体现在如下几个方面：第一，优化保存条件，保护好现有的文物；第二，积极修复文物，传统、现代技术与新技术相结合，不断提高文物修复保护的科技水平。为了提高文物修复的效率和文物的永久存留，文物保护运用数字化，建立数字化资料库，实现以文字、符号、图像、3D等形式，记录、描述、复制、加工在数字载体上，这是文物资源数字化的基础工作。借助数字化文物资料，运用虚拟现实技术可进行超前修复。其优点是在虚拟现实中的文物修复开发应用专门的修复程序，其效率高、效果好。文物碎片复原和全色、接笔、变形取直等在虚拟现实技术下可瞬间完成，也不需要焊接、黏接、晾干、温度、湿度、光照等所有的实体文物修复所要的各种条件的要求与限制，各个环节全免。在虚拟现实空间里，碎片复位、补全等可以做到完美无缺。以后实体文物修复可以借鉴虚拟修复好的文物资料慢慢进行。即使有未来得及修复的文物消逝了，我们还可以按照虚拟修复资料再复原，否则连参考凭据也不复存在。用虚拟现实技术超前修复对于文物及相关资料的保存、实体文物修复，特别是每年大量考古出土的文物碎片修复、复原和及时整理、出版清晰准确的考古报告具有非常重要的意义。

4. 远程指导修复

文物修复如同医生为病人看病，也需要"望闻问切"。通过仪器检测、判断病害情况，并对症下药，制定出合理的治疗方法及步骤。对于文物修复工作者来说，在具体的文物修复过程中，经常会遇到各种各样的修复难题，有时会难以及时找到对症号脉的专家。修复人员进入虚拟现实博物馆修复专家咨询室，虚拟修复专家即可"现场"进行待修文物的技法讲解和实际动手操作；也可预约外地修复专家，彼此在约定时间佩戴虚拟现实设备进入虚拟修复教室，实时进行讲解指导，其临场感逼真，如同真人示范。这种远程指导具有广泛的现实意义，在未来虚拟现实博物馆修复方面将会普及开来。

三 虚拟现实在文物修复保护中应用

虚拟修复是指运用虚拟现实技术对文物进行保护与修复。随着虚拟现实等技术与设备日渐成熟完善，人们开始利用其对文物进行虚拟现实修复保护。常见的是先扫描文物或在虚拟博物馆里建立三维模型，使用三维图形学的计算方法来推算文物缺失的部分或拼接残损的残片，它为修复人员提供了很大的便利，也让人们能欣赏到复原后的文物古迹"全貌"。

1. 陶瓷

因陶瓷本身易碎，传世或出土古陶瓷多破损残裂，修复复原古陶瓷成为博物馆文物修复保护的重要工作。传统陶瓷器修复要先清理表面，再把断裂的各部分重新黏接在一起，缺失的部分用石膏填补或用瓷粉上釉，损坏严重的则要重新塑形复原。这一过程根据复杂程度，时间长短不一。采用虚拟现实技术在对古陶瓷文物进行保护的同时也提高了陶瓷修复的效率。古陶瓷普遍出现釉层剥落、酥脆粉化、断裂残缺等现象，即使修复也难以还原其原貌。虚拟现实技术可以先检验修复的可能性，运用虚拟现实技术体现修复效果，然后虚拟模拟古陶瓷文物修复后环境变化的耐久性。

2. 字画

在以纸质为媒介的文物保护过程中，由于环境（温度、湿度、光照等）或人为保护方法不当等因素，使得字画的颜色变色、褪色、虫蚀、污渍和纸质材料的老化变脆，导致古画改变原来的面貌。利用虚拟现实技术能够对其进行颜色校对调整，让字画颜色恢复原貌，对污渍、虫蚀、破裂、缺失等进行清理、补全。采用图纹合成法或虚拟绘画对字画缺失部分进行描画，把画面色彩调至最佳状态。虚拟修复后把画直接放入裱好的画心里，如需要学习装裱可虚拟演示一遍。

3. 文物古迹

对于古建筑、石刻等不可移动文物的修复保护，虚拟现实技术的应用具有重要的现实意义。文化古迹一般处于室外，距离远、体量大，保护和修复难度大，需投入大量的人力、物力和财力，效率也不高，在修复保护过程中处理不当可能造成二次损坏。应用虚拟现实技术和三维扫描设备，可以快速对需要修复的古遗址等建立详细的三维影像，提供准确的定量分析，建立的三维数据库为选择最佳保护方案提供视觉和数据依据。在文物古迹修复保护中，通过虚拟现实技术可以提高修复保护的准确性和前置判断，从中选取合适的修复方法。它可以提前展示文物古迹修复后的面貌，为下一步的修复、复原提供可行性的依据；还可以考察修复中的各项环节合理性及修复后的耐久性，这种前瞻性的设置大大缩短了修复工期。虚拟现实技术的应用极大地提高了文物古迹修复保护水平，提高了文物古迹修复保护的效率。通过对文物古迹虚拟修复有利于文物古迹的安全、高精度和永久的保存。通过虚拟现实和增强虚拟现实技术，还可以将文物古迹破损缺失的部分虚拟出来，使虚拟部分的形象和残存的真实文物水乳交融浑然一体，有助于观众在观看时感受文物的完整"真实性"，对文物的修复也大有裨益。虚拟现实技术除了能够提高修复水平外，在文物古迹的陈列展示中也有利于保护文物。传统的文物古迹陈列展示或多或少地会造成破损，而通过虚拟现实技术完全虚拟化的文物古迹，在一定程度上能破解这一问题。因为对实际文物古迹进行虚拟化产生虚拟作品，可以大大减少文物与外界接触，减少文物的光、声破坏和人为破坏。对于一个庞大的文化遗址来说，原大复制是不现实的，而虚拟现实技术则可以做到。虚拟遗址一旦做成，便不会毁坏，且永久保存。

4. 非物质文化遗产

虚拟现实技术对非物质文化遗产可以有效地进行保护。非物质文化遗产一般体现在以下几个方面：口头传统和表现形式，表演艺术，社会实践、仪式、节庆活动，有关自然界和宇宙的知识与实践，传统手工艺。这些非物质文化遗产经过不断发展衍化和传承，在人为传续过程中，因传承人和赖以生存的环境改变，许多"活的东西"已消失。利用虚拟现实技术可使非物质文化遗产中的动作、工艺方法等更加接近或保持原始状态。对于已经失传的非物质文化遗产，可先搜集文献资料和走访民间艺人，再利用虚拟现实技术，将人与物及一整套方法、技艺、活动、场景等虚拟复原出来，从而进行有效的保护。利用虚拟现实技术把"活态"的非物质文化遗产数字化，可以推动跨越时空的传播、继承与发扬，实现非物质文化资源最大化地利用，也是最有效地保护非物质文化遗产的方式。

5. 壁画

虚拟现实技术应用于壁画的修复复原主要根据画面的颜色，使用专门壁画修复程序自动将壁画图像划分得到几张单色图像，检索出与拟修壁画类似的完整壁画以作为参考。同时整理出同类壁画用色情况、绘画风格等，根据修复人员的知识经验进行造型色彩复原推断。壁画修复复原演变主要技术包括色彩层次、艺术风格、推理、色彩协调映射、修复方法等。虚拟修复壁画的过程：第一，描述信息，搜索收集相关的信息，如壁画所处朝代、主题、内容、风格以及技法、褪变色、脱落残破等；第二，选择合适修复方法及知识技法，依据前述相关信息，选择恰当的修复方法；第三，壁画修复，根据以上得到的知识技法，进行色彩调整处理、图像创作的过程；第四，图像层合并，把处理好的各图像和原始图合并；最后，通过颜色变色演化功能，可形象逼真地模拟壁画演变的整个过程，为壁画修复保护提供重要参考。

根据文物材质不同可将文物分为两大类十一种。除以上提到的几种以外，还有青铜器、古籍、漆器、纺织、木器等。不同材质的器物其组成成分、保存状况、文物价值等均不一样，修复人员在利用虚拟现实修复保护文物时需分别进行。随着人工智能水平越来越高，许多编程可以根据指令由人工智能自动完成所需的程序。如虚拟现实博物馆里各类文物修复应用程序，不同程序的应用将极大地提高工作效率，减少修复人员的工作强度。未来虚拟现实修复工作不再是长年累月的磨性子、机械而又枯燥的手工操作，而是一种有趣的工作体验过程。

四　结语

文物是国家发展、文化传承的重要载体。我国的文物修复事业伴随着计算机科学和互联网的快速发展，虚拟现实技术在文物修复保护领域正扮演着越来越重要的角色。虚拟现实技术不仅能够很好地践行文物"保护为主，抢救第一，合理利用，加强管理"保护利用的工作方针，而且能对破损文物进行虚拟修复，延长文物寿命，最大限度地留存文物承载的文化内涵，促进文物交流也起着重要作用。目前全球虚拟现实行业经过近百年的发展仍处于早期起步阶段，各类虚拟现实配套设施还在探索试验，然而虚拟现实的发展前景引人想象，它具有非常广泛的应用空间，如文化、影视、教育、体育、星际探索、医疗、微观世界等领域，未来将渗透到我们生活、工作的各个方面。虚拟现实技术在文物保护、鉴定、修复上的独特性不可取代，它在文物修复保护利用方面的重要性日益显现。随着虚拟现实技术逐渐成熟，在文物修复保护方面将会带来巨大的促进作用。虚拟现实技术在文物修复保护方面的成功应用必将使博物馆在文物修复保护领域开拓出一片崭新天地。

参考文献

1. 史宁昌、曲亮、高飞、税午阳：《三维打印技术在文物修复保护中的应用》，《博物院》2017 年第 4 期。

2. 郑巨欣、陈峰：《文化遗产的数字化保护与传播》，学苑出版社，2011 年。

3. 鲁东明、潘云鹤、陈任：《敦煌石窟虚拟重现与壁画修复模拟》，《测绘学报》2002 年第 2 期。

4. 张学慧：《从文物保护修复理念看博物馆 VR 技术的应用前景》，《文物世界》2017 年第 5 期。

5. 刘振永：《VR/AR 技术与博物馆的未来发展》，《2018 "国际博物馆日" 论文集》，2018 年。

6. 曹雨：《虚拟现实：你不可不知的下一代计算平台》，电子工业出版社，2016 年。

7. 胡小强：《虚拟现实技术》，邮电大学出版社，2005 年。

8. 王昕晨：《黑科技频出的 VR、AR、MR 到底是个啥》，新蓝网。

9. ［美］Tony Mullen 著、徐学磊译：《增强现实：必知必会的工具与方法》，机械工业出版社，2013 年。

10. 陈泳潼：《博物馆 VR/AR 的未来——与 Media Combo 创始人对谈》，艺术中国。

11. 吴亚峰、刘亚志、于复兴：《VR 与 AR 开发高级教程》，人民邮电出版社，2017 年。

12. 徐曦：《机器 70 年：互联网大数据人工智能带来的人类变革》，人民邮电出版社，2017 年。

13. 张玲玲：《浅谈 3D 技术》，《视听界》（广播电视技术）2011 年第 2 期。

14. 李英赫：《三维数字技术在博物馆中的应用探究》，内蒙古大学硕士学位论文，2013 年。

浅谈江苏淮安陈潘二公祠遗址的保护研究

高 梦

（淮安运河博物馆　江苏淮安　223001）

内容提要： 江苏淮安陈潘二公祠是明清两代为祭祀明代两位治水名臣陈瑄和潘季驯而建立的祠堂。鉴于其重要地位，针对陈潘二公祠遗址的保护，相关政府部门应认识到陈潘二公祠遗址保护的重要性，增强遗址保护的意识；制定《遗址保护管理条例》，从法律上规定并督促相关部门履行对陈潘二公祠的保护责任和义务；正确的处理遗址保护和旅游经济发展的关系。

关键词： 陈潘二公祠　遗址保护研究

江苏淮安陈潘二公祠是明代治水名臣陈瑄、潘季驯的合祀祠。在明正统年间（1436～1449年）敕建，为祭祀永乐年间（1403～1424年）首任漕运总兵官、平江伯陈瑄，俗称陈公祠。清乾隆年间（1736～1796年），在陈公祠加祀了明朝总理河槽的水利名家潘季驯，所以更名为"陈潘二公祠"。该祠原位于淮安市青浦区清江光华化学厂内，饱受侵蚀，年久失修。1997年，享殿所在地域被淮阴卷烟厂征用，经原江苏省文化厅（现江苏省文化和旅游厅）批准，另行择址，迁移保护。

一　陈潘二公祠的历史和文化价值

1. 陈潘二公祠的由来

明永乐十三年（1415年），陈瑄开清江浦20余里，导淮安城西管家湖水入淮河，并于清江浦上建清江正闸（即清江大闸）。后又疏清江浦至山东临清段运河，通漕运。陈瑄治运对清江浦的兴起、发展和繁荣起到了决定性的作用。陈瑄之后，明代又一治水名臣潘季驯先后奉嘉靖、隆庆、万历三朝简命，四任河道总督，四次主持治理黄河和运河，前后持续27年，创下明代治河史上主持河工的最高纪录。潘季驯筑高家堰建成洪泽湖水库，"蓄清刷黄"近280年，济运420余年。他创立的"筑堤束水、借水攻沙"的全新治河方略和"堤防修守"的完备措施，一直为后世治河所借鉴。尽管潘季驯治理黄、淮、运河功勋卓著，但在其去世后的160多年里，并未像陈瑄那样建祠列祀。

清朝前期，统治者非常重视黄、淮、运治理，兴修水利。康熙将"河工"与"削藩、漕政"并列为治理国家的三大要务。乾隆在《南巡记》中说："南巡之事，莫大与河工。"康熙、乾隆六次南巡，治理水患，安定社会，了解民情，争取人心，同时也对治河有功臣工进行嘉奖议叙。据清宫《上谕档》记载，乾隆二十二年（1757年），乾隆皇帝第二次南巡，并于二月初六下谕旨："昨以内大臣高斌前在南河，懋著劳绩，特颁恩谕，令与靳辅、齐苏勒、嵇曾筠一同祠祀。更念有明一代治河之臣，其最著者惟陈瑄、潘季驯二人。潘季驯之功实优于陈瑄，运道民生，至今攸赖。今清江之湄，瑄有专祠，季驯独不列祀典，朕甚悯焉。其以潘季驯与陈瑄并祀，有司春秋致祭，用昭崇德报功之典。钦此。"乾隆皇帝在立祠致祭本朝治河功臣的同时，饮水思源，对潘季驯治河之功做出了"实优于瑄，运道民生，至今攸赖"的高度评价，并发出"季驯独不列祀典，朕甚悯焉"的感慨，遂颁谕旨。于陈公祠为潘季驯建附祠，令"潘季驯与陈瑄并祀"，"用昭崇德报功之典"。这就是陈、潘二公祠并祀祠的由来。

2. 陈潘二公祠的历史和文化价值

陈瑄（1365～1433年），字彦纯，安徽合肥人。明永乐初作战有功，被封为平江伯总兵官。曾总督海运，修筑漕堤。在其总督运河漕运三十余年间，治理河道、监管水利工程、建造粮仓、浅船、完善支运法、管理运军，为明清两代漕运发展奠定了坚实的基础，成为明清内河漕运奠基人。陈瑄治运督漕三十年，为国家经济文化的发展做出了杰出贡献。特别是开清江浦、建五闸、办清江督造船厂、置常盈仓、设漕运行府，不仅使清江浦这座城市得以兴起，而且逐渐繁荣，为清江浦在明清时期成为全国中心城市打下了扎实的基础，促使清江浦乃至整个大运河步入了明清漕运的黄金时代。

潘季驯（1521～1595年），字时良，号印川，浙江湖州人，明代水利专家，世界水利泰斗。潘季驯自明嘉靖至万历年间，奉三朝皇帝差遣，先后四次总理河道。在治河理论上，辩证处理黄、淮、运河三者的关系，采取坚筑堤防、稳定河床的合流措施，形成了以"筑堤束水、借水攻沙"为核心内容的治河思想；首次提出治河需治沙，保证了漕运畅通，其治河理论与实践在古今中外都是一个伟大的创举。潘季驯一生四次治河活动，主要集中于黄河下游和黄淮运地区，由于受到当时的历史条件和科技水平的限制，使他无法也不可能从源头上根治黄河的危害。然而潘季驯的治河方略及对黄淮运水系的治理，在世界河工史上都有着极其重要的地位。尤其是他提出的"束水攻沙""蓄清刷黄"的治河思想，对于我国正在实践的南水北调、借长治沙和调水攻沙等仍然具有重要的现实指导意义。

陈瑄和潘季驯两位水利专家对我国古代水利建设做出了巨大的贡献，保护陈潘二公祠这样一个不可移动文物——可修复保护的文保单位，有利于记录并弘扬我国古代劳动人民对于治水理河的经验和坚持不懈不屈不挠的精神。时过境迁，尽管作为祠堂的功能作用大不如从前，但是其作为历史人文和水利建设所蕴含的文化价值仍是巨大的。

二 　陈潘二公祠的保护研究

1. 陈潘二公祠的保护面临的问题

现阶段对陈潘二公祠的保护工作还存在一些问题。城市化、工业化、房地产开发等导致一些历史文物遭到破坏，修复工作不全面等。随着时间的推移，陈潘二公祠虽经过多次的修缮，但难免会出现偏差，与最初的样子有些出入，同时修复工作不彻底，也造成了一些问题遗留，如旧式瓦房屋顶漏雨和墙面渗水问题。同时，因历史原因，陈潘二公祠内的文物也遭到了不同程度的破坏，如祠堂前的两块明朝皇帝祭祀陈瑄的"圣谕平江伯祭祀碑"中仅有一块是原始遗存，并且也有一定程度的损毁。

2. 陈潘二公祠的保护研究

第一，相关政府部门应认识到陈潘二公祠遗址保护的重要性，增强遗址保护的意识。尽管政府在遗产保护方面扮演着重要的角色，但很多时候侧重于经济建设而对遗址的保护力度不够，仅在遗址受到不同程度的破坏或者受到不可预知的外来损坏时，才引起有关部门的注意。针对陈潘二公祠遗址保护存在的问题，应该在保护时做到修旧如旧，坚持可持续发展的科学保护，根据陈潘二公祠的具体状况做出长远可行的科学规划。

第二，制定《遗址保护管理条例》。从法律上规定并督促相关部门履行对陈潘二公祠的保护责任和义务，将遗址保护纳入有法可依、有章可循的轨道。

第三，正确的处理遗址保护和旅游经济发展的关系。保护陈潘二公祠遗址是发展地方旅游业的源泉，因为旅游产业发展与文物保护二者之间的关系是相辅相成、相互促进并完善的。陈潘二公祠作为不可移动文物是不可再生的，一旦受损，很难恢复原样。保护好利用好陈潘二公祠，对于地方旅游发展有很大的经济效益，能够推动旅游事业发展，从而成为地方旅游产业发展的永生资源。

三 结 语

当前我国文化遗产保护事业监管机制尚未完善，文化遗址的保护还需要公众的积极参与和支持，让当地老百姓在文化遗产监管方面有更多的话语权，让当地百姓参与到文化遗产保护活动当中去，建立良好的文化遗产保护氛围。从而使得文化遗产保护和经济发展、老百姓的精神生活三者之间达到一个和谐的状态，坚持可持续发展道路，实现文化遗产保护的新局面，共创美好和谐社会。

参考文献

1. 国家文物局：《"大遗址"保护"十五"计划》，2000 年，内部资料。

浅谈历史文化街区的保护和改造

——以江苏宿迁新盛街为例

王宣波

（宿迁市博物馆 江苏宿迁 223800）

内容提要： 历史文化街区是一个城市历史的印记，它的存活和延续可以培育市民的历史感和归属感。当前历史文化街区多存在物质空间衰败，基础设施供应不足，社会空间边缘化等问题。加之社会宣传力度不够，在当今历史街区主张原汁原味的保护大背景下，政府容易陷入境地两难。因此，在历史文化街区保护改造过程中，要求坚持自我、坚持原有风貌，厘清产权，改善基础设施，多算文化账，坚持历史街区以居住功能为主。同时，坚持以人为本，市政府应协调各方的利益，避免历史文化街区保护和改造过程中出现的一系列普遍问题。最终形成政府主导调控、专家科学指导、公众广泛参与的社会性保护模式，延续培育城市活的文脉。

关键词： 历史文化街区 保护 改造 新盛街

一 我国历史文化街区保护的概况

历史文化街区是指由大量普通历史建筑或传统居住建筑构成的具有地方特色的历史地区和居住街坊，包含了文物古迹、大量历史建筑和其他未列级的文物资源。2002 年，国务院修订颁布的《中华人民共和国文物保护法》在"不可移动文物"部分中正式提出了"历史文化街区"概念，首次以法律的形式将历史文化街区的保护确定下来。历史文化街区作为城市中最具代表性和具有规模的历史文化遗产，日趋受到我国城市政府的高度重视和社会的广泛关注，成为城市保护的重点对象。

为加强对城市中的历史文化街区的保护和研究，大多数城市积极采取编制历史街区保护规划、制定保护条例等措施加强对历史街区的保护。上海新天地、福州三坊七巷、南京 1912 民国街区、江苏苏州平仓巷等一些经济发达城市中的历史文化街区的改造更新都取得了经济、文化和社会效益。然而，有一些地方政府难以权衡保护改造历史街区的度，改造方案难以达成共识，致使这些历史街区最终成为城市的贫民窟。这种街区衰落是我国历史街区保护中的一个普遍现象。在我国经济快速发展和城镇化进程加快的大环境下，历史文化街区逐渐衰落，传统文化风貌遗失殆尽，历史文化街区的价值更加凸显出来，历史文化街区的保护和改造也日益紧迫。

二　宿迁历史文化街区基本情况

宿迁地理位置显要，万历《宿迁县志》称宿迁"北瞰泰岳，南控江淮，西襟大河，东连渤海，盖两京之咽喉，全齐之门户也"。康熙《宿迁县志》记载宿迁"西望彭城，东连海澨，南引清口，北接沭沂，盖淮扬之上游，诚全齐之门户，七省漕渠咽喉命脉所系，尤匪细也"。宿迁历史悠久、文化繁荣，古有钟吾子国，秦置下相县，东晋设宿预县，唐代宗宝应元年（762年）改称宿迁，宋元时期受水患兵灾影响宿迁治所多次损毁迁徙。

明正德六年（1511年），宿迁知县邓时中在今项王故里附近筑造土城。据万历《宿迁县志》记载，该城有迎恩街、新街、兴福市、皇华街、安福市五条街市。这是宿迁城有文字记载的第一批历史街区。南宋绍熙五年（1194年），古黄水夺古泗水入淮水后，宿迁河段水患频繁，对新城侵袭越来越严重。《明史·河渠志》记载："万历四年…未几，河决韦家楼，又决沛县缕水堤，丰、曹二县长堤，丰、沛、徐州、睢宁、金乡、鱼台、单、曹田庐漂溺无算，河流啮宿迁城。帝从桂芳请，迁县治、筑土城避之。"故知县俞文伟迁城于北二里的马陵山上。万历二十二年（1594年），知县何东凤又将土城改为砖城，新建街市14条。嘉庆《宿迁县志》记载宿迁城新增了马路口街、马路口北街、马路口后街三条街市，共计17条街市。同治《宿迁县志》记载宿迁城新增了新盛街、竹竿街、如意街、草市、兴福市、鱼市、通灵街7条街。这些街市大部分都消失了，现只保留了东大街、新盛街等历史文化街区。

三　新盛街历史文化街区发展历程和保护现状

新盛街历史文化街区是清代中后期兴起的规模最大、布局最合理、建筑档次最高、影响力最强的一条街市。根据地方志推算，新盛街兴建的时代为嘉庆中后期。新盛街位于宿迁城的东北隅，平面呈"7"字形，全长1300、宽4.5米。街道内有蝎子巷、老猪市南巷、新盛街西巷、新盛街东巷、下沟塘北巷、下沟塘东巷、九华庵西巷、九华巷、保婴堂前街、保婴堂后街、东下街、通灵街、财神庙东街、竹竿街等小巷小街。有的现已消失，有的至今保存。

新盛街建筑文化特色鲜明，四合院较多。该街区西靠马陵山、东临大运河，靠山望水，符合旧时风水学上宝地的形制，城内富人、财主多居住此地。建筑结构用料大、做工细，大量使用斗拱等传统结构。保存较好的蔡家刻字店采用了十分规整的三个四合院组合，在宿迁同时代建筑中十分罕见。街区内有敕建极乐律院、敕封显佑伯行宫、灶君庙、天后宫、三官庙等体现传统宗教文化的建筑。

历史文化街区是一个城市历史的印记，它的存活和延续可以培育市民的历史感和归属感。宿迁众多历史文化街区消失在历史长河中无疑是一大遗憾。然而新盛街能有幸保存下一部分，这是城市的历史和文脉，更应得到珍惜和保护。保护好新盛街历史文化街区，是响应习近平总书记"留得住乡愁"的号召，是保留住宿迁自己的城市记忆。

四　历史文化街区保护和改造中存在的问题

新盛街历史文化街区同全国大部分街区一样存在诸多问题。一是物质空间衰败。房屋质量低下、危旧房比例大，大量传统的木结构民居在年久失修，老化严重。原居民为改善居住环境，破坏了原有的空间肌理，拆除、翻修原有建筑情况较为常见。二是基础设施供应不足。道路狭窄，欠缺排水、环卫、燃气等方面的基础设施，消防存在很大的隐患。三是社会空间边缘化。由于生活设施差、生活不便，年轻人纷纷搬离，房屋转租给外来低收入人群，造成居民老龄化严重、文化程度偏低、多数从事低收入职业、贫困现象突出、生活条件艰苦。历史文化街区成为落后贫困的代名词。

另外，在历史文化街区的保护中，社会宣传力度不够。历史文化街区的保护是全社会对后代的责任和义务。只有全民的参与才能促成文化繁荣兴盛。遗憾的是，历史文化街区的保护欠缺原居民和周边群众的理解和支持。无论是离开还是留下，原居民对历史文化街区的价值评定更多地从经济角度考虑。他们对于历史文化街区保护和改造的价值取向既有对乡土的情感眷恋，也涉及复杂的经济因素。如果历史文化能够给他们带来期望的经济收益，他们就会在情感角度赋予其较高的价值，并自觉地对之进行保护。然而非常遗憾，他们中的多数并不了解和关心历史文化街区保护和改造的真正目的和意义，重点关注物质环境的改善和自身的获利。基于这样的现实，我们可以预见保护历史文化与他们现实生活的冲突。历史文化街区的保护和改造既不能凌驾在当地居民的基本人权之上，也不能过多寄希望于他们不切实际地自觉保护文化遗产。

政府是历史文化街区改造的主导力量。目前，历史文化街区的房屋产权十分复杂，管理也涉及多个政府部门，包括文广局、宗教局、住建局、规划局、街道办等。由于职能的差异，这些部门对历史文化街区的态度存在不同的价值取向，很难在历史街区改造上达成共识。

在当今历史街区主张原汁原味的保护大背景下，政府容易陷入境地两难。一方面为了改善民生，加快经济发展，政府过多地引入商业元素，公司运作、大拆大建，破坏了传统风貌，使得历史文化街区遭受"建设性破坏"，名存实亡，成为破坏城市历史文化遗存的历史罪人。另一方面，为最大保护历史文化街区，有些政府片面理解文物保护原真性原则，低头于历史文化街区保护主义，对街区落后环境漠视不问、原封不动，忽视街区原居民的利益，街区一直衰败下去。

五 历史文化街区保护和改造的一些意见和建议

建筑遗产是体量最大、分量最重的文化遗产，历史文化街区是全社会的资源和财富。我国各地古建筑丰富的古镇老城存在的大片平毁、拆旧建新、毁真造假现象令人痛心。党的十九大会议上，以习近平总书记为核心的党中央提出要文化自信，加强文物保护力度，守住民族的根与魂。各地政府应深入学习习近平新时代中国特色社会主义思想，在发展经济的同时注重文化遗产的保护。

目前，针对新盛街历史文化街区存在的问题，宿迁市政府启动新盛街街区改造项目，以"对历史空间的保护和传承，打造宿迁记忆集中展示体验区；植入特色功能，打造文化娱乐生活新地标；完善基础设施，营造健康活力宜居家园"为目标，打造集宿迁记忆、商业、娱乐休闲、旅游、文化体验、住宿、餐饮为一体的综合性商业街区。这是针对新盛街历史文化街区现状而进行保护和改造方面的措施。

2002 年修订的《中华人民共和国文物保护法》将历史文化街区界定为"不可移动文物"。这种将生活聚落"物态化""静态化"的做法，只见物不见人，忽略了历史文化街区的动态生活性，忽视了生活其间的人社会生活和个人活动，缺乏了对人的尊重。在实践中容易造成只注重文保单位等物质层次的保护，忽视空间肌理、人文环境和人的生活常态，造成非物质形态保护方面的缺乏。这应该引起政府的高度重视。

在历史文化街区保护改造过程中，要求坚持自我，坚持原有风貌。保留原有的文化空间，青石小巷要保留，文保单位要修旧如故，老建筑慎重保留，新增建筑要协调服从于整体风格，原有的传统地名要沿用，把乡愁记忆留住。这要求政府部门首先要厘清产权；其次是改善基础设施，改善民生是老街区重现活力的前提；再次是多算文化账，通过保护文化遗产、改善原住民生活，来带动旅游、生态、文化产业等的发展，实现科学发展；最后要坚持历史街区以居住功能为主，居民迁出以自愿为主，留住原住民和民风民俗，这也是历史文化街区在现代社会最主要的功能。

历史文化街区的保护与改造要坚持以人为本。在历史街区居住着比例较大的低收入和特困群体，在保护与更新的过程中，应当对他们提供更多的扶助。对于历史街区内的传统建筑，应当在保持其外貌的前提下，改造其内部，改善居住条件，满足现代生活的需要。很多传统建筑经过修缮之后，可以多元化地提供各种新功能，如作为民间旅馆、风味餐厅、特色茶馆、民俗展览等对外开放。历史街区内部的传统建筑，也可以用作小型幼儿园、福利院、小型会所等设施。

市政府应协调各方的利益，避免历史文化街区保护和改造过程中出现的一系列普遍问题，如空间承载超负荷、旅游资源的同质化、商业化发展失控、周边土地资源过度开发、城镇生活景观消亡，正确处理历史文化街区保护改造与文化旅游的关系，这是一项值得关注研究的课题。让我们行动起来，探索完善历史文化街区保护制度，形成政府主导调控、专家科学指导、公众广泛参与的社会性保护模式，提高历史文物保护水平，延续培育城市活的文脉。

参考文献

1. 杨宏烈：《荆州古城历史街区的保护与更新》，《华中建筑》1994 年第 3 期。
2. 陈艳：《古镇遗产研究：回顾与反思——兼论中国"名城名镇名村"保护与研究》，《东南文化》2013 年第 5 期。
3. 张松：《城市文化遗产保护国际宪章与国内法规选编》，同济大学出版社，2007 年。
4. 刘婷、张阳生、高连海、汪银：《古镇非物质文化遗产的搜救保护与活力复兴——以山西大阳古镇为例》，《人文地理》2009 年第 3 期。

"古玉"还需今饰

——以江苏金坛戴王府彩绘保护修复工程为例

许倪恒

（常州市金坛区博物馆　江苏常州　213200）

内容提要：作为江苏省省级文物保护单位，金坛戴王府内有大量极富有文化价值的建筑、雕刻和绘画。特别是戴王府梁枋彩绘画面上的众多人物对探讨太平天国后期政治、军事、文化活动和研究仿古建筑艺术具有很高的价值。戴王府彩绘已经出现褪色、残缺、剥落、酥松、水渍及污物覆盖等现象，亟待保护与修复。对戴王府的彩绘修复应不改变文物原状、保护方法要有可持续性、进行前期实验室试验和现场小型试验，且要有详细的记录档案。戴王府彩绘修复包括表面灰尘的清除、木构件缝隙的填补、彩绘加固、彩绘的首次封护、彩绘局部修复、做旧和再次封护等。

关键词：太平天国　戴王府　彩绘　保护

当时间不断抹平历史的痕迹时，为了历史文明保护与传承，文物保护工作者需要努力与时间抗争。江苏常州金坛戴王府就是需要与时间赛跑的文保单位。作为江苏省省级文物保护单位，金坛戴王府内有大量极富文化价值的建筑、雕刻和绘画。特别是戴王府梁枋彩绘，色彩绚丽，绘画细腻，流畅生动。彩绘题材有戏曲故事、山水人物、民风习俗、龙凤狮兽、雀鸟花卉和藻井图案等，画面上的众多人物对探讨太平天国后期政治、军事、文化活动和研究仿古建筑艺术具有很高的价值。然而，这块"古玉"随着时间的流逝也失去了原先的风貌，急需保护修复才能延续历史传承。

戴王府位于金坛区沿河西路66号，是太平天国戴王黄呈忠的府邸，建于1862年。戴王黄呈忠是侍王李世贤的部将。1862年，他率军攻克浙江慈溪，击毙侵略军头目华尔，晋封为戴王。据记载戴王府初建时，大门外有石狮、旗杆、照壁，前后共七进，前两进（门厅、正厅）为公署，后五进住宅，两侧有附属用房和林园。随着时代变迁，如今的戴王府门前照壁旗杆已毁，门屋亦经改建。但正厅三间楠木厅保存完好，三间七架梁，梁上有各种彩绘，这也正是戴王府急需保护修复的关键之处。

一　戴王府彩绘的主要内容

戴王府的梁、枋、柱、椽上均有彩绘，按其内容可分戏曲故事、山水人物、民间风俗、龙凤狮兽、雀鸟花卉和藻井图案六类。戏曲故事类共 11 幅，画面内容多为设计用谋、破敌善战、扶正克邪的故事，如《连环计》《空城计》《尉迟访贤》《太白醉酒》等，另有三国故事《战马超》、神话故事《西游记》等，故事画面不仅生动，而且与传统戏曲相比，从内容到服饰情貌迥然不同，具有很强的太平天国时代思想特征。其他山水、风俗、花卉画风格内容与同一时期太平天国建筑装饰画相同，具有清代后期艺术特色。这些彩绘对于研究太平天国时代的思想特征具有很高价值。

二　戴王府彩绘的现状分析

由于受到酸性气体、湿气、盐分、微生物、灰尘等因素影响，加之保管不善，戴王府彩绘已经出现褪色、残缺、剥落、酥松、水渍及污物覆盖等现象。对戴王府建筑彩绘的保护修复已是当务之急，刻不容缓。戴王府彩绘病害分类如下。

1．开裂

彩画依附的木构件风化造成的基层病害，如木构件的糟朽、虫蛀、开裂、断裂、缺失等，另有由于应力变化或干湿变化形成的古建筑木构件材质裂缝等现象。

2．褪色

空气中的水汽、酸性微粒长期与彩绘颜料接触，会发生许多化学反应，造成颜料成色成分流失，从而造成彩绘出现逐渐褪色现象，并且随着时间的推移出现加重趋势。

3．表面污染

由于空气沉积物长时间在彩画表面积累、覆盖或局部覆盖，彩画表面有积尘、灰尘结垢、木构件油脂析出、水渍沉积等类型污染。

4．颜料层脱落

由于彩绘表面开裂、起翘的发展导致颜料层片状剥落的现象。

5. 颜料层粉化

由于胶结物成分老化，导致颜料层颜料粉化、脱落的现象。彩绘中黏接颜料层的胶结物往往是天然有机高分子，有动物胶、也有植物胶。这些有机高分子在紫外线和氧气作用下，其中的碳碳键容易断裂，出现老化现象，最后黏结力降低，逐渐脱落。与之对应的彩绘层会出现粉化现象。这是彩绘脆弱的标志，需要进行抢救性保护。

6. 微生物损害

微生物的滋生对彩画表面产生的伤害，包括"菌害""霉变"等。彩绘表面因建筑漏雨（或其他原因）而出现水分富集，在一定的温湿度和光照度下会滋生微生物。戴王府彩绘表面微生物主要是白霉。梁、枋多处都有白霉富集现象出现。

三　戴王府彩绘保护修复原则

针对戴王府彩绘的现状，严格遵守《中华人民共和国文物保护法》《中国文物古迹保护准则》《文物保护工程管理办法》的规定，对彩绘实施保护，局部进行修复，使得彩绘强度增强，并提高彩绘的可识别性和观赏性。

第一，不改变文物原状。在科学实施彩绘保护修复时，以留存的彩绘作为其原始面貌，须做到保证其安全；修复应当以现存的有价值的纹饰为主要依据，保持彩绘表面的协调统一。

第二，保护方法的可持续性。保护彩绘时，所采用的方法具有可重复操作性和可持续处理性。工程中的一切技术措施应不妨碍再次对原物进行保护处理；经过处理的部分要和原物或前一次处理的部分既相协调、又可识别。要达到可识别性和可持续性的保护原则。

第三，工程中涉及化学材料必须在进行前期实验室试验、现场小型试验。在材料的性质、配比、施工工艺成熟的基础上，再用于工程实施。

第四，所有修复的部分都应有详细的记录档案。

四　戴王府彩绘保护修复过程

在现场勘查以及检测分析的基础上，对戴王府建筑彩绘拟进行如下的保护修复措施：除尘、清洗——去除污物层（白霉等）——预加固保护——精细保护处理（落架后）——局部修复——封护。

1. 表面灰尘的清除

梁、枋的表面存在大量的灰尘。去除灰尘主要先用毛刷轻轻刷除，再用纯净水喷洒清洗。为防止把酥松的彩绘刷落，在局部进行除灰时，需要对彩绘进行预加固。等加固完成之后，若发现彩绘表面的灰层较厚，再采用竹签将灰土层刮除。由于加固材料为水性材料，在预加固时，会将灰土层洗下，也起到一定的清除灰尘作用。待彩绘能够显现出来时，即可视为表面灰尘已除，不宜过度清灰。

2. 木构件缝隙的填补

戴王府内的木构件上有较多裂缝，有的为木构件本身拼接缝，有的为木构件开裂缝，有的部位由于腐朽而导致大块缺失。这些对彩绘的完整性有很大的影响，因此木构件缝隙的填补十分必要。裂缝填补时，小裂缝直接用填缝剂填补；针对大裂缝，先在裂缝里面塞木块，然后再用填缝剂补平。为保证强度，在调制填缝材料时可放入水性环氧加固材料。

3. 彩绘加固

彩绘加固是该项工程最重要的部分。根据前期实验效果，采用两种材料进行加固。明胶溶液加固时，主要采用涂刷的方法；水性环氧加固时，则采用喷涂的方法。由于两种材料均为水性材料，因此，加固完成后需要 2～3 天才能完全干燥，待干燥后，再次考察彩绘的强度。如果发现彩绘有局部起翘或者未达到加固效果时，再进行第二次局部加固，直至达到理想的加固效果。

4. 彩绘的首次封护

为了使彩绘的信息得到最大程度的保留，需要对彩绘表面进行首次封护。封护既可以防止彩绘层进一步风化，又可防止污染物的侵蚀；保护了加固后的彩绘本体，同时能有效延长加固材料的寿命，还具有一定的抑制微生物生长的能力，可以将不利因素降低到最小程度。封护材料使用 3% 的氟橡胶溶液，采用喷涂或者涂刷（视木质载体稳定性而定）。涂刷 20 分钟后，封护剂表面固化。24 小时候后，则内部固化。

5. 彩绘局部修复

局部修复工作的基本要求如下。（1）保持彩画的历史真实性和艺术性：根据彩画的纹饰图案、工艺材料的研究进行局部残缺彩画的补画。在进行补画时要有可靠的补画依据，确保补画后能体现该彩画原有风貌，且与原彩画和谐但又有所区别。

禁止凭主观想象去臆造或创造。（2）最小干预原则：只在最有必要的部位进行补画，只要不影响彩画的整体效果，应尽可能多地保留原来色彩及纹饰，不得刻意修复。（3）可辨识性：修复部位与原有部分应可以"识别"，但也要进行协色处理，不能因"可识别"的需要而破坏整体的观赏性和完整性，应做到"远看一致、近观有别"。（4）可再处理性：补画处理应充分考虑到可再处理性，即修复部位可以去除而不影响或损坏彩画的原始结构和材料，不影响以后的再次保护修复处理。本次彩绘修复在首次封护之后，在封护膜层之上进行，修复层与文物本体层不直接接触，这样就使得修复层和文物本体层自然分离。修复颜料采用水性国画颜料，这样在画错的情况下，可以用粘水抹布轻易去除，而不伤及文物本体。修复时以彩绘的残留信息为重要依据，对于缺损线条，有些需要续笔修复完整，这样做主要是增强图形的识别性。对于缺损的颜色，有的地方则需要酌情补缺。可利用红外摄影技术适当补绘不连续的纹饰线条，使彩绘图案协调统一。补缺部分需修旧如旧，进行做旧处理，但要做到与原有底层色泽稍有区别。

6. 做旧

由于修复部位的颜色相对原始彩绘要略微鲜艳，有的部位在色彩上有突兀之感，因此，在修复的彩绘上进行涂刷一层降低彩绘明亮度的物质，以保持彩绘古朴的外观。

7. 再次封护

对所有彩绘进行表面整体封护。该措施既可以保护彩绘，防止空气中的酸性气体、水分对彩绘的侵蚀，延缓彩绘出现褪色的时间。同时，封护层有不沾灰的性能，可保持彩绘表面的清洁，防止灰尘渗入彩绘内部。

五　结　语

戴王府彩绘这块历史的"古玉"经过约一年时间的"今饰"获得了新生。本着对历史负责、对时代负责、对未来负责的态度总结该工程，得到以下几点体会。

第一，戴王府彩绘属于典型的无地仗彩绘。该彩绘的厚度薄，表面易风化、酥松，极易脱落。因此，对该彩绘进行保护时，首先要注重彩绘强度的问题。在强度允许的情况下，再进行除尘和清洗工作，否则很容易破坏原始彩绘的完整性。

第二，水渍和污渍对彩绘的外观影响极大，对它们的清洗十分重要，但难度很大，需考虑、水渍引起的彩绘颜料迁移和灰尘堆积等问题。颜料迁移导致彩绘痕迹混乱，清洗时需小心将表面迁移的颜料去掉，露出下面的彩绘为准。而堆积的灰尘由于预加固作用与彩绘层结合较牢，可通过软竹签小心刮除。

第三，对表面缺失颜料的彩绘层，采用红外相机拍摄痕迹，之后根据痕迹进行修复时，要注意多层彩绘的重叠问题。遇到该状况时，需要注意修复部位要与周边彩绘的协调，防止出现多种彩绘格调共存的现象。

第四，彩绘封护工作需在彩绘完全干燥之后进行，防止封护膜层出现泛白现象。封护的主要作用是防止外部水汽、污染气体对颜料层的破坏，而当彩绘层内部有大量水汽时，会破坏封护膜，导致封护失败。

参考文献

1. 《金坛戴王府彩绘保护修复竣工报告》，《南京博物院年鉴》，2015 年。
2. 李晓东：《浅谈文物保护与现代化建设》，《才智》2015 年第 18 期。
3. 江苏省文物局主编：《江苏文物保护优秀工程（2010-2012 年）》，译林出版社，2013 年。
4. 孟宪微：《浅析文物保护的原则及理念》，《黑龙江史志》2014 年第 5 期。

江苏镇江地区抗战遗址保护利用之
现状及有效方法

沈君芳　　王晓蓉

（茅山新四军纪念馆　江苏镇江　212446）

内容提要：镇江地区现存许多珍贵的抗战遗址，它们是重要的历史见证，是宝贵的革命历史文化遗产。镇江区域内抗战遗址保护利用的现有方式主要是建烈士陵园，寄托哀思；建纪念馆，陈列展示；以及发展红色旅游，寓教于游等。然而，保护和利用工作仍存在大量问题，如总体规划缺乏、滞后，能避则让；管理保护机制不完善，成效不尽理想；设施建设缺乏规划设计，整体效果难显现等。可推行以下几种保护利用方法：原样保存，如旧修复，局部整治，列保控制，就近重建，树碑挂牌和拓展利用。

关键词：镇江　抗战遗址　保护利用　现状　方法

2018年7月29日，中共中央办公厅、国务院办公厅印发了《关于实施革命文物保护利用工程（2018-2022年）的意见》，核心聚焦革命文物工作的重点和难点问题，强力督促各地加强革命文物的保护和利用。这是中华人民共和国成立以来首个专门针对革命文物的中央政策文件，凸显了党中央、国务院对革命文物工作的重视，革命文物工作迎来了新时代。新时代，江苏茅山新四军纪念馆课题组对镇江区域内抗战遗址（文物）的保护利用展开了实地调查走访，广泛采撷第一手资料，弄清具有保护利用价值的抗战遗址的数量、分布具体方位、规划红线落实情况、隶属关系、保护利用现状及存在的主要问题等，对于整体谋划和推动镇江文物事业改革发展具有重要的现实意义、教育意义和社会意义。

一　镇江区域内抗战遗址的类别

地处长江南岸的镇江是一座英雄的城市，革命史丰富而独特。抗战时期，镇江地区是新四军活动的中心区域。新四军挺进苏南，与镇江人民同甘共苦、生死相依，创建了以茅山为中心的苏南抗日根据地，为取得抗日战争的伟大胜利做出了贡献，由此留下了150多处抗战遗址。从区域分布上看，抗战遗址分布在全市各地，市区内分布较少，多分布在丹阳、丹徒、句容、扬中等辖市区，尤以丹阳、句容和丹徒为多。从内容分类上看，主要有以下几类：（1）与抗日战斗有关的遗址，如韦岗战斗遗址、新丰车站旧址、贺甲战斗旧址、赤山战斗旧址、石马庙战斗旧址、笆斗山战斗旧址、赤山战斗旧址等；（2）与抗日斗争有关的遗址，如马场惨案旧址、茅山惨案旧址、白沙惨案旧址、慰安所旧址等；（3）抗日活动遗址，如新四军磨盘山后方医院、交通站、兵站、修械所、被服厂旧址群，中共山北县委组织群众开垦的新生圩，新四军组织群众修筑的水坝等；（4）抗战人物故居、旧居，如抗战时期社会名流陆小波故居、冷遹故居、张云鹏旧居，民族英雄巫恒通烈士故居、许维新烈士故居等；（5）抗日烈士事迹发生地或墓地，如东湾战斗无名烈士墓、巫恒通烈士墓、王龙烈士墓、冷成林烈士墓、肖国生烈士墓、徐明烈士墓、凌荣炳烈士墓、柳流烈士墓、许维新烈士墓、辛文龙烈士墓、李珉烈士牺牲处等；（6）抗战机构旧址，如新四军一支队司令部、政治部旧址——茅山三官洞、老君洞、柏枝洞旧址及茅山乾元观旧址，丹徒区宝堰镇前隍村抗战旧址群，丹徒区宝堰镇（江）句（容）金（坛）丹（阳）四县抗敌总会旧址——怡和酒行，丹阳新四军江南指挥部旧址，大韩民国临时政府活动地遗址等；（7）抗战纪念设施，如茅山新四军纪念馆、镇江烈士陵园、句容烈士陵园、上下会战斗纪念碑、荣炳烈士陵园、苏南抗战胜利纪念碑、丹阳笆斗山烈士陵园等。

二　镇江区域内抗战遗址保护利用的现有方式

遵循"在保护中发展，在发展中保护"的原则，经走访调研、整理归纳，镇江区域内抗战遗址保护利用的现有方式主要有以下几种。

第一，建烈士陵园，寄托哀思。镇江市区、扬中、丹阳、句容及很多乡镇先后建设烈士陵园，收葬各阶段牺牲或安葬在镇江区域内的革命烈士遗骨，并专辟烈士纪念展览供民众参观学习、开展各种主题教育活动。烈士陵园的众多烈士墓（碑）作为革命文物、遗迹得到了有效保护。

　　第二，建纪念馆，陈列展示。镇江区域内诸如新四军四县抗敌总会旧址、新四军江南指挥部旧址、韦岗战斗旧址、冷遹故居、陆小波故居等，均建成旧址纪念馆或陈列馆（室），辟就专题陈列宣传抗战历史、抗战人物、抗战事迹，传播红色文化、弘扬抗战精神，成为一个个爱国主义教育基地，服务社会。

　　第三，发展红色旅游，寓教于游。镇江区域内红色旅游线路大体形成东线、中线、西线三个版块，东、中、西三线串起了镇江全域红色旅游：东线为丹阳革命陈列馆——中共丹阳第一个党支部诞生地旧址——上海战役总前委旧址纪念馆——贺甲战斗纪念馆；中线为赵伯先故居——镇江烈士陵园——渡江文化园——培根简师旧址——圌山炮台遗址；西线为韦岗战斗胜利纪念馆——茅山新四军纪念馆、苏南抗战胜利纪念碑——新四军四县抗敌总会纪念馆。

三　镇江抗战遗址保护和利用存在的主要问题

　　抗战遗址遗迹保护利用是一项重要的系统工程。在加快推进苏南版块现代化示范区建设进程中，镇江区域内抗战遗址的保护和利用工作仍存在大量问题。

1. 总体规划缺乏、滞后，能避则让

　　镇江市层面尚未有专门的抗战遗址总体保护和利用规划方案，抗战遗址的保护和利用未纳入国民经济和社会发展重要规划，未纳入城市建设的总体规划，也未纳入城镇、新农村建设的总体规划中。同样，保护和利用也没有成为城镇和新农村经济和社会发展的有机组成部分，认为一旦要保护，必然会阻碍城市、城镇开发建设，故而能避开的就尽量避开，抓大放小，各自为战。

2. 管理保护机制不完善，成效不尽理想

　　第一，重视不够、管理单位不统一。抗战遗址隶属多个管理部门，国有的则分别隶属于文化、民政、史志、园林等部门，更多的诸如烈士故居、地下交通站等抗战遗址多属于私人所有。隶属关系比较复杂，管理单位各自为政，使得区域内抗战遗址保护利用的责任主体不明确。

　　第二，缺乏维修资金。没有拨付专门资金，县（市）镇（乡）村级财政又比较困难，对抗战遗址保护缺乏资金支持。

　　第三，分布零散、缺乏日常看管。由于更多的抗战遗址遗迹分布在广大农村，以零散的、单体的遗址、故居、纪念碑（亭）、烈士墓等形式为主，导致它们呈现"无专门机构管理、无专人常态看护、无专项维护资金"的局面。保护都谈不上，

更谈不上对它们的利用了。

第四，缺乏指导、管理松散。一些遗址所在地被居民住房挤压侵占的情况十分严重，甚至某些抗战遗址被拆除损毁；一些现存的遗址至今没有被列为文保单位，随着新型城镇建设深度开发和如火如荼的美丽乡村建设的推进，居民宅基地可以进行土地流转，它们随时会被拆除毁灭。

3. 设施建设缺乏规划设计，整体效果难显现

在镇江的一些抗战遗址中，其周围新建厂房的建筑风格与遗址建筑风格相去甚远，极不协调。一些隶属于居民私有的遗址存在被居民拆掉并在原址上新建住房的现象；有的即使居民不拆除，但会自费进行非专业性维修，使旧址失去了原貌，利用价值大打折扣。有些纪念设施使用寿命较短的建材，易损坏，没有把遗址建设放到应有的位置。

四　镇江区域内抗战遗址保护利用的几种有效方法

镇江区域是茅山抗日根据地的核心区域，抗战遗址众多，红色文化资源丰富，若要使镇江红色文化有效地传承下去，让红色文化传承的重要载体——抗战遗址得到保护和利用，首先应出台专门的地方性法规——《镇江市抗战遗址保护和利用办法》，并纳入到"十三五"规划体系中加以推进落实，建立抗战遗址三级保护责任体系；其次要"将文物保护利用常识纳入中小学教育体系和干部教育体系"，形成长效机制。

根据镇江区域内抗战遗址的特点，依据它们的类型、价值和现存等实际情况，在"保护为主、抢救第一、合理利用、加强管理"的文保总方针指导下，推行以下几种保护利用方法。

第一，原样保存。对已列为各级文保单位和爱国主义教育基地的遗址，以及规模比较大、形制比较全的烈士墓采取保存的模式。严格遵守《文物保护法》和《江苏省文物保护条例》的有关规定，按照文物保护的要求实施保护，对抗战遗址、遗迹、旧址以及相关文物严格地保持原样，即使进行修缮、保养、迁移，也要遵守不改变原状的原则，尽力把它们的全部信息保存流传下去，以求真实反映遗址的历史原貌，并延长其寿命。

第二，如旧修复。遵循"修旧如旧"的原则，对所有需要修复的抗战遗址（建筑）所记录的历史信息要尊重、保护，保护好与抗战遗址相关的重要人物、重要事

件遗留下来的本来面目。不能因遗址建筑的损毁残缺而随意填补，修复时使用的建筑材料必须符合时代信息要求。一块砖、一片瓦均要从周边同时代的废旧建材中挑选。对遗址建筑的立面、屋顶等建筑外观要严格按照文物建筑的文物保护要求和原则进行修复和维护。对遗址内部空间和相关实物布局，应人性化地进行保护布局，要保存历史的真实性、风貌的完整性和生活的延续性，坚决避免"修旧如新"，而使抗战遗址建筑艺术的整体性、建筑风格、历史风貌受到破坏。

第三，局部整治。对现状保存较好、使用功能完善、风貌保存较完整但局部或部分破损的遗址建筑，采用局部整治的方法进行保护。在遵循整体性和真实性保护原则下，将遗址内部空间和周边环境包括道路等进行科学合理的整治，完善一些可供人们参观游览的配套服务设施，在保护基础上发挥其社会展示功能。

第四，列保控制。各级政府要及时把新发现的抗战遗址依法纳入保护范畴，把具有重要价值的核定公布为各级文物保护单位，依法划定保护区域和建设控制地带。在保护范围控制线内，严禁新建任何工程项目，不得改变和破坏抗战遗址原貌和历史上形成的格局及环境风貌，控制线周边不允许建设对抗战遗址有危害的项目，新建项目的性质、规模、高度、体量、建筑风格等要与抗战遗址现有的风貌、环境相协调。

第五，就近重建。纵观镇江区域内抗战遗址的分布态势，部分抗战遗址距离风景区较近，具备与景区（点）旅游线路连接的条件，但却处于完全损毁的状态，针对如此现状可以采取"保存＋重建"的方式，在保存原遗址的基础上，在近旁进行重建，健全旅游功能，增加游客参观的内容，丰富红色旅游景点的内涵。

第六，树碑挂牌。对于那些由于种种原因已经消逝得无影无踪、截至目前仍未列入文保单位的抗战遗址，如战斗战场遗址、烈士遇难处、党组织秘密联络点、交通站、日军侵华罪证的遗址（日军警备司令部、日军军火库、日本宪兵队、慰安所、炮楼以及日军在镇江区域内制造的诸多暴行惨案旧址等），均可以采取立碑或挂牌的方式加以保护展示，以文字的形式详尽介绍该遗址所反映的历史信息、发生的故事，不忘历史，保护这段碎片化历史遗存，让其世代流传下去。

第七，拓展利用。抗战遗址的保护和利用并重，红色旅游是革命文物保护利用的关键力量和重要抓手，革命文物是发展红色旅游的重要资源和文化基础。可以依托革命文物资源，制定精品旅游线路，推出更多以红色文化为主题的研学旅行、体验旅游、休闲旅游项目，丰富红色旅游产品的文化内涵，提升红色旅游的服务质量，寓教于游，让游客通过参加红色旅游真正感受革命历史文化，领略革命历史精神，接受革命传统教育，并促进革命老区振兴发展。

　　抗战遗址是重要的历史见证，是对广大人民群众进行爱国主义教育和革命传统教育的重要阵地，是宝贵的革命历史文化遗产。纪念馆课题组在后续零碎走访抗战遗址时发现，由于各级政府的新担当、新作为及社会民众的倾力关注支持，一些抗战遗址遗迹面貌、内容已经发生了很大新变化。由此我们坚信，文物工作只要坚持落细、落实，正向激励，久久为功，一定可以更好地保护好革命文物、弘扬好革命精神、传承好红色基因。

参考文献

1. 《中华人民共和国文物保护法》（2015 年）。

2. 《中华人民共和国文物保护条例》（2003 年）。

3. 《江苏省文物保护条例》（2004 年）。

4. 《江苏省文物保护工程管理办法》（2014 年）。

5. 《关于加强文物保护利用改革的若干意见》（2018 年）。

6. 《关于衡阳抗战遗址遗迹情况的考察报告——政协衡阳市委文史学习和港澳台侨外事委员会》，《衡阳通讯》2006 年第 1 期。

7. 李鑫：《对保护抗日战争历史遗迹、遗物的思考》，《日本侵华史研究》2012 年第 2 期。

浅论当代博物馆语境中的"非遗"文物
安全管理和保护应用

——以中国昆曲博物馆为例

孙伊婷

（中国昆曲博物馆 江苏苏州 215005）

内容提要：对"非遗"的保护传承而言，文物是其他一切工作开展的前提与基础，也在很大程度上决定了"非遗"未来发展的远景和潜力。中国昆曲博物馆有针对性地加强"非遗"文物的抢救征集，积极拓展征集渠道和途径，充实藏品体系；对"非遗"相关的控保文物古迹建筑及馆藏文物采取较稳妥的预防性、保养性、修复性保护等基础性安全保管措施；高度重视"非遗"文物的合理开发利用，积极申报课题；引入高科技手段，密切关注"非遗"文物的数字信息化建设，搭建高科技平台；以及密切关注"非遗"文物的宣教应用，举办形式新颖的展陈等，以努力做好当代博物馆语境中的"非遗"文物安全管理和保护应用工作。

关键词：博物馆 "非遗" 文物 安全管理 保护应用 中国昆曲博物馆

对"非遗"的保护、传承和弘扬而言，文物是其他一切工作开展的前提与基础，也在很大程度上决定了"非遗"未来发展的远景和潜力。本文以世界级"非遗"昆曲为例，从文物抢救征集、控保文物古迹建筑及馆藏文物保护管理、文物学术研究出版、文物数字信息化建设、文物展陈及文创开发等五大方面论述当代博物馆语境中的"非遗"文物安全管理和保护应用。从根本上而言，学术研究、展览陈列、演出活动、社会教育、文创开发等工作的所有环节均有赖于现存留世的昆曲文物。与其他"非遗"相仿，一般而言，昆曲文物分为"静态"和"活态"两种形态。其中，所谓"活态"文物是指昆曲传承表演、活动、会议等影音资料，其本质是将外界声音、影像等"非遗"活态信息元素以静态存储介质的形式摄录保存，因此同时涉及"静态"与"活态"两个方面。这两大类文物的抢救保护都离不开"人"的作用，尤其是后者。诚然，昆曲文物的合理妥善保管涉及人力、物力、财力等方面，有赖于增加资金投入、健全管理机制、提升队伍素质、改善保管设施等诸多条件。作为由文化部立项批准兴建、全国唯一专业性的昆曲博物馆，中国昆曲博物馆（以下简称"昆博"）近年来在昆曲"非遗"文物安全管理和保护应用领域做出了一系列可观的探索和努力，也总结了相当丰富的业务经验，同时也引发了一些思索，相信对其他"非遗"文物安全管理和保护应用当具备必要的借鉴性价值和建设性意义。

第一，有针对性地加强"非遗"文物的抢救征集，积极拓展馆藏文物的征集渠道和途径，充实藏品体系，提升藏品质量和数量。"非遗"文物典藏是一切博物馆立馆和发展的根基与源泉所在。"非遗"昆曲既被联合国教科文组织（UNESCO）列入首批世界级"非遗"名录，历史上流传下来的静态、活态文物自然极为丰富。在昆曲静态文物方面，昆博现藏有明清以来的各类珍贵昆曲曲谱剧本、名家抄本手折、老戏单、老唱片、老照片、器物玩件、服装道具、手绘脸谱、乐器、书画、雕刻碑帖等，其中不乏昆曲名家名人的珍存旧藏。文字类文物包括了明、清两代及近现代各时期的木刻本、石印本、手抄本、影印本、铅印本、油印本等。昆博历年累积征集和收藏了近现代昆曲史上八十余位名家名人的个人艺术史料，弥足珍贵。这些馆藏文物除去苏州戏曲博物馆（注：昆博馆址前身为建于清代的苏州全晋会馆，1986 年江苏苏州戏曲博物馆在此建馆；2003 年，经文化部批准，在苏州戏曲博物馆的基础上新建中国昆曲博物馆，仍沿用全晋会馆馆址）在 1986～2003 年近二十年间的旧藏外，均为昆博自 2003 年 11 月建馆后通过征集购买、接受捐赠、单位交换、上级分配等多种渠道和途径获得。而在昆曲活态文物方面，馆藏最珍品即晚清、民国昆曲名家经典唱段的黑胶木老唱片集。截至 2017 年底，戏博藏品总数逾 40000 册（件）、8000 件（套）。自 2009 年至今，戏博已成功申报国家二、三级文物及江苏省珍贵古籍六十余件（套），其中包括清末民初苏州"宝和堂"堂名灯担等昆曲文物古籍三十余件（套）。诚然，作为国家三级博物馆，较故宫博物院、南京博物院、上海博物馆等博物馆而言，昆博目前的等级古籍数量不够丰富，藏品年代亦不算久远，但鉴于其"非遗"艺术类专业博物馆的双重身份和职能定位，其藏品确极富专业性和特殊性，这些馆藏文物在整个昆曲"非遗"史上的历史意义、文物价值和艺术底蕴无疑是至关重要的。未来，昆博将进一步积极拓展征集渠道，通过购买购拍、接受捐赠、交换分配等多种途径，努力征集能够体现昆曲各历史时期、各地域发展面貌的珍贵文物，并进一步加强文物定级工作力度，使馆藏文物尤其是珍贵文物的价值意义能够得到应有的认可。

第二，对"非遗"相关的控保文物古迹建筑及馆藏文物采取较稳妥的预防性、保养性、修复性保护等基础性安全保管措施。事实上，整体性架构、添置高科技藏品保管设备、设施，做好"非遗"文物的安全保管工作，是博物馆一项与时俱进的常态化工作。以昆博为例，建于清光绪五年（1879 年）的苏州全晋会馆作为全国保存最完好的近代晋商会馆建筑群，因馆内华美精妙的古典剧场及别具风味的各色古典戏文木雕、石刻、砖雕、泥塑，而与昆曲、戏曲艺术结下了不解之缘，堪称苏州古典风情与山西晋商文化完美结合的建筑典范，曾被世界建筑大师贝聿铭高度赞赏，2006 年被国务院列为"全国重点文物保护单位"，现为苏州市控保建筑。2014 年 6 月 22 日，中国大运河在第 38 届世界遗产大会（Session of the World Heritage Committee）上被批准列入"世界文化遗产名录"。作为运河沿线唯一以"古城概念"参与申遗的城市，苏州古城申遗终于圆梦，而作为苏城七个代表性点段之一的苏州全晋会馆亦被列为"世遗"景点。对昆博而言，这一"双世遗"殊荣可谓空前。2018 年 7 月，苏州全晋会馆又被苏州市人民政府批准列入"苏州园林名录"。2003 年，昆博在苏州戏曲博物馆的基础上建成，至 2014 年已逾十年。因原馆舍内部木结构出现白蚁侵蚀、木质门窗油漆脱落、墙体粉饰剥落、整体陈列老化过时、电器线路受潮损坏等问题，亟需对原馆舍展厅进行整体维修和陈列更新，因此，昆博于 2014 年启动了"全晋会馆整体综合维修保护及陈列提升工程"，并于 2016 年初全面完工并重新对外开放，以崭新的面貌迎接下一个十年。此外，昆博对"镇馆之宝"清末民初"宝和堂"堂名灯担及其他各展厅的珍贵文物均配备了电子监控，安保人员实施 24 小时监控保护，文物库房配备必要的防盗、防火、防霉、防虫、防潮用品及电子设备、设施等，以维护馆藏文物保存状态的安全稳定，并严格做好藏品出入库管理工作。近年来，昆博已陆续对部分馆藏文物古籍进行了修复性保护，2015 年启动了国家重点可移动文物保护项目"戏博馆藏纸质文物保护修复"，并于 2017 年顺利结项，对数十册亟待抢救保护的馆藏文物古籍进行了修复，其中以昆曲名家手折、曲谱等为主。该项目对昆曲文物的保护而言无疑有着十分重要的意义。目前昆博已积极申请文物库房的整体改造和提升项目，拟进一步加强馆藏文物的预防性保护。

　　第三，高度重视"非遗"静态、活态文物的合理开发利用，积极申报开展各级各类学术科研项目及课题，将别具特色的文物整理保存和结集出版。这项工作涵盖了"非遗"文物的采集、辑录、整理、开发、制作、出版等具体环节。在保护"非遗"文物的同时，将这些"非遗"史上的"活化石"尽可能以其原貌公之于众，以飨广大"非遗"受众，拍摄、扫描等一次性技术耗损换来的将是大众的永久性资源共享。尤其值得重视的是对目前尚健在的"非遗"传承人、老艺术家、资深专家学者的口述历史访谈和活态技艺的影音资料采录工作，包括其从业学艺排演过程的记录和艺术经验的总结、"传艺""说戏"环节及对其活态技艺、艺术演出传承的录音录像等。随着"非遗"传承人、老艺人、老专家们年事渐高，这些工作越发受时间的限制，因此也就尤为紧迫和重要。这些同样也是对"非遗"文物内涵外延的抢救、保护和传承，让其永久留存于世而不至湮灭。未来，博物馆应当继续对别具特色的馆藏"非遗"文物作进一步合理开发利用，密切关注不同受众群的文化需求，扩大"非遗"的受众面。在重视学术性、专业性，做好"非遗"文物整合出版的同时，还须重点加强研究出版的通俗性、可读性、可观性、可感性，对历史上流传广远的"非遗"精品、著述等，以精华片段作为切入点，作21世纪新视野下的解读、发掘乃至重构，深入浅出、古韵今风，微言大义、以管窥豹。如尝试开发适合少年儿童、外国受众、残障人士等不同受众群体的"非遗"出版物，从内容、形式上双管齐下，增加出版物的感观、时尚、趣味元素，重视出版物的感官包装，走精品化的"非遗"出版开发路线。以昆曲为例，近年来，昆博陆续整理出版（或参与编撰）了文化部《春华秋实 兰苑芳菲——"国家昆曲艺术抢救、保护和扶持工程"十年成果展示》《国家昆曲艺术抢救、保护和扶持工程五年成果展示》《中国昆曲年鉴（2012-2016）》，以及《（张紫东家藏）昆剧手抄曲本一百册》（荣获"苏州市第二届文化遗产抢救整理研究类优秀成果"特等奖)《含英咀华昆谱集萃（第一辑）》《如花美眷 似水流年——中国昆曲博物馆藏高马得戏画精选》《民国昆曲名家珍贵唱段集粹》《毛伟志昆曲传统唱段选》《月明云淡露华浓——肖向平演唱专辑》等文字、书画、音像出版物，在业界颇受好评，并通过扫描等技术手段抢救保存了部分精选馆藏昆曲老照片的高清电子档。此外，被国家新闻出版广电总局批准列入《"十三五"国家重点图书、音像、电子出版物出版规划》的"中国昆曲博物馆藏稀见昆剧手抄曲谱汇编"之清末民初《莼江曲谱》精抄本的出版工作，作为"2017年度中国昆曲博物馆文物征集与出版项目""2018年度苏州市非物质文化遗产保护项目"，由文化部艺术司、苏州市非遗办等单位机构专门下拨了专项经费，目前正在积极筹备中。

第四，引入高科技手段，密切关注"非遗"文物的数字信息化建设，为"非遗"文物的高效管理和资源共享搭建高科技平台。值得高度重视的是，有别于传统旧式的文物保管模式，当今高科技、多媒体手段的迅猛发展与普及更新，使得"非遗"文物保管的数字信息化建设已然成为一项极为重要且必要的工程。这项工作不仅在很大程度上有利于"非遗"文物的可持续抢救保护和合理开发利用，更是一种不受时空限制、可最大程度普及"非遗"的高效便利的运作模式，其核心在于数字信息技术，涉及网络结构整体布局、程序编排设置、软件设计开发、数字设备采购、转录技术应用、系统操控实践、资源信息整合录入、系统调试维护等一系列具体环节。近年来，昆博在文物数字信息化领域进行了一系列创新性尝试。自2016年下半年起，昆博积极参与了由英国剑桥大学（University of Cambridge）国王学院、江苏省文化厅联手打造的国际上首个"全球昆曲数字博物馆"项目。作为启动于1983年的剑桥大学"康河计划——保护即将消失的世界"中的文化品牌数字项目之一，该项目充分借鉴该计划中目前已成功创建的几大数字平台的制作经验，为中国昆曲在世界范围内的传播，搭建国际研究与传播平台。而作为目前全国唯一的昆曲"非遗"领域的专业性博物馆和重要学术研究机构，昆博在该项目中发挥了极为重要的作用，整合展示了昆曲文物、历史人物、服饰道具、乐器场面、昆剧院团、保留剧目、经典唱段、名家演员等精彩内容。此外，基于文化部的大力支持，昆博承担的"全国文化信息资源共享工程2014年地方资源建设项目"《中国昆曲艺术音视频资源库》也已于2018年顺利结项，集中多方力量投入，对馆藏珍贵昆曲音像文物史料及全国七大昆曲院团的音视频资源规范组织系统采集、专题整理，经数字化处理后，以期广泛传播。该项目将有效整合全国七大昆剧院团、昆博等全国现有昆曲音像资源，抢救保护大量珍贵的昆曲原始活态资料，提高资源利用效率，宣传展示昆曲的艺术魅力，促进昆曲的学术研究；服务昆曲从业人员、研究者、爱好者到社会公众，实现各方昆曲活态资源的共建共享，满足公众日益增长的文化生活需求，从而很好地填补我国昆曲"非遗"活态资源共享建设的空白。昆博2014年积极参与了国务院"全国第一次可移动文物普查"，将馆藏明、清、民国时期的可移动文物数据信息做了统计整合、排序编号、数码拍摄、离线录入、核对复检、登录平台，从而对本馆最具价值、最为珍贵的昆曲等藏品进行了摸底普查。昆博2011年建设开发了本馆专属的"馆藏资料数据库管理系统"，针对本馆藏品的专业性和特殊性，将其划分为文字、音像、实物、照片四大栏目及若干子栏目，设置相对应的索引项，从而基本实现了馆藏文物录入查询导出的数字信息化管理。从长远来说，利用高科技手段对馆藏文物进行二维、三维数字化处理，将文物实体转换为数字信息，也将使藏品查询利用更为直观与便捷，也更有利于馆藏文物的保护。目前昆博已积极申请馆藏文物的数字化保护利用项目，拟进一步加强馆藏文物的数字信息化工作。

第五，密切关注"非遗"文物的宣教应用，举办形式新颖的"新概念""非遗"展陈，关注"非遗与生活""艺术与技术"，努力实现"生活的艺术化""艺术的生活化"，引入"生活"氛围和"演绎"元素，还原其生存的历史生态场景；关注"非遗"文创衍生品的设计开发，拓展形式，依据服务对象的不同，实现功能模式的多元化。如今，昆博该树立新的理念，即展览陈列、舞台演出、技艺表演、公众活动在呈现形式上既可相对独立，又能彼此交融。传统意义上的"非遗"展陈多以文字、照片、实物等文物史料为载体。虽展陈主题各有不同，但相对较形而上，严肃说教有余，活泼生动不足，缺乏生活气息，其展现形式也多以二维平面为主，容易让受众产生较远的心理距离感，不利于"非遗"的大众接受与认同。事实上，各类"非遗"悠久、漫长的发展史涵盖了无数不同社会阶层的历史性、戏剧性的日常生活场景和风俗人情，富于历史穿越感的"主题生活馆"式的"非遗"展陈模式更易让受众产生亲近感，将文化体验与日常生活融为一体，寓教于乐，让人们在潜移默化中感受"非遗"的熏陶。每一种"非遗"都有属于其本身最契合、最适宜的色调、色彩、色系，明与暗、浓与淡、冷与暖、近与远，境象不同感觉便也不同。目前，就全国范围而言，"非遗"文创衍生品的设计开发总体上而言仍然是滞后的，尚未形成一个高效运作的完整体系。针对购买主体和服务对象的差异性，"非遗"文创衍生品的开发模式（主要体现在内容载体和表现形式）至少可大致分为四大类：（1）日常生活化：其优点在于深入浅出，包含"非遗"元素的各类日常生活、学习、工作、休闲用具用品，具有较好的直观性、通俗性、生活性、实用性，其销售对象和受众群体相对应最为广泛，男女老幼皆宜。（2）娱乐趣味化：该模式注重"非遗"文创衍生品的娱乐性和趣味性，方便人们操作、体验和感知，如各类玩具、工艺品、音像制品、数字游戏等，主要面向青少年和儿童等。（3）高端精品化：其服务对象主要是高端消费人群，其内容载体包括"非遗"相关的各类奢侈品、玩件、艺术品、礼品套装等。（4）尖端科技化：其最大特色即在于尖端科技含量，其内容载体则可涵盖"非遗"相关的各类高科技用具用品，主要消费群体应为广大青少年及高科技产品爱好者等。

综上所述，截至目前，当代博物馆在昆曲等"非遗"文物安全管理和保护应用领域已做了相当的实践努力，同时尚有许多创新设想和方法措施值得进一步探讨和尝试。本着保护弘扬"非遗"、加强文化社会服务的立馆宗旨，专业博物馆应当更好地胜任文物实证的支持者、物质载体的收藏者、"非遗"内涵的研究者、"非遗"价值的传播者、推广传承的实践者、文化空间的守护者、"非遗"项目的保护者等多重角色，以更积极、更开放的姿态迎接下一个十年。

浅析江苏新沂文物保护体系的健全

谢印星

（新沂市文广新体局 江苏新沂 221499）

内容提要：江苏新沂在文物保护、利用等方面做了大量工作，文物保护和利用能力显著增强，文化遗产效益显著提高，但仍存在消防类、技防类、人（物）防类、其他类四方面问题。对此，针对消防类隐患，可聘请相关工程单位编制整体修复计划；针对技防类隐患，可开展防雷设施建设；针对人（物）防类问题，可完善文物保护相关制度建设，制定合理的行之有效的预防性方案；针对其他类问题，可加大文物保护的宣传力度，加大巡查密度，加大民间文化遗产的保护力度等，以有力地推进新沂市文物事业健康快速发展。

关键词：文物保护 利用 措施

习近平总书记在党的十九大报告中强调指出："文化是一个国家、一个民族的灵魂……没有高度的文化自信，没有文化的繁荣兴盛，就没有中华民族伟大复兴。"为深入贯彻习近平总书记关于文物保护工作的重要指示精神和《国务院关于进一步加强文物工作的指导意见》。江苏新沂把加强文物保护工作作为建设文化强市的重要举措，深入贯彻《文物保护法》和《江苏省文物保护条例》，坚持"保护为主，抢救第一，合理利用，加强管理"的文物工作方针，在文物保护、利用等方面做了大量工作，有力地推进了新沂文物事业健康快速发展。笔者结合新沂文物保护的工作实际，结合前期现场走访和调查情况，对健全新沂文物保护体系略述一二。

一 新沂文物资源基本情况

新沂历史悠久，早在一万年前石器时代，已有人类活动的踪迹。5000多年前，著名的花厅古文化就在这里发祥。新沂市是大汶口文化和南方良渚文化交流融汇的重要区域。市内现有市级及以上文物保护单位47处，其中国家级文物保护单位2处、省级文物保护单位 2 处、市级文物保护单位 43 处。馆藏各类文物众多，国家一、二、三级文物达数十件。

二　新沂文物保护和利用情况

1. 建立健全文物保护体系，文物保护能力显著增强

一是健全市、镇、村三级文物管护网络。在有文物保护单位的村庄设立村文物保护义务信息员，由镇文广中心主任任监管员，明晰责任，并与之签订责任制，初步形成了以市文物局为中心的市、镇、村三级文物保护联防机制。二是认真做好文物保护单位"四有"工作。全市市级及以上文保单位，均按文物法规定划定保护范围，树立标志碑，建立记录档案和设置保护机构，四有档案齐全，并按照程序上报上级领导部门审核并公布。三是严格落实文物巡查，切实加强文物市场管理。博物馆和文化行政综合执法大队对市境内文保单位和文物市场进行巡查，切实加大了对破坏、损毁、盗窃、倒卖文物等犯罪行为的打击力度，文物保护震慑力得到进一步提升，文物市场日趋规范，违法破坏文物的行为基本杜绝。四是多措并举，提升文物保护宣传力度。围绕新沂市委、市政府"关于加快文化强市建设"的目标，不断加大对《文物保护法》的宣传力度，利用形式多样的宣传教育手段，普及文物保护知识，对广大市民和青少年进行爱祖国、爱家乡的教育。

2. 深化社会教育功能，开展丰富多彩活动，发挥文物遗产效益

在全国第三次文物普查基础上，进行新沂境内片区文物点分布图示和乡镇等行政区辖范围内文物点的信息编制汇总，出版《新沂市第三次全国文物普查汇编》，公布三普成果，加深市民对我市历史文化底蕴的了解，提升新沂知名度。发挥博物馆未成年人教育基地作用，联合教育局、老年大学等相关单位开展书画展览及亲子教育活动，有效发挥了文化遗产教育和社会价值，在促进社会的发展发挥了积极作用。

三　全市范围内文物保护单位安全隐患情况整理与分析

新沂范围内现有全国重点文物保护单位 2 处、省级文物保护单位 2 处、市级文物保护单位 43 处、博物馆 1 处。根据前期现场检查，发现存在各类安全隐患问题 24 处（表一）。

表一　新沂文物保护单位安全隐患情况整理表

序号	名称	级别	隐患数量	具体问题
1	花厅遗址	全国重点	1	遗址虽有专人看护，但是遗址土层较浅，易遭破坏
2	大运河徐州段（窑湾明清建筑群）	全国重点	2	古镇防雷设施尚未完善；古镇为土木建筑，火灾自动报警系统建设需完善
3	宿北大战前沿指挥所旧址（三仙洞）	省级	1	旧址内有石刻，长期遭水蚀风侵，存在石刻文物风化现象
4	何山头细石器遗址	市级	1	遗址地处北马陵山上，来往人员较多，巡查难度大
5	半城汉代古井群遗址	市级	1	遗址局部受当地村民平整土地破坏
6	张荣城遗址	市级	1	城址上方为村庄，翻建房屋时易对遗址造成破坏
7	司吾古城遗址	市级	1	城址上方为村庄，翻建房屋时易对遗址造成破坏
8	黑墩遗址	市级	1	遗址局部受当地村民平整土地破坏
9	花城遗址	市级	1	遗址局部受当地村民平整土地破坏
10	琅墩遗址	市级	1	遗址局部受当地村民平整土地破坏
11	奶奶山墓群	市级	1	墓群位于南马陵山上，附近居民点少，巡查保护难度大
12	郇楼大林墩汉墓	市级	1	墓室暴露在外，易遭破坏
13	禅堂寺	市级	1	禅堂寺东西侧殿漏雨，存在安全隐患
14	宋庄大墩汉墓	市级	1	墓群局部受当地村民平整土地破坏
15	宋庄小墩汉墓	市级	1	墓群局部受当地村民平整土地破坏
16	曹庄大墩汉墓	市级	1	墓群局部受当地村民平整土地破坏
17	曹庄二墩汉墓	市级	1	墓群局部受当地村民平整土地破坏
18	房场巩朱氏贞节牌坊	市级	2	牌坊刻石存在易搬运被盗问题；存在石刻风化问题
19	窑湾玄庙	市级	2	建筑防雷设施尚未完善；建筑为砖木结构，火灾自动报警系统建设尚不完善。
20	新沂市博物馆	国家三级博物馆	2	博物馆存在外墙脱落、楼内下雨漏水问题；博物馆缺少消防蓄水系统

针对调查发现的隐患情况，可按照消防类、技防类、人（物）防类、其他类四方面进行梳理。

1．消防类

对全市范围内古建、博物馆进行全面详细的排查，重点查验消防器材是否合格、消防设施是否完备、消防通道是否通畅、电源线路是否安全、消防水源是否充足等问题。发现其中大部分都合格、准备较为齐全，但是新沂市博物馆因建筑设计、建筑结构等多方面原因，建成使用已近二十年，长期存在消防蓄水系统缺失的问题；另外，因建筑老化，局部建筑开始出现外墙脱落内墙渗水等问题，对馆内电源线路造成不小的影响。

2．技防类

技防类存在的主要问题，一是窑湾古镇建筑群建筑物顶层防雷设施尚未建设完毕，如窑湾古镇建筑多为砖木结构，防雷防火工作为重中之重。二是野外碑刻、牌坊、石质构件的保护工作，长期野外放置水蚀风化等问题较为普遍。

3．人（物）防类

人防上表现在相关制度的建设还有所欠缺，特别是突发事件的应急预案及其实际操作上还需要进一步补充和完善。

4．其他类

其他类主要集中在野外遗址的安全防护上，如花厅遗址设有专人保护，但是由于遗址面积较大，地层较浅等问题，仍存在被盗掘的风险；其他遗址、墓群受村镇开展农田水利设施建设、村民平整土地、修建房屋等活动影响，存在被破坏的风险；碑刻、石构件又因其较容易搬运的特点，存在被盗的风险。

四　具体整改措施

针对以上发现的诸多安全隐患问题，根据自身工作能力，做出具体整改措施如下。

1．消防类

针对新沂市博物馆楼顶多处出现裂缝、渗水、漏水现象，外墙局部墙砖出现脱落问题。为有效解决存在的安全隐患，更好地保护文物，确保博物馆日常工作正常有序开展，发挥博物馆公共服务职能。可聘请相关工程单位编制整体修复计划，且与相关单位取得联系。

2. 技防类

技防类问题主要是窑湾古镇防雷设施欠缺问题，我们已督促窑湾古镇安全部门加紧开展防雷设施建设，争取在雷雨季前完成施工工作，确保古建安全。针对石质文物保护问题，由于自身文保人员数量及能力不足，可与省、市文保部门联系，吸取先进经验，进行进一步整改。

3. 人防类

人防类首先是针对不足求完善，完善文物保护相关制度建设，制定合理的行之有效的预防性方案。在方案形成后注重平时的演练与操作，在实际操作中查找问题、发现问题、改正问题。

4. 其他类

针对古墓葬、古遗址防盗方面较为薄弱的环节，第一，加大文物保护的宣传力度，因为以前的工作以巡查为主、未能将宣传做在前面，借助安全大巡查之机向乡镇一级加大宣传；第二，在巡查工作中加大巡查密度，分析各文物点特点，制定更为合理的巡查计划；第三，加大民间文化遗产的保护力度，成立专门的民间文化遗产保护协会协助我们文博单位进行文物保护，文保工作充分发挥群众热情与积极性；第四，新沂市范围内国家重点及省保单位均已有专门的单位或人员在进行看护，市保单位保护力量相对较弱，针对文保单位特点可聘请文物单位所在地村民进行看护。

文物保护工作意义重大，新沂市将持之以恒的坚持"保护为主、抢救第一、合理利用、加强管理"的文物工作方针，真正像爱惜自己的生命一样去保护我们的文化遗产。